ALIEN

BLUTLINIEN

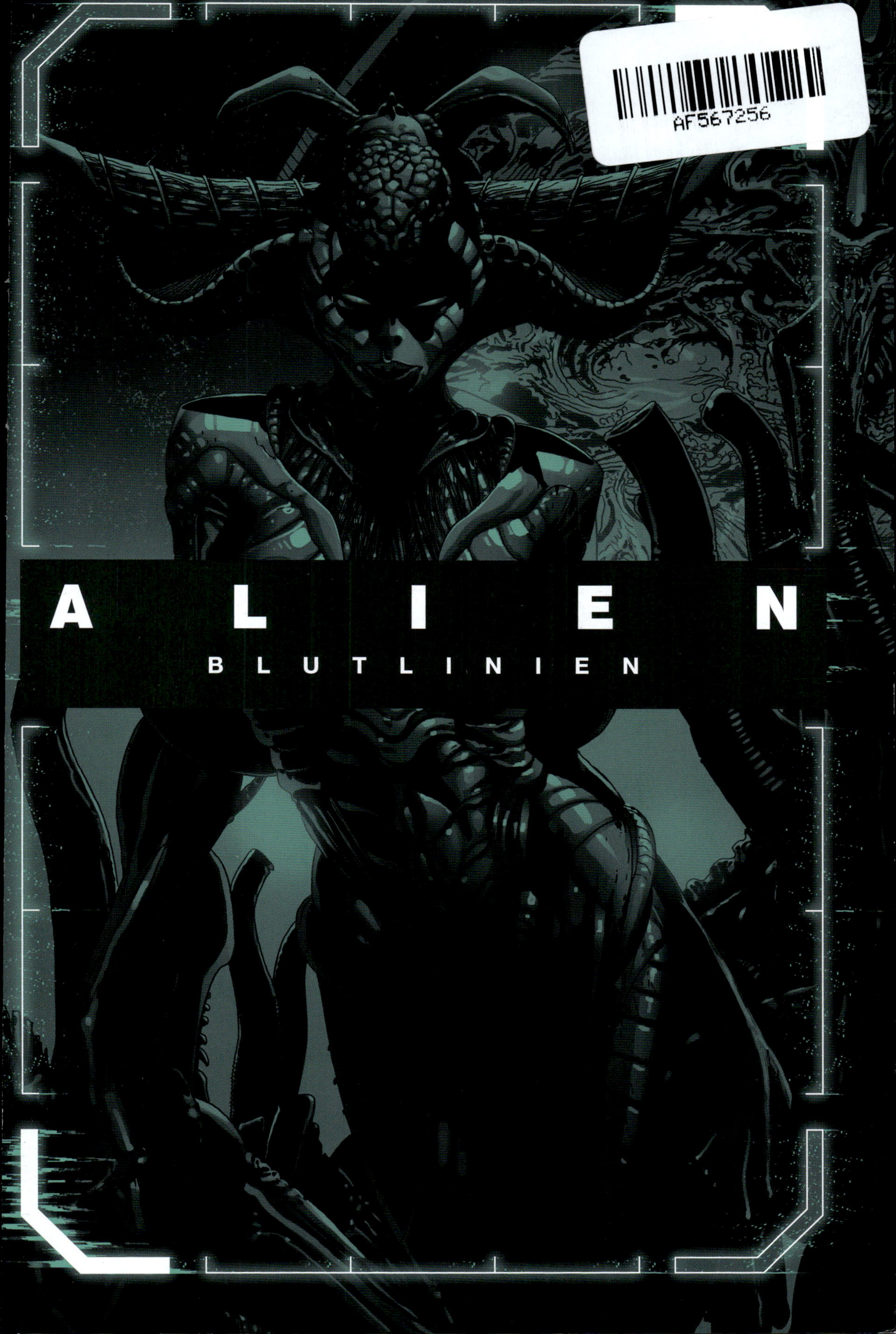

Im Jahr 2122 erteilte das multinationale Unternehmen **Weyland-Yutani** seinem Raumfrachter USCSS Nostromo den Befehl, von der geplanten Route abzuweichen und zum **LV-426** zu fliegen, einem Mond, der den Planeten **Calpamos** umkreist. In Wirklichkeit wollte Weyland-Yutani unter dem Vorwand, einen möglichen Notruf zu verifizieren, ein Exemplar einer tödlichen außerirdischen Rasse, der **Xenomorphe**, sichern, um es zu studieren und kommerziell nutzen zu können. So begegnete die Besatzung der Nostromo der Tragödie.

Im Jahr 2179 wurde eine Kolonie namens **Hadley's Hope**, die auf LV-426 gebaut wurde, von Xenomorphen überfallen. Auch die Militärexpedition zur Rettung der Kolonie endete in einer Tragödie.

Das Jahr 2200. Weyland-Yutani kontrolliert immer noch große Teile der Weltraumrouten. Aber es gibt Dinge im All, die nicht kontrolliert werden können ...

A L I E N

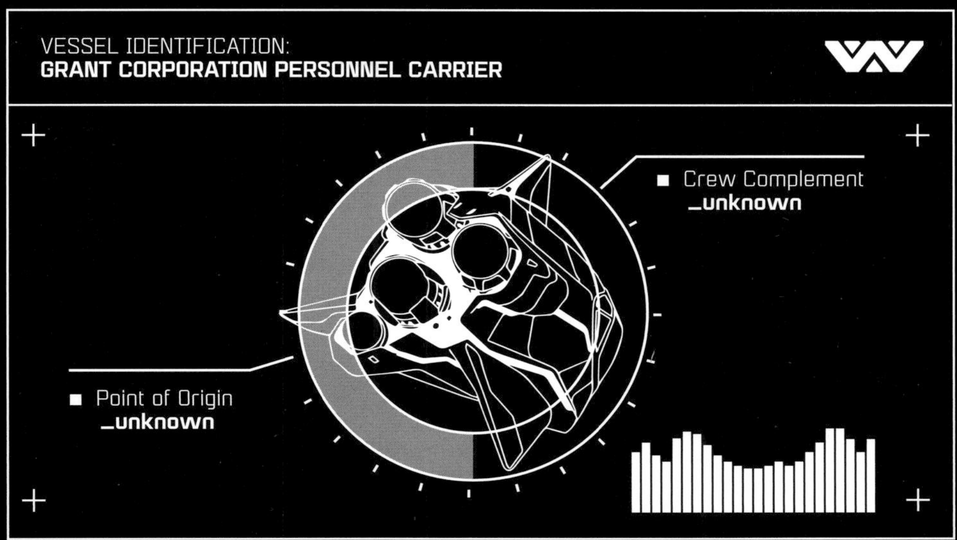

PHILLIP KENNEDY JOHNSON • STORY
SALVADOR LARROCA • ZEICHNUNGEN
GURU-eFX • FARBEN
InHYUK LEE • COVER

ALEXANDER RÖSCH • ÜBERSETZUNG

MATTEO DE ANGELI UND **ALESSIO RAVAZZANI (SYMMACEO)** • LETTERING

SHANNON ANDREWS BALLESTEROS, KAT GREGOROWICZ, JAKE THOMAS UND **DARREN SHAN** • REDAKTION USA

C. B. CEBULSKI • CHEFREDAKTION USA

BESONDERER DANK AN **STEVE ASBELL, LeANNE HACKMANN, SARAH HUCK, ALISON GIORDANO, JACKSON KAPLAN, JEFFREY THOMAS, CAROL ROEDER** UND **NICOLE SPIEGEL** BEI DISNEY

INHALT

ALIEN: BLUTLINIEN erscheint bei **PANINI COMICS**, Schloßstraße 76, D-70176 Stuttgart. Druck: Tecnostampa srl – Pigini Group – Loreto – Trevi. Pressevertrieb: Stella Distribution GmbH, D-22297 Hamburg. Direkt-Abos auf **www.paninicomics.de**. Anzeigenverkauf: BLAUFEUER VERLAGSVERTRETUNGEN GmbH, info@blaufeuer.com. Es gilt die Anzeigenpreisliste Nr. 19 vom 01.10.2021. Geschäftsführer **Hermann Paul**, Publishing Director Europe **Marco M. Lupoi**, Finanzen/Logistik **Felix Bauer**, Marketing Director **Holger Wiest**, Marketing **Holger Wiest**, Vertrieb **Alexander Bubenheimer**, PR/Presse **Steffen Volkmer**, Publishing Manager **Lisa Pancaldi**, Redaktion **Christian Endres**, **Stephanie Jakob**, **Ilaria Tavoni**, **Francesco Tedeschi**, **Daniela Uhlmann**, Übersetzung **Alexander Rösch, Monja Reichert**, Proofreading **Katrin Hoppe**, Lettering **Matteo De Angeli & Alessio Ravazzani (Symmaceo)**, grafische Gestaltung **Marco Paroli**, **Angelo Costellini**, Art Director **Alessandro Gucciardo**, Redaktion Panini Comics **Annalisa Califano**, **Beatrice Doti**, Prepress **Cristina Bedini**, **Andrea Lusoli**, **Nicola Soressi**, Repro/Packager **Alessandro Nalli** (coordinator), **Mario Da Rin Zanco**, **Valentina Esposito**, **Luca Ficarelli**, **Linda Leporati**.

Digitale Ausgaben: ISBN 978-3-7367-8680-6 (.pdf) / ISBN 978-3-7367-8678-3 (.epub) / ISBN 978-3-7367-8679-0 (.mobi)

Bibliografische Information der Deutschen Nationalbibliothek
Die Deutsche Nationalbibliothek verzeichnet diese Publikation in der Deutschen Nationalbibliografie; detaillierte bibliografische Daten sind im Internet über dnb.d-nb.de abrufbar.

HORROR IM ALL

Alien ist ohne Zweifel das legendärste Science-Fiction-Horror-Franchise. Der erste Film *Alien – Das unheimliche Wesen aus einer fremden Welt*, den Regisseur **Ridley Scott** 1979 nach einem Drehbuch von **Dan O'Bannon** und **Ronald Shusett** umsetzte, definierte und prägte das Genre des Weltraum-Grusels, und das weit über die Grenzen der Leinwand hinaus. 1986 folgte das Filmsequel *Aliens – Die Rückkehr*, und inzwischen sind zu den Streifen allerhand neue Kapitel der Saga dazugekommen: filmische Prequels, Sequels und selbst Crossover mit den **Predators**, Romane, Videogames und zahlreiche Comics.

Neuerdings erscheinen die Comics zum berühmten SF-Horror-Kosmos über die **Aliens** bzw. **Xenomorphe** bei **Marvel**, der verlegerischen Heimat der **Avengers** und vieler anderer Superhelden, aktuell aber auch einmal mehr der **Star Wars**-Comics. Die *Alien*-Mythologie befindet sich unter so vielen anderen Multimedia-Ikonen also in bester Gesellschaft. Ihr seid schon lange Fans der parasitären, brutalen Kreaturen aus dem All? Dann wird euch dieser Comic viel Freude machen mit seiner Action, seinem Horror sowie seinem Respekt und Verständnis des *Alien*-Universums. Doch auch Neugierige und Neulinge, die diese Chance (auf eigene Gefahr) bei der heraushängenden Zunge ergreifen wollen, finden sich in der Geschichte von Autor **Phillip Kennedy Johnson** und Zeichner **Salvador Larroca** schnell zurecht. Hinten im Band gibt es noch weitere Infos zu *Alien* und diesem Band.

Fürs Erste muss man nur wissen, dass die Geschichte der titelgebenden Alien-Monster ab dem Jahr 2122 immer wieder mit der menschlichen Kolonialisierung des Weltraums sowie den Ambitionen des skrupellosen **Weyland-Yutani**-Megakonzerns kollidierte, der viele Teile des Weltraums kontrolliert. Allerdings gibt es in den unendlichen Weiten da draußen so einige Dinge, die sich nicht kontrollieren lassen und bei denen man einen teuren Preis bezahlt, wenn man dennoch versucht, sie unter Kontrolle zu bringen ...

Christian Endres

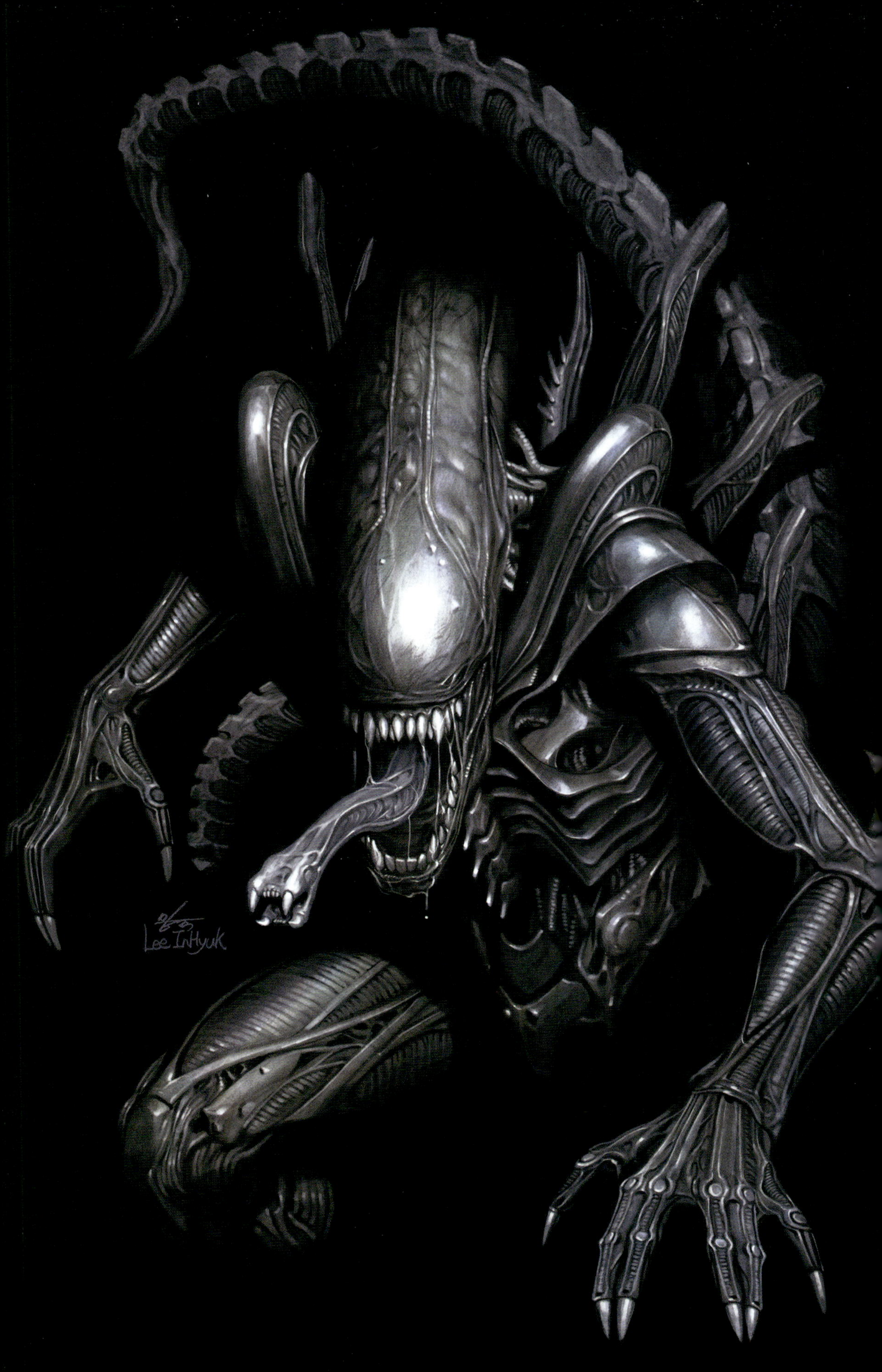
Lee InHyuk

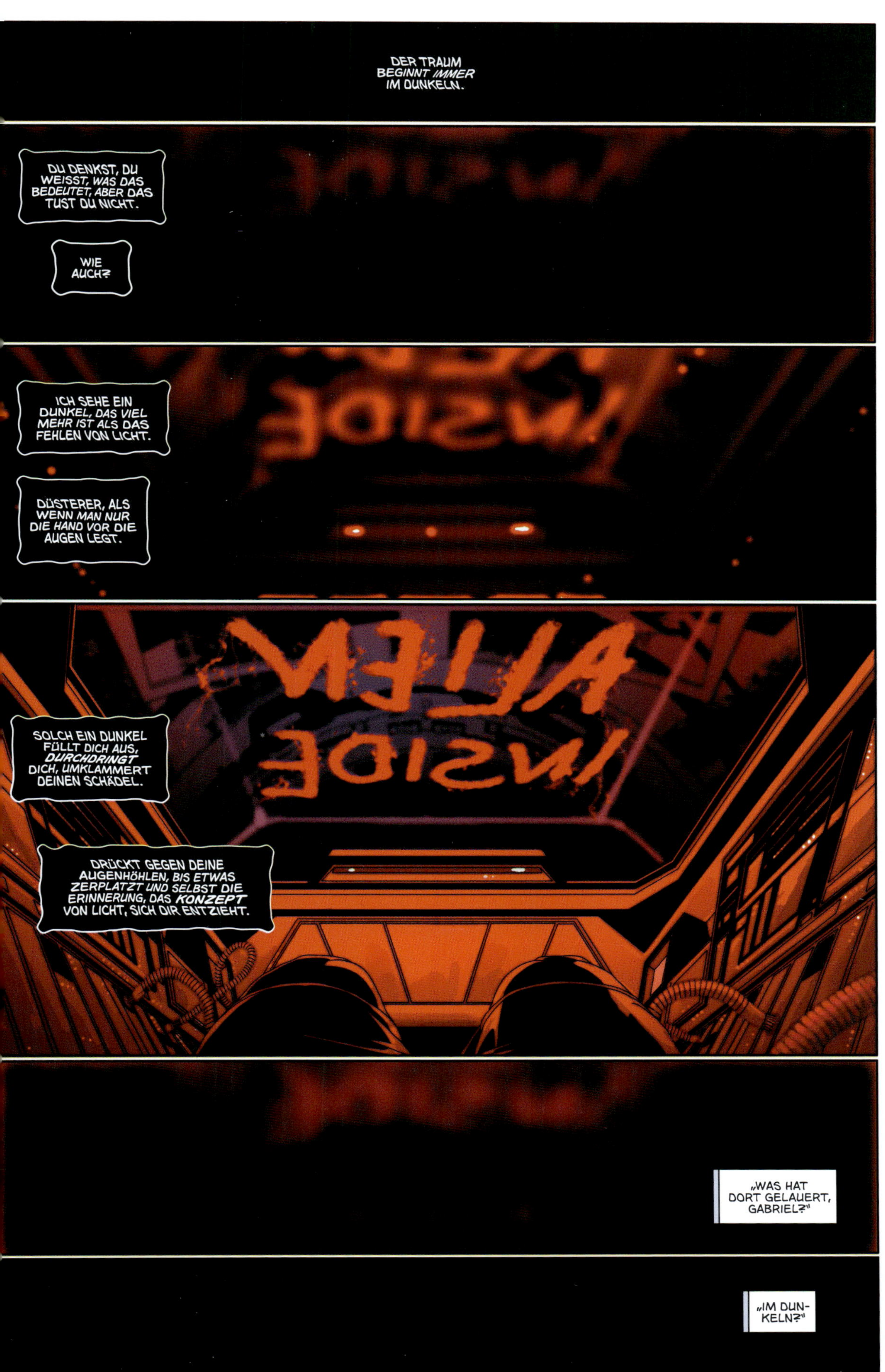

* ALIEN AN BORD

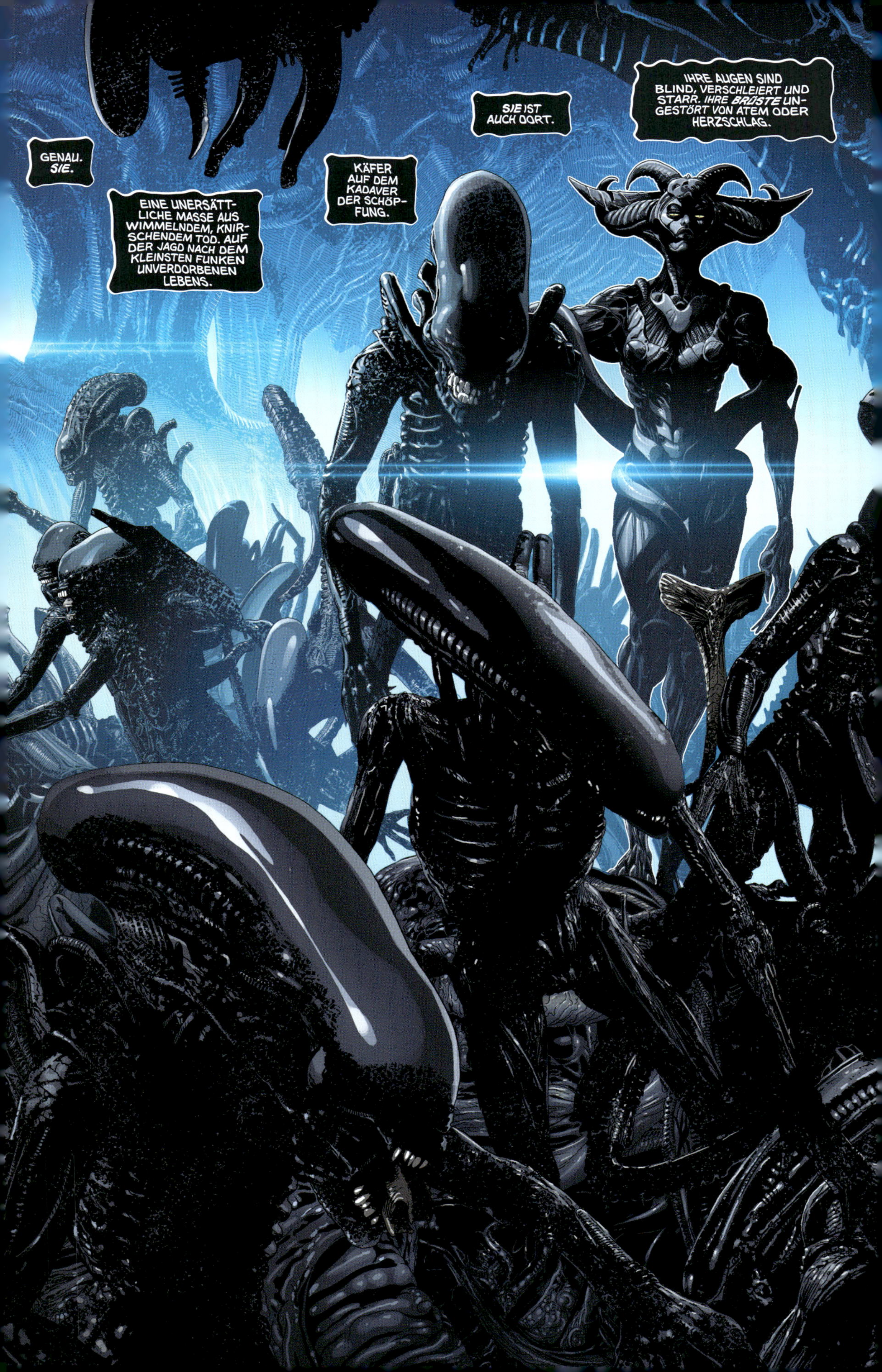
GENAU. SIE.
EINE UNERSÄTTLICHE MASSE AUS WIMMELNDEM, KNIRSCHENDEM TOD. AUF DER JAGD NACH DEM KLEINSTEN FUNKEN UNVERDORBENEN LEBENS.
KÄFER AUF DEM KADAVER DER SCHÖPFUNG.
SIE IST AUCH DORT.
IHRE AUGEN SIND BLIND, VERSCHLEIERT UND STARR. IHRE BRÜSTE UNGESTÖRT VON ATEM ODER HERZSCHLAG.

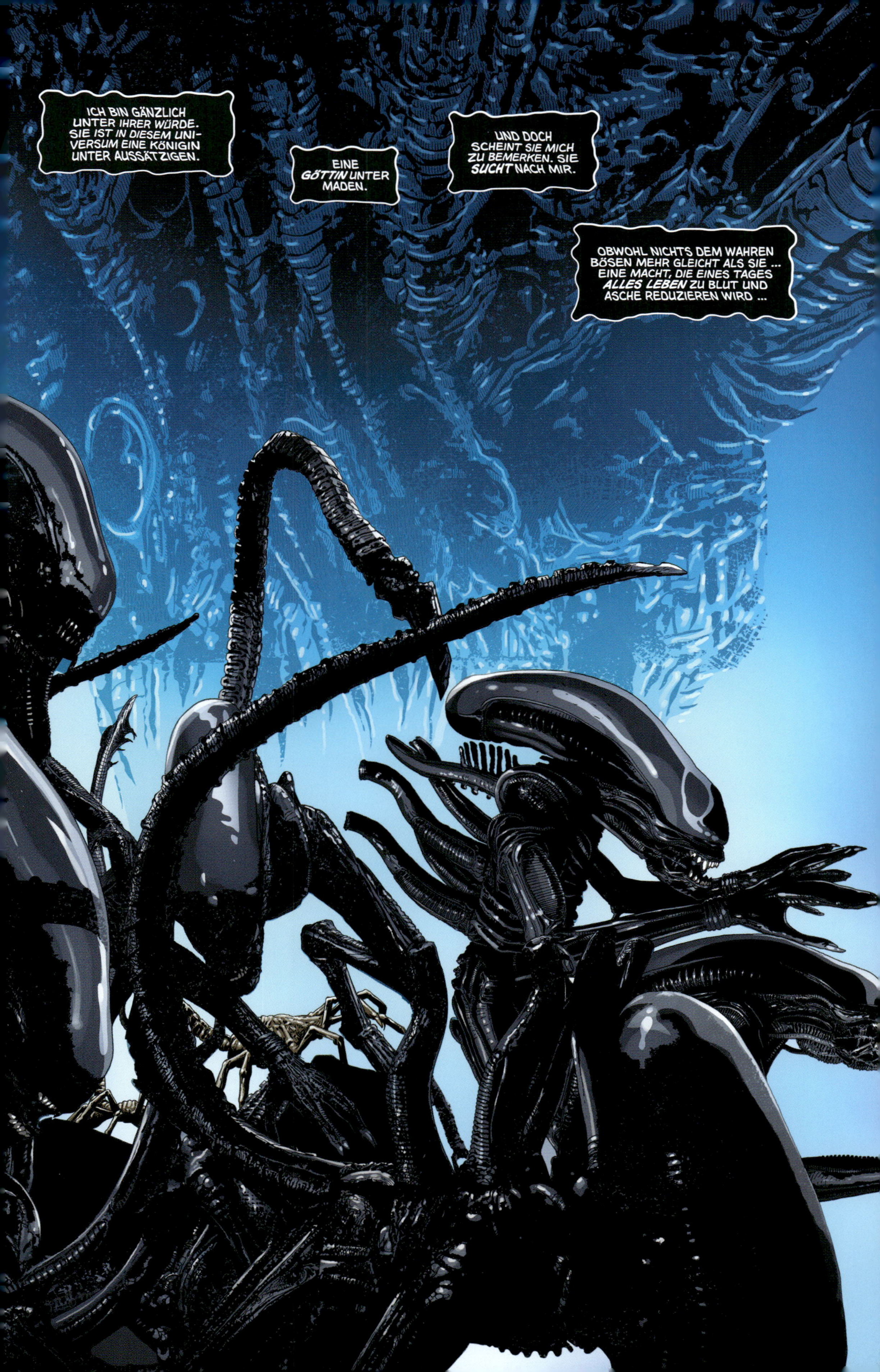
ICH BIN GÄNZLICH UNTER IHRER WÜRDE. SIE IST IN DIESEM UNIVERSUM EINE KÖNIGIN UNTER AUSSÄTZIGEN.
EINE GÖTTIN UNTER MADEN.
UND DOCH SCHEINT SIE MICH ZU BEMERKEN. SIE SUCHT NACH MIR.
OBWOHL NICHTS DEM WAHREN BÖSEN MEHR GLEICHT ALS SIE ... EINE MACHT, DIE EINES TAGES ALLES LEBEN ZU BLUT UND ASCHE REDUZIEREN WIRD ...

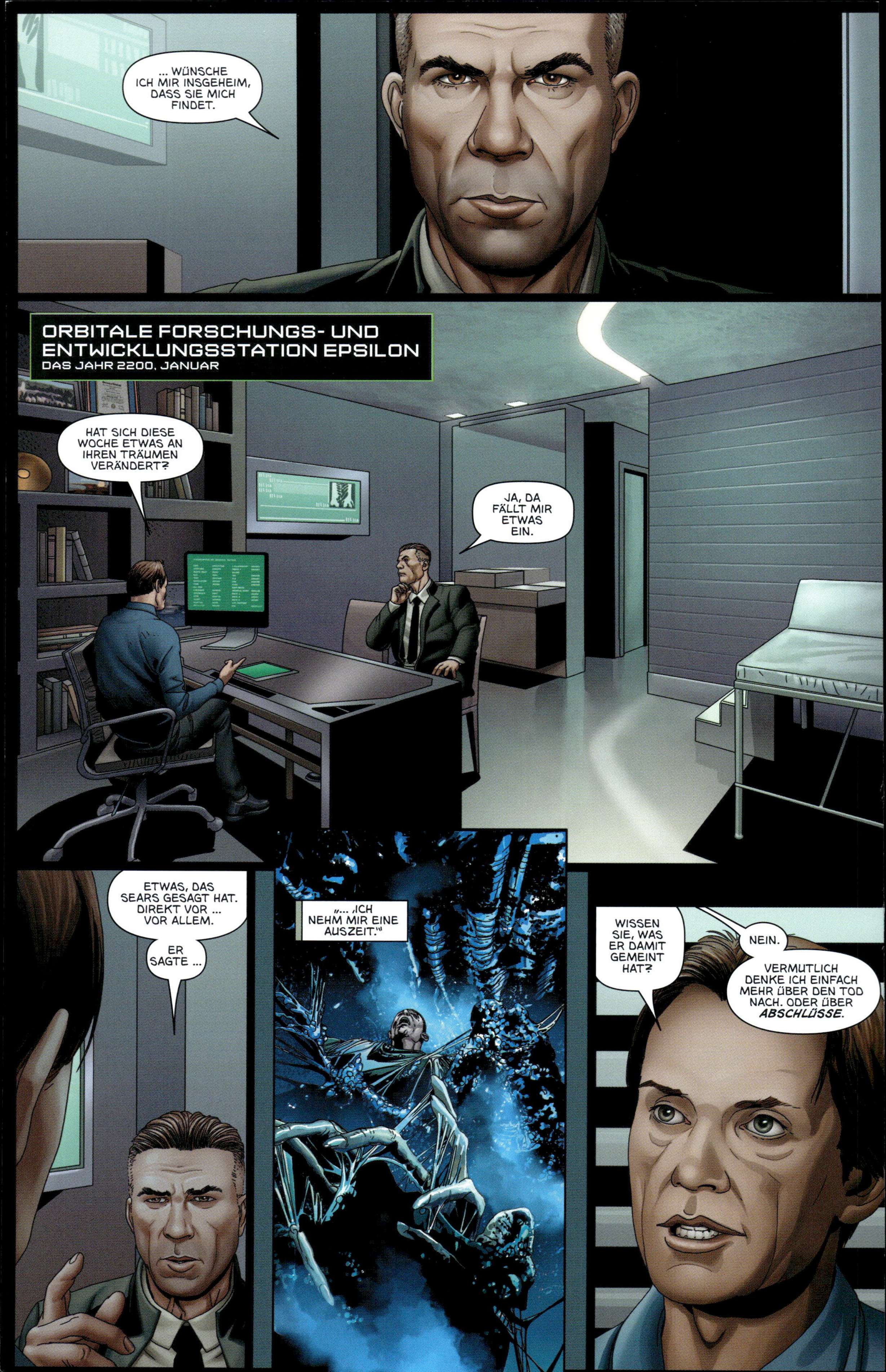

... WÜNSCHE ICH MIR INSGEHEIM, DASS SIE MICH FINDET.
ORBITALE FORSCHUNGS- UND ENTWICKLUNGSSTATION EPSILON
DAS JAHR 2200, JANUAR
HAT SICH DIESE WOCHE ETWAS AN IHREN TRÄUMEN VERÄNDERT?
JA, DA FÄLLT MIR ETWAS EIN.
ETWAS, DAS SEARS GESAGT HAT. DIREKT VOR ... VOR ALLEM.
ER SAGTE ...
„... ICH NEHM MIR EINE AUSZEIT."
WISSEN SIE, WAS ER DAMIT GEMEINT HAT?
NEIN.
VERMUTLICH DENKE ICH EINFACH MEHR ÜBER DEN TOD NACH. ODER ÜBER *ABSCHLÜSSE*.

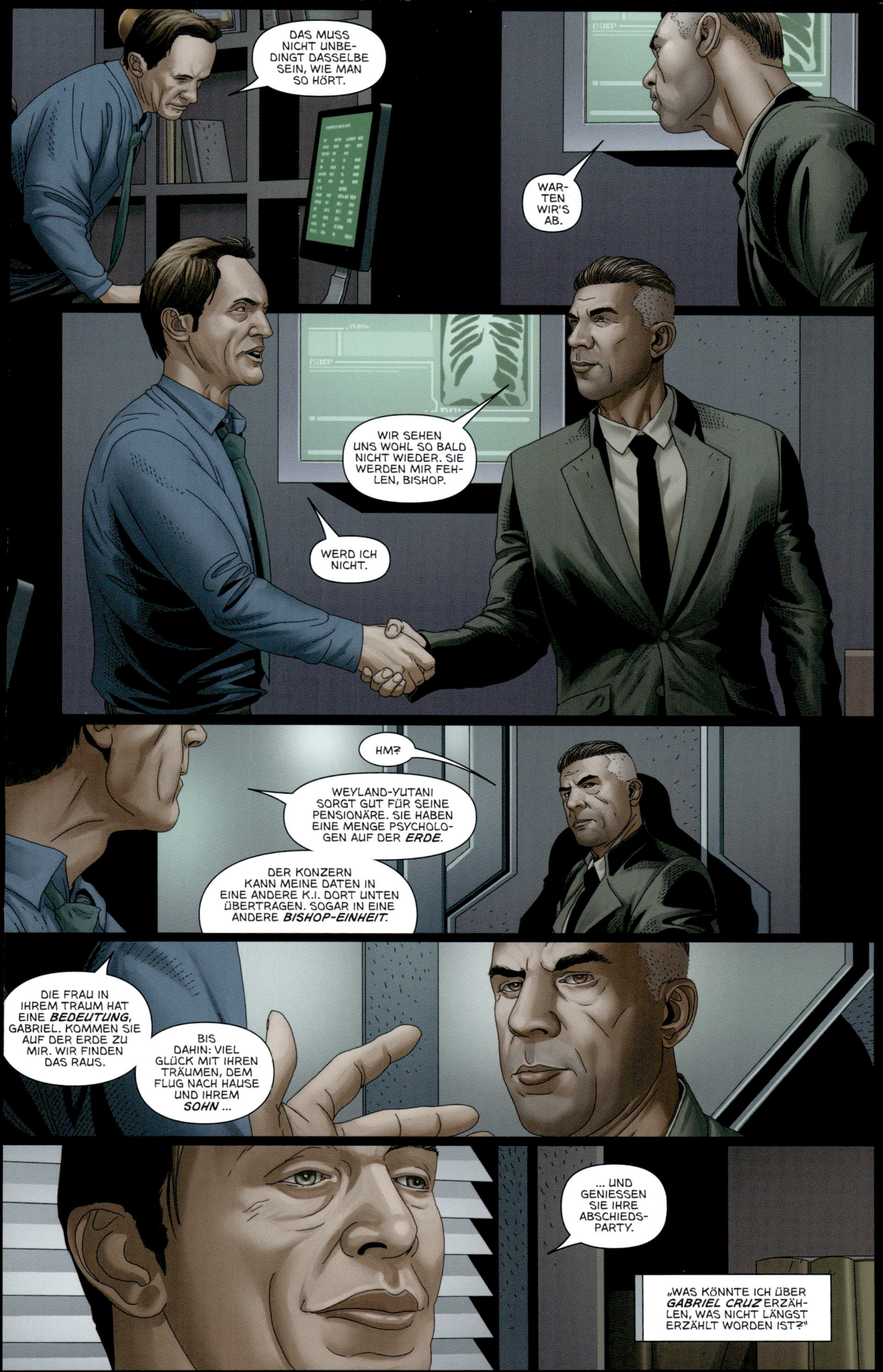

DAS MUSS NICHT UNBEDINGT DASSELBE SEIN, WIE MAN SO HÖRT.
WARTEN WIR'S AB.
WIR SEHEN UNS WOHL SO BALD NICHT WIEDER. SIE WERDEN MIR FEHLEN, BISHOP.
WERD ICH NICHT.
HM?
WEYLAND-YUTANI SORGT GUT FÜR SEINE PENSIONÄRE. SIE HABEN EINE MENGE PSYCHOLOGEN AUF DER ERDE.
DER KONZERN KANN MEINE DATEN IN EINE ANDERE K.I. DORT UNTEN ÜBERTRAGEN. SOGAR IN EINE ANDERE BISHOP-EINHEIT.
DIE FRAU IN IHREM TRAUM HAT EINE BEDEUTUNG, GABRIEL. KOMMEN SIE AUF DER ERDE ZU MIR. WIR FINDEN DAS RAUS.
BIS DAHIN: VIEL GLÜCK MIT IHREN TRÄUMEN, DEM FLUG NACH HAUSE UND IHREM SOHN ...
... UND GENIESSEN SIE IHRE ABSCHIEDSPARTY.
„WAS KÖNNTE ICH ÜBER GABRIEL CRUZ ERZÄHLEN, WAS NICHT LÄNGST ERZÄHLT WORDEN IST?"

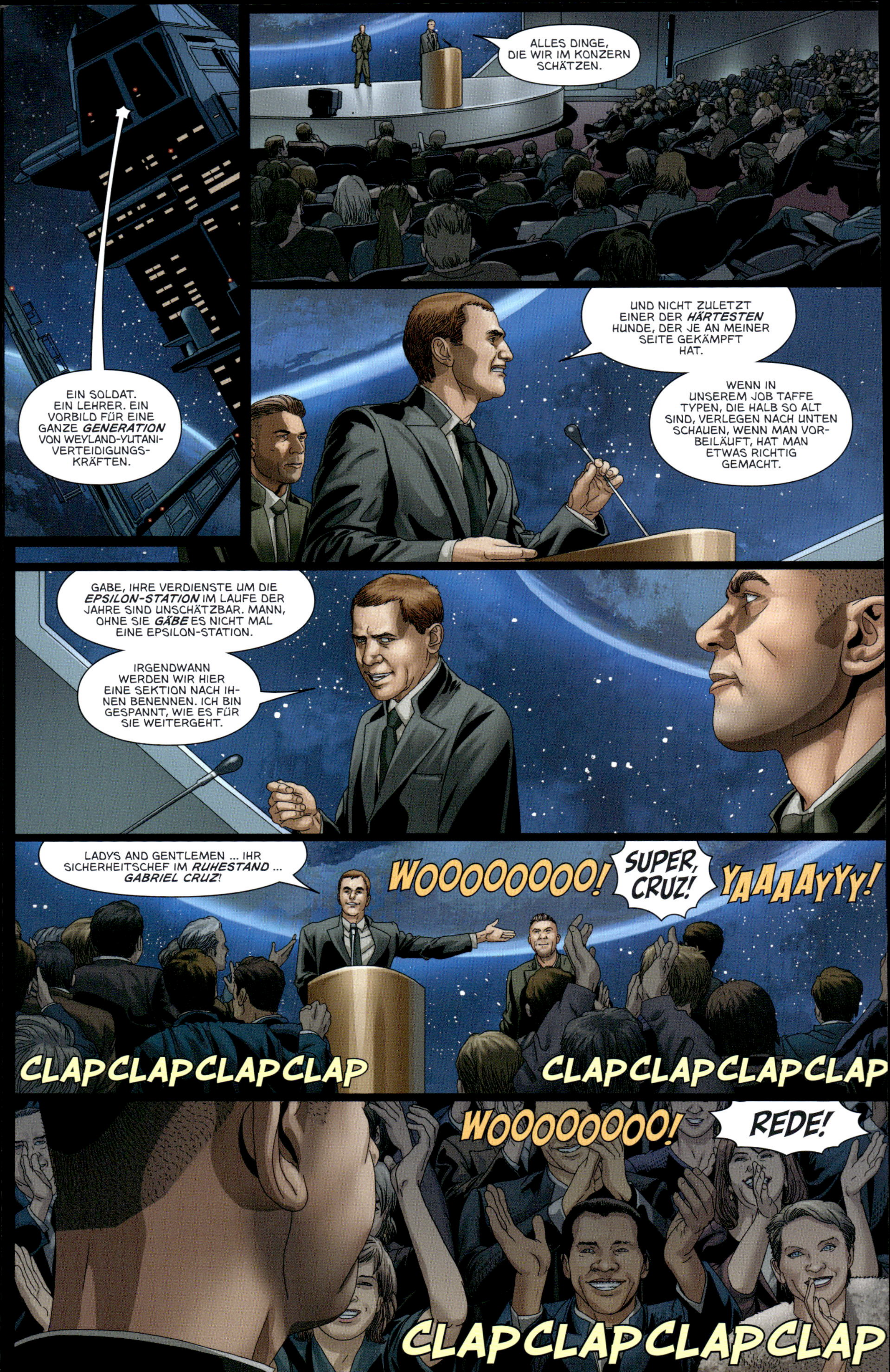
ALLES DINGE, DIE WIR IM KONZERN SCHÄTZEN.
EIN SOLDAT. EIN LEHRER. EIN VORBILD FÜR EINE GANZE *GENERATION* VON WEYLAND-YUTANI-VERTEIDIGUNGS-KRÄFTEN.
UND NICHT ZULETZT EINER DER *HÄRTESTEN* HUNDE, DER JE AN MEINER SEITE GEKÄMPFT HAT.
WENN IN UNSEREM JOB TAFFE TYPEN, DIE HALB SO ALT SIND, VERLEGEN NACH UNTEN SCHAUEN, WENN MAN VORBEILÄUFT, HAT MAN ETWAS RICHTIG GEMACHT.
GABE, IHRE VERDIENSTE UM DIE *EPSILON-STATION* IM LAUFE DER JAHRE SIND UNSCHÄTZBAR. MANN, OHNE SIE *GÄBE* ES NICHT MAL EINE EPSILON-STATION.
IRGENDWANN WERDEN WIR HIER EINE SEKTION NACH IHNEN BENENNEN. ICH BIN GESPANNT, WIE ES FÜR SIE WEITERGEHT.
LADYS AND GENTLEMEN ... IHR SICHERHEITSCHEF IM *RUHESTAND* ... *GABRIEL CRUZ*!
WOOOOOOOO!
SUPER, CRUZ!
YAAAAYYY!
CLAPCLAPCLAPCLAP
CLAPCLAPCLAPCLAP
WOOOOOOOO!
REDE!
CLAPCLAPCLAPCLAP

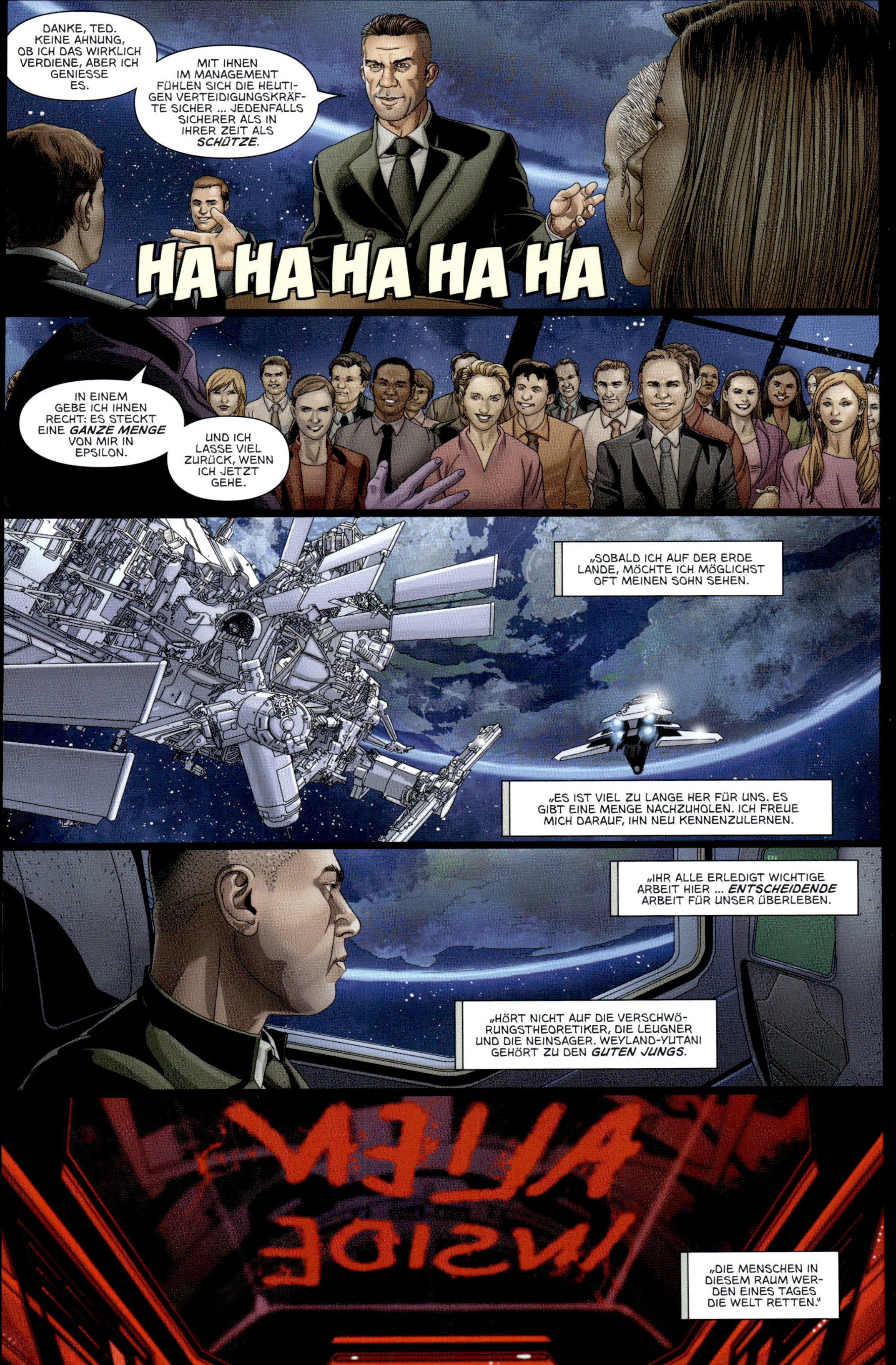

DANKE, TED. KEINE AHNUNG, OB ICH DAS WIRKLICH VERDIENE, ABER ICH GENIESSE ES.
MIT IHNEN IM MANAGEMENT FÜHLEN SICH DIE HEUTIGEN VERTEIDIGUNGSKRÄFTE SICHER ... JEDENFALLS SICHERER ALS IN IHRER ZEIT ALS *SCHÜTZE*.
HA HA HA HA HA
IN EINEM GEBE ICH IHNEN RECHT: ES STECKT EINE *GANZE MENGE* VON MIR IN EPSILON.
UND ICH LASSE VIEL ZURÜCK, WENN ICH JETZT GEHE.
„SOBALD ICH AUF DER ERDE LANDE, MÖCHTE ICH MÖGLICHST OFT MEINEN SOHN SEHEN.
„ES IST VIEL ZU LANGE HER FÜR UNS. ES GIBT EINE MENGE NACHZUHOLEN. ICH FREUE MICH DARAUF, IHN NEU KENNENZULERNEN.
„IHR ALLE ERLEDIGT WICHTIGE ARBEIT HIER ... *ENTSCHEIDENDE* ARBEIT FÜR UNSER ÜBERLEBEN.
„HÖRT NICHT AUF DIE VERSCHWÖRUNGSTHEORETIKER, DIE LEUGNER UND DIE NEINSAGER. WEYLAND-YUTANI GEHÖRT ZU DEN *GUTEN JUNGS*.
ALIEN
INSIDE
„DIE MENSCHEN IN DIESEM RAUM WERDEN EINES TAGES DIE WELT RETTEN."

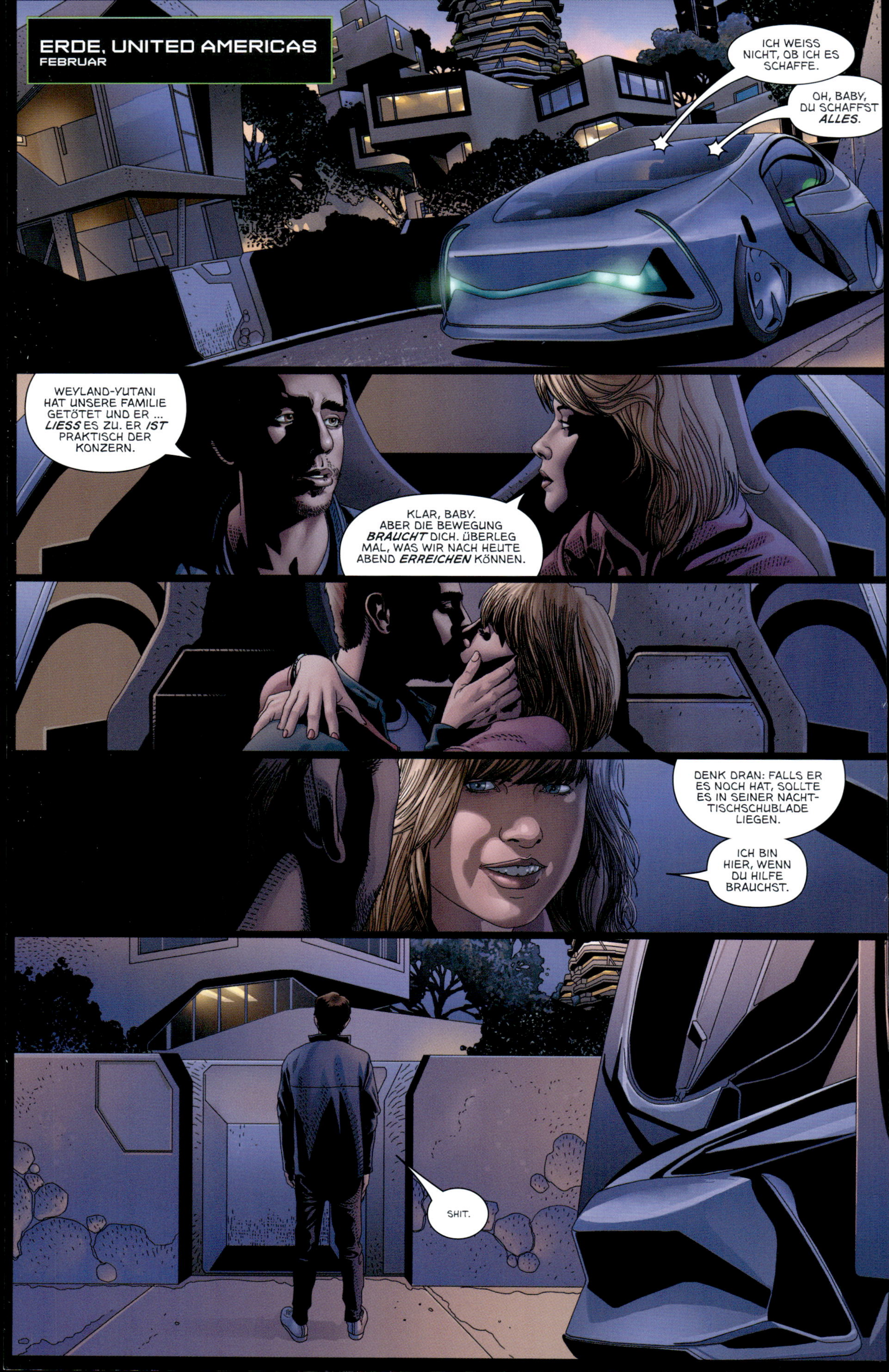
ERDE, UNITED AMERICAS
FEBRUAR
ICH WEISS NICHT, OB ICH ES SCHAFFE.
OH, BABY, DU SCHAFFST *ALLES*.
WEYLAND-YUTANI HAT UNSERE FAMILIE GETÖTET UND ER ... *LIESS* ES ZU. ER *IST* PRAKTISCH DER KONZERN.
KLAR, BABY. ABER DIE BEWEGUNG *BRAUCHT* DICH. ÜBERLEG MAL, WAS WIR NACH HEUTE ABEND *ERREICHEN* KÖNNEN.
DENK DRAN: FALLS ER ES NOCH HAT, SOLLTE ES IN SEINER NACHT-TISCHSCHUBLADE LIEGEN.
ICH BIN HIER, WENN DU HILFE BRAUCHST.
SHIT.

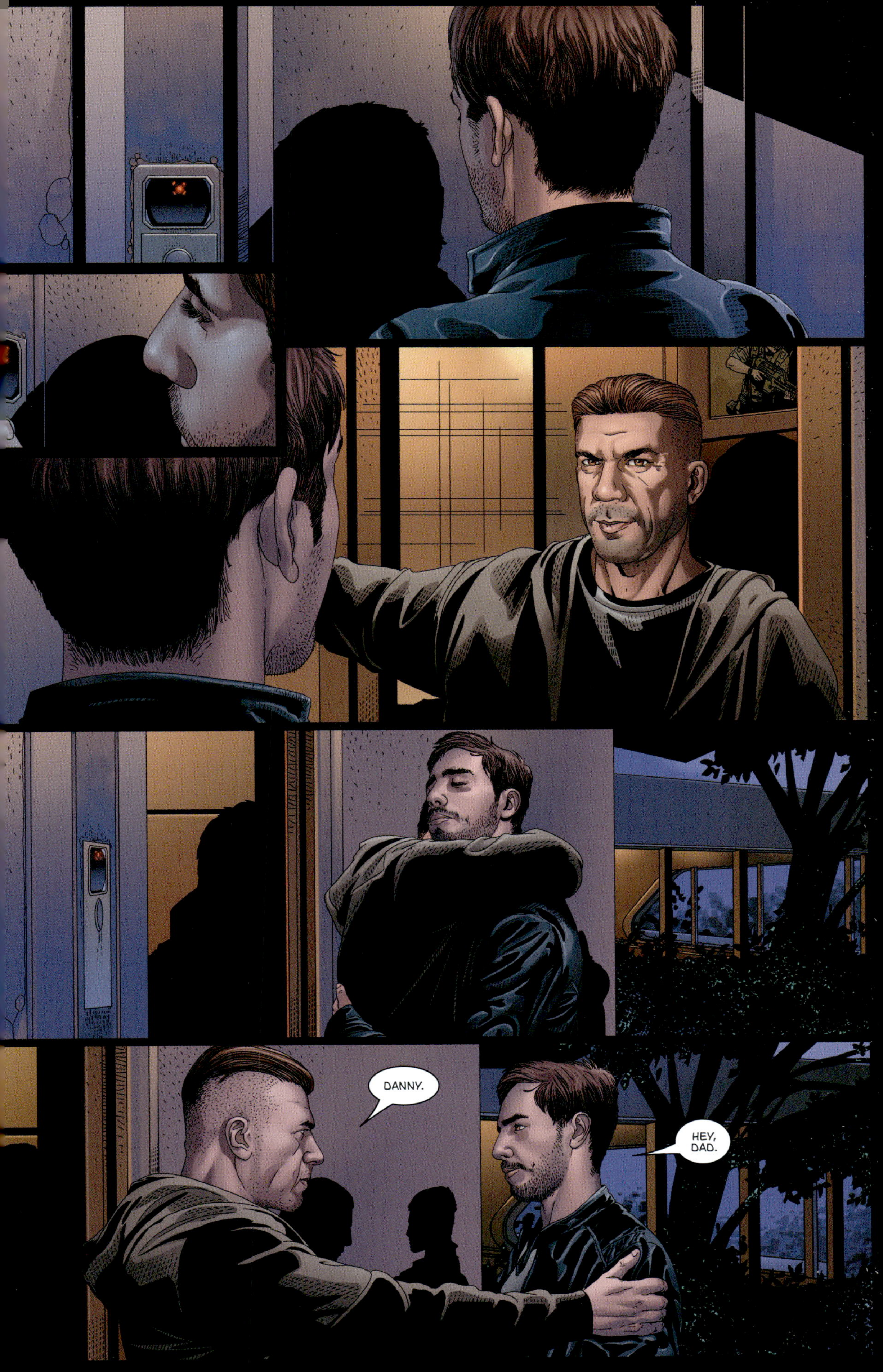
DANNY.
HEY, DAD.

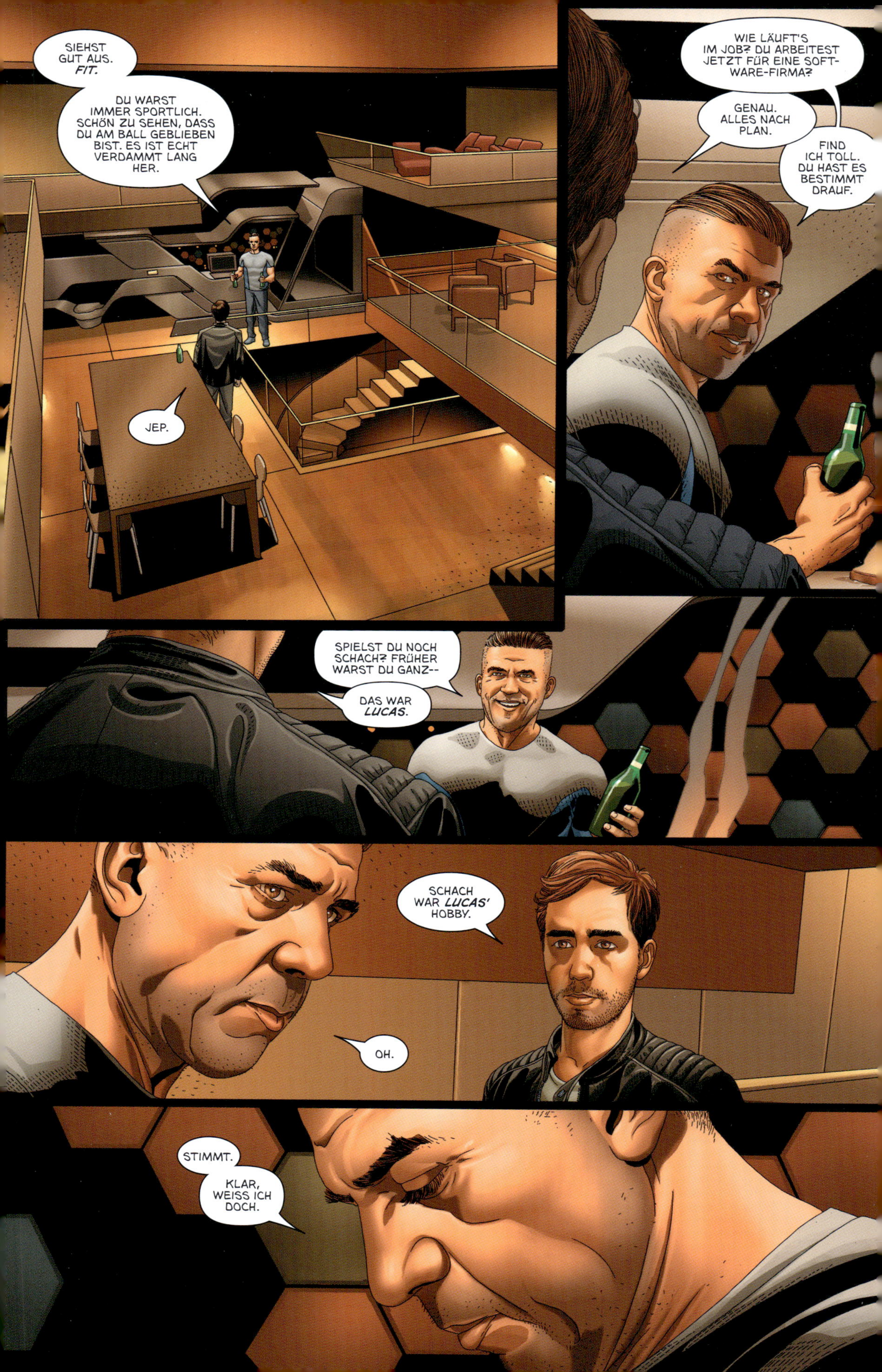
SIEHST GUT AUS. *FIT.*
DU WARST IMMER SPORTLICH. SCHÖN ZU SEHEN, DASS DU AM BALL GEBLIEBEN BIST. ES IST ECHT VERDAMMT LANG HER.
JEP.
WIE LÄUFT'S IM JOB? DU ARBEITEST JETZT FÜR EINE SOFT-WARE-FIRMA?
GENAU. ALLES NACH PLAN.
FIND ICH TOLL. DU HAST ES BESTIMMT DRAUF.
SPIELST DU NOCH SCHACH? FRÜHER WARST DU GANZ--
DAS WAR *LUCAS.*
SCHACH WAR *LUCAS'* HOBBY.
OH.
STIMMT.
KLAR, WEISS ICH DOCH.

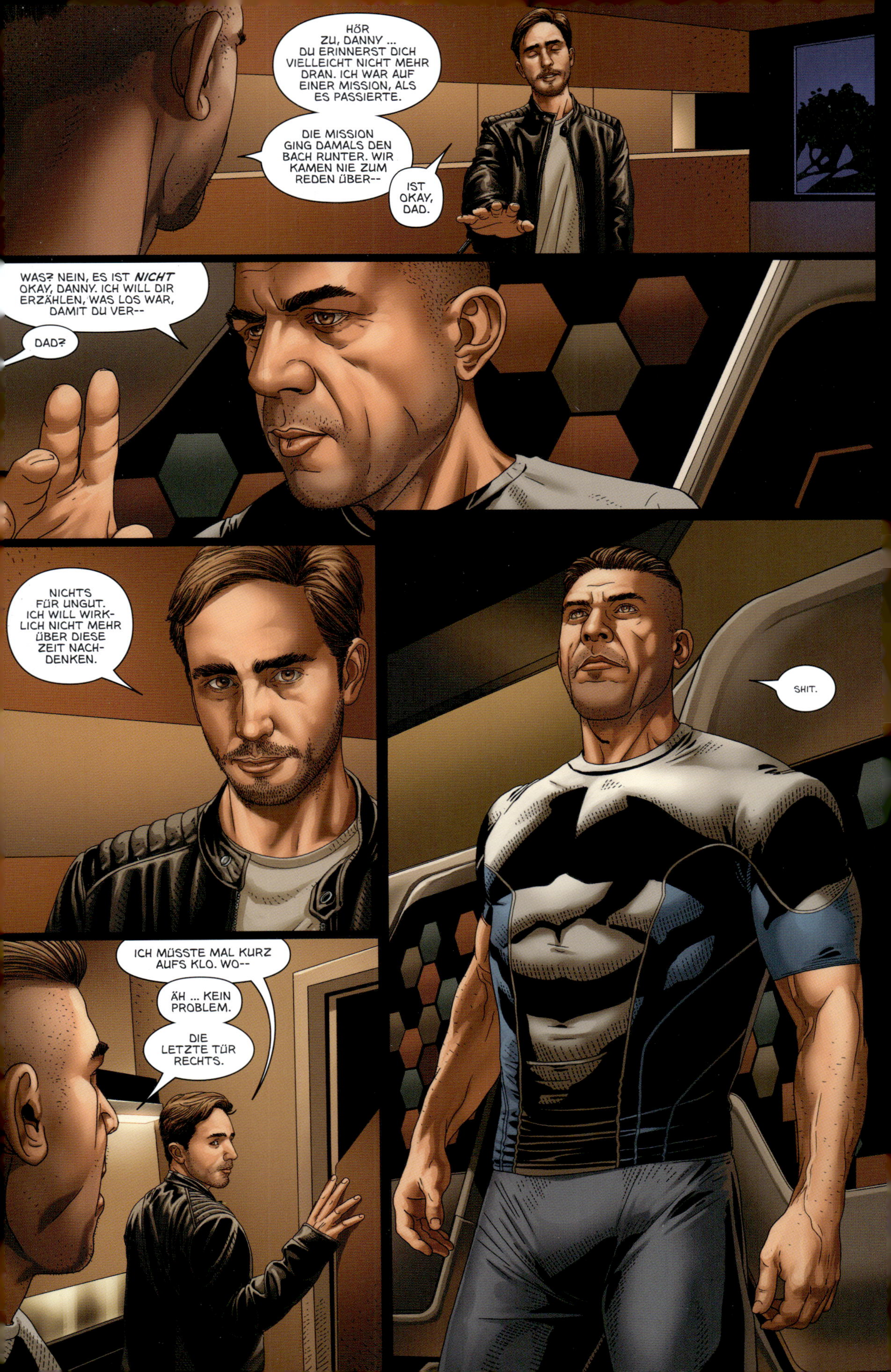
HÖR ZU, DANNY ... DU ERINNERST DICH VIELLEICHT NICHT MEHR DRAN. ICH WAR AUF EINER MISSION, ALS ES PASSIERTE.
DIE MISSION GING DAMALS DEN BACH RUNTER. WIR KAMEN NIE ZUM REDEN ÜBER--
IST OKAY, DAD.
WAS? NEIN, ES IST *NICHT* OKAY, DANNY. ICH WILL DIR ERZÄHLEN, WAS LOS WAR, DAMIT DU VER--
DAD?
NICHTS FÜR UNGUT. ICH WILL WIRKLICH NICHT MEHR ÜBER DIESE ZEIT NACHDENKEN.
ICH MÜSSTE MAL KURZ AUFS KLO. WO--
ÄH ... KEIN PROBLEM.
DIE LETZTE TÜR RECHTS.
SHIT.

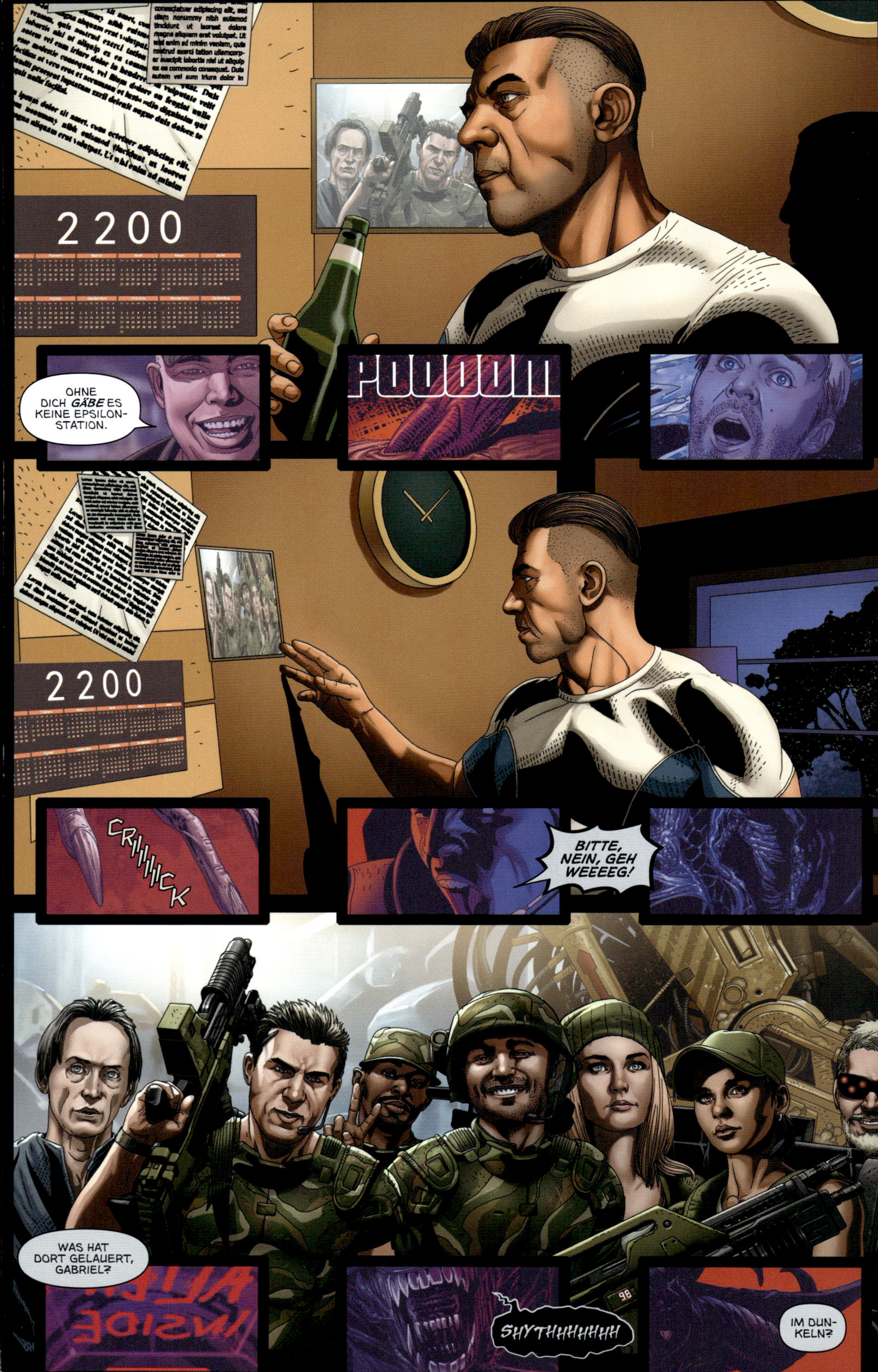
2200
OHNE DICH *GÄBE* ES KEINE EPSILON-STATION.
POOOOM
2200
CRIIIIICK
BITTE, NEIN, GEH WEEEEG!
WAS HAT DORT GELAUERT, GABRIEL?
SHYTHHHHHHH
IM DUNKELN?

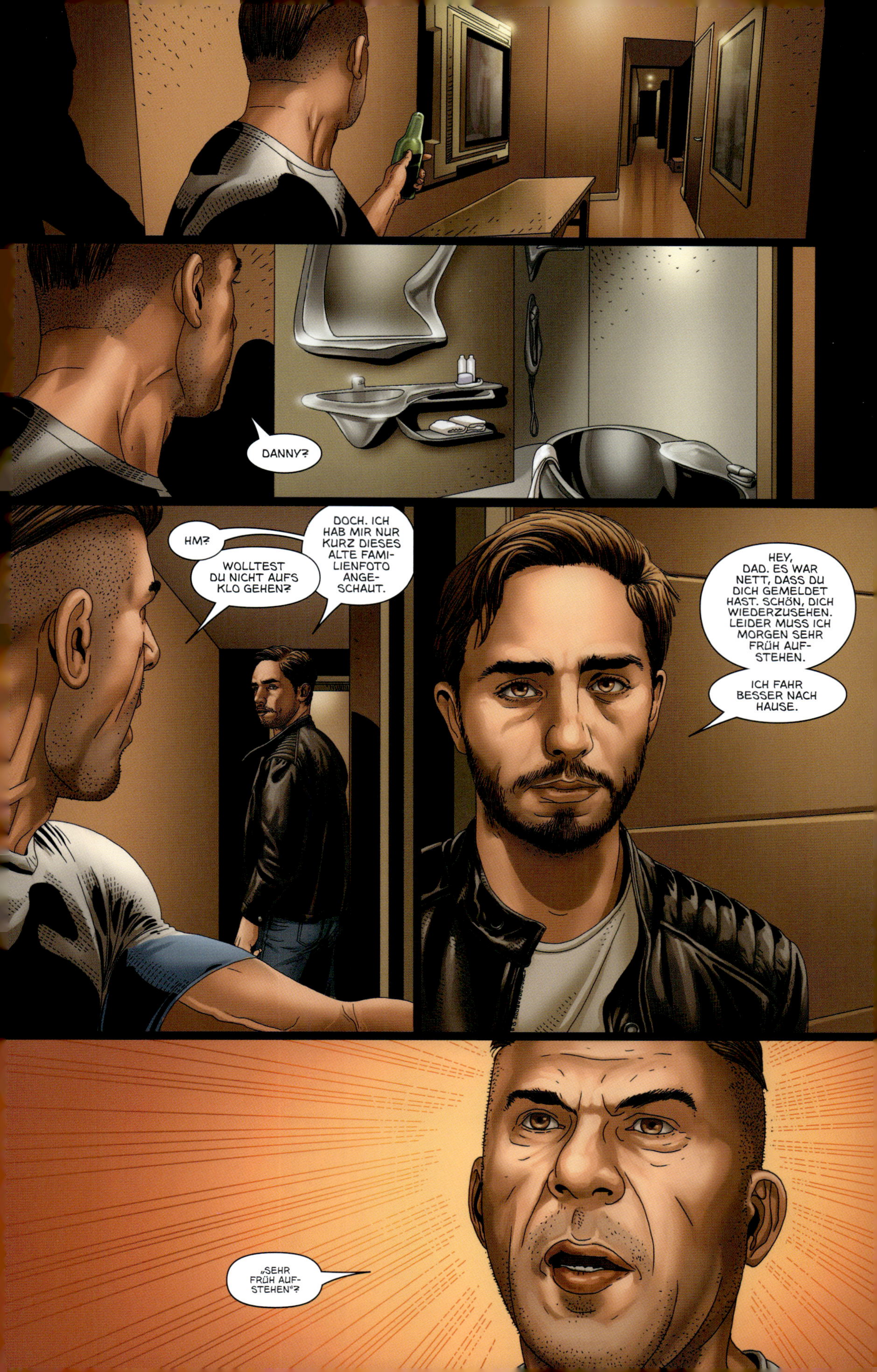
DANNY?
HM?
WOLLTEST DU NICHT AUFS KLO GEHEN?
DOCH. ICH HAB MIR NUR KURZ DIESES ALTE FAMI-LIENFOTO ANGE-SCHAUT.
HEY, DAD. ES WAR NETT, DASS DU DICH GEMELDET HAST. SCHÖN, DICH WIEDERZUSEHEN. LEIDER MUSS ICH MORGEN SEHR FRÜH AUF-STEHEN.
ICH FAHR BESSER NACH HAUSE.
„SEHR FRÜH AUF-STEHEN“?

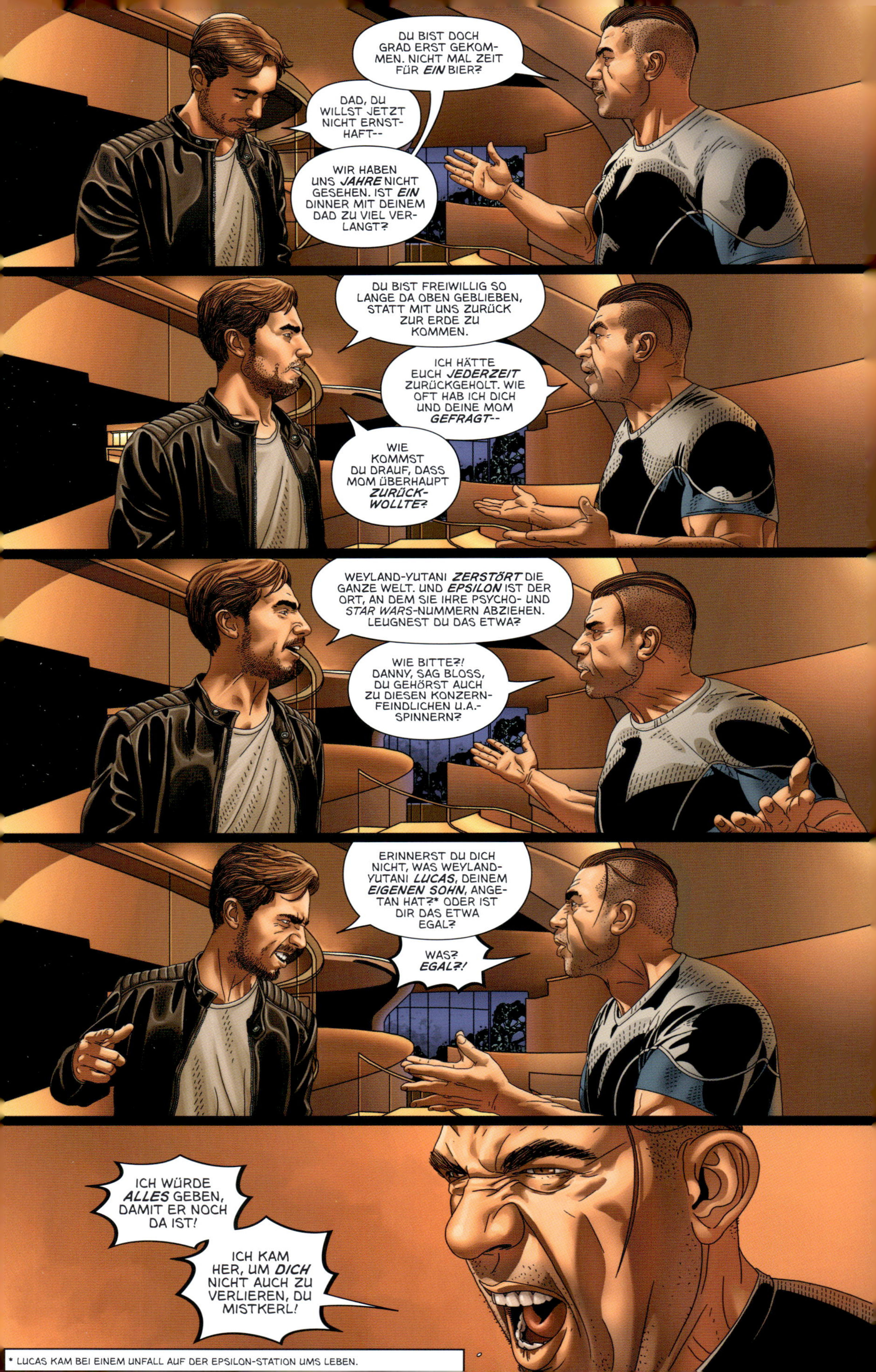
DU BIST DOCH GRAD ERST GEKOMMEN. NICHT MAL ZEIT FÜR *EIN* BIER?
DAD, DU WILLST JETZT NICHT ERNSTHAFT--
WIR HABEN UNS *JAHRE* NICHT GESEHEN. IST *EIN* DINNER MIT DEINEM DAD ZU VIEL VERLANGT?
DU BIST FREIWILLIG SO LANGE DA OBEN GEBLIEBEN, STATT MIT UNS ZURÜCK ZUR ERDE ZU KOMMEN.
ICH HÄTTE EUCH *JEDERZEIT* ZURÜCKGEHOLT. WIE OFT HAB ICH DICH UND DEINE MOM *GEFRAGT*--
WIE KOMMST DU DRAUF, DASS MOM ÜBERHAUPT *ZURÜCKWOLLTE*?
WEYLAND-YUTANI *ZERSTÖRT* DIE GANZE WELT. UND *EPSILON* IST DER ORT, AN DEM SIE IHRE PSYCHO- UND *STAR WARS*-NUMMERN ABZIEHEN. LEUGNEST DU DAS ETWA?
WIE BITTE?! DANNY, SAG BLOSS, DU GEHÖRST AUCH ZU DIESEN KONZERNFEINDLICHEN U.A.-SPINNERN?
ERINNERST DU DICH NICHT, WAS WEYLAND-YUTANI *LUCAS*, DEINEM *EIGENEN SOHN*, ANGETAN HAT?* ODER IST DIR DAS ETWA EGAL?
WAS? *EGAL?!*
ICH WÜRDE *ALLES* GEBEN, DAMIT ER NOCH DA IST!
ICH KAM HER, UM *DICH* NICHT AUCH ZU VERLIEREN, DU MISTKERL!
* LUCAS KAM BEI EINEM UNFALL AUF DER EPSILON-STATION UMS LEBEN.

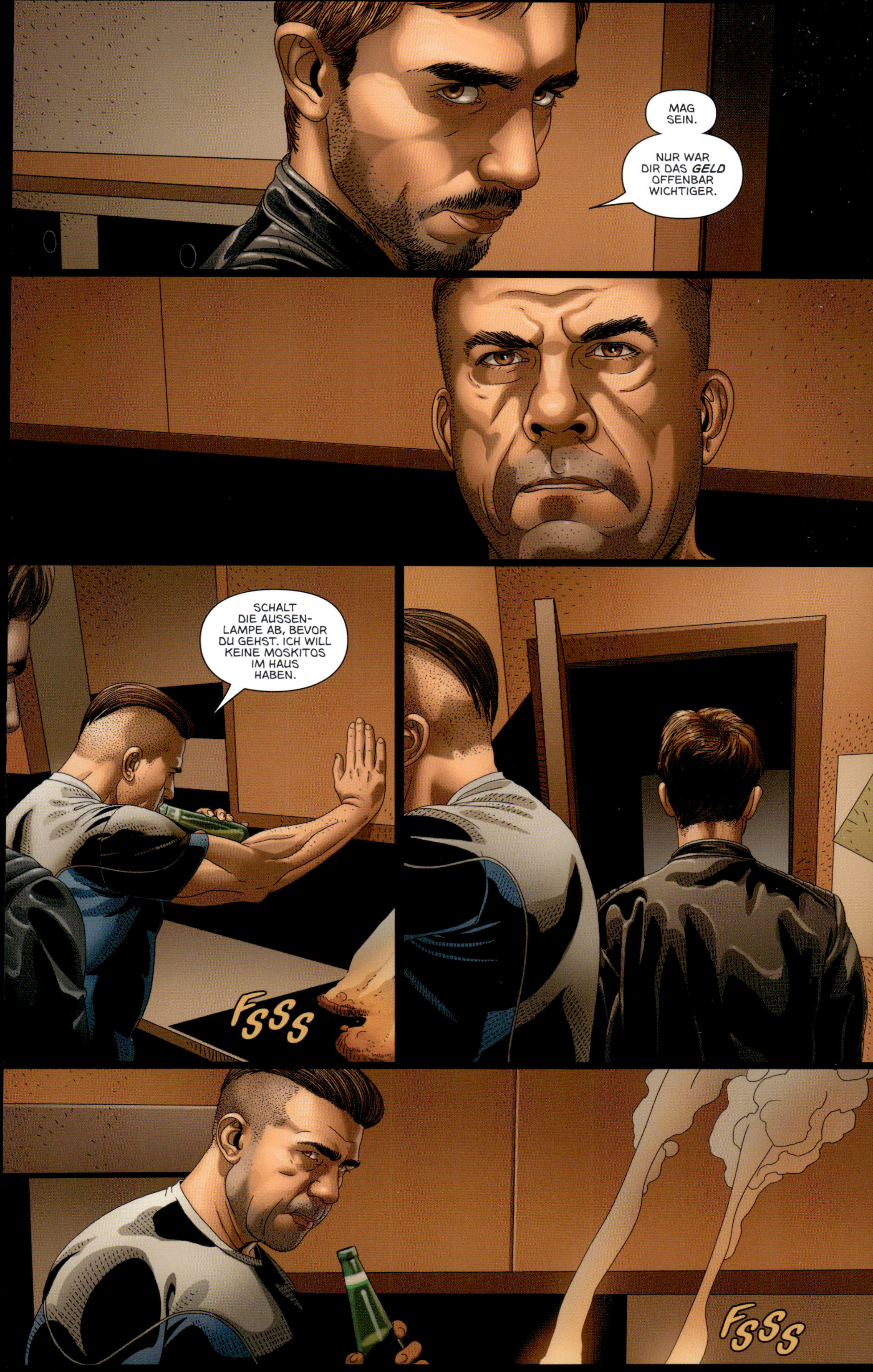
MAG SEIN.
NUR WAR DIR DAS GELD OFFENBAR WICHTIGER.
SCHALT DIE AUSSEN-LAMPE AB, BEVOR DU GEHST. ICH WILL KEINE MOSKITOS IM HAUS HABEN.
FSSS
FSSS

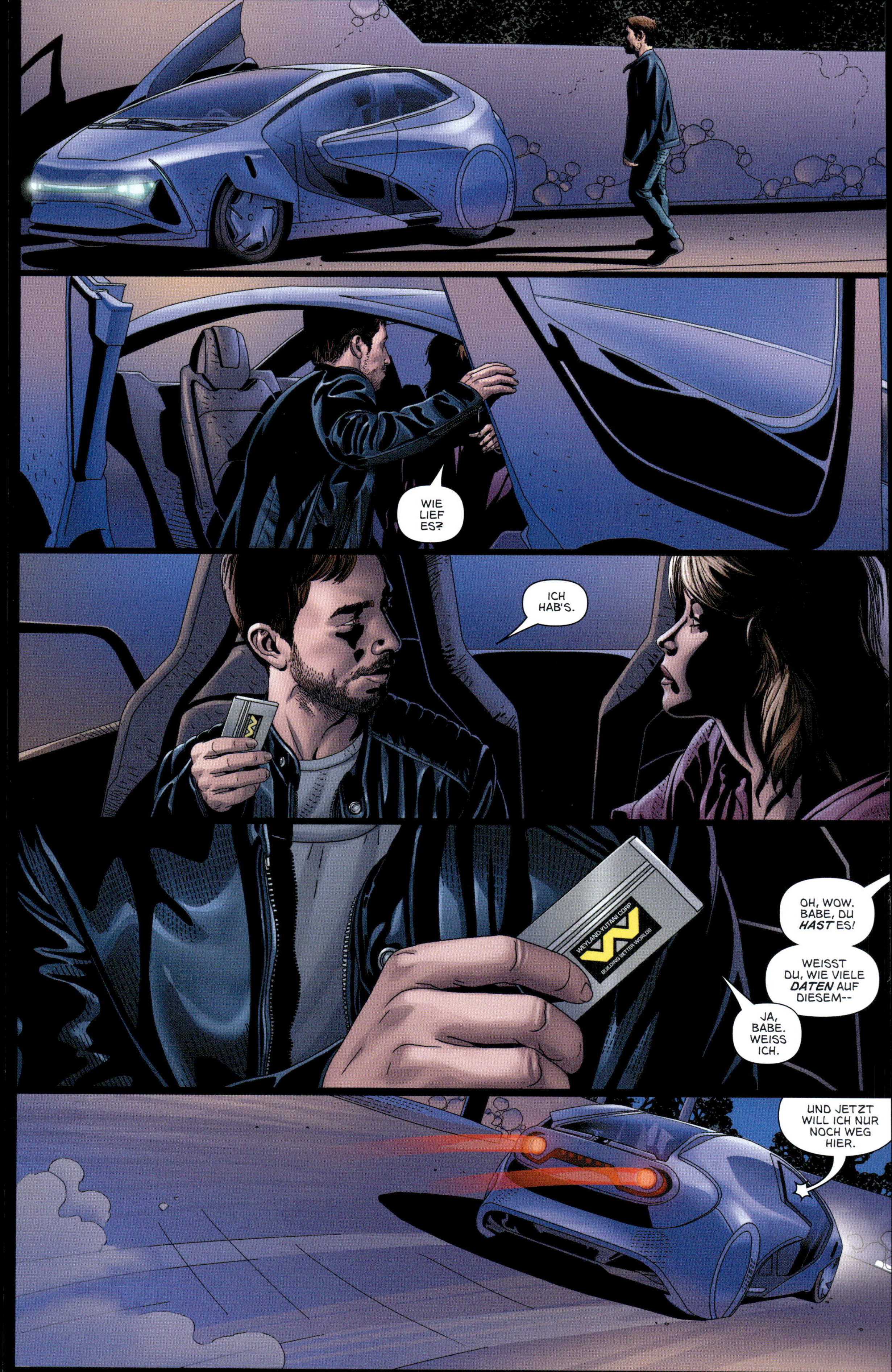
WIE LIEF ES?
ICH HAB'S.
WEYLAND-YUTANI CORP
BUILDING BETTER WORLDS
OH, WOW. BABE, DU *HAST* ES!
WEISST DU, WIE VIELE *DATEN* AUF DIESEM--
JA, BABE. WEISS ICH.
UND JETZT WILL ICH NUR NOCH WEG HIER.

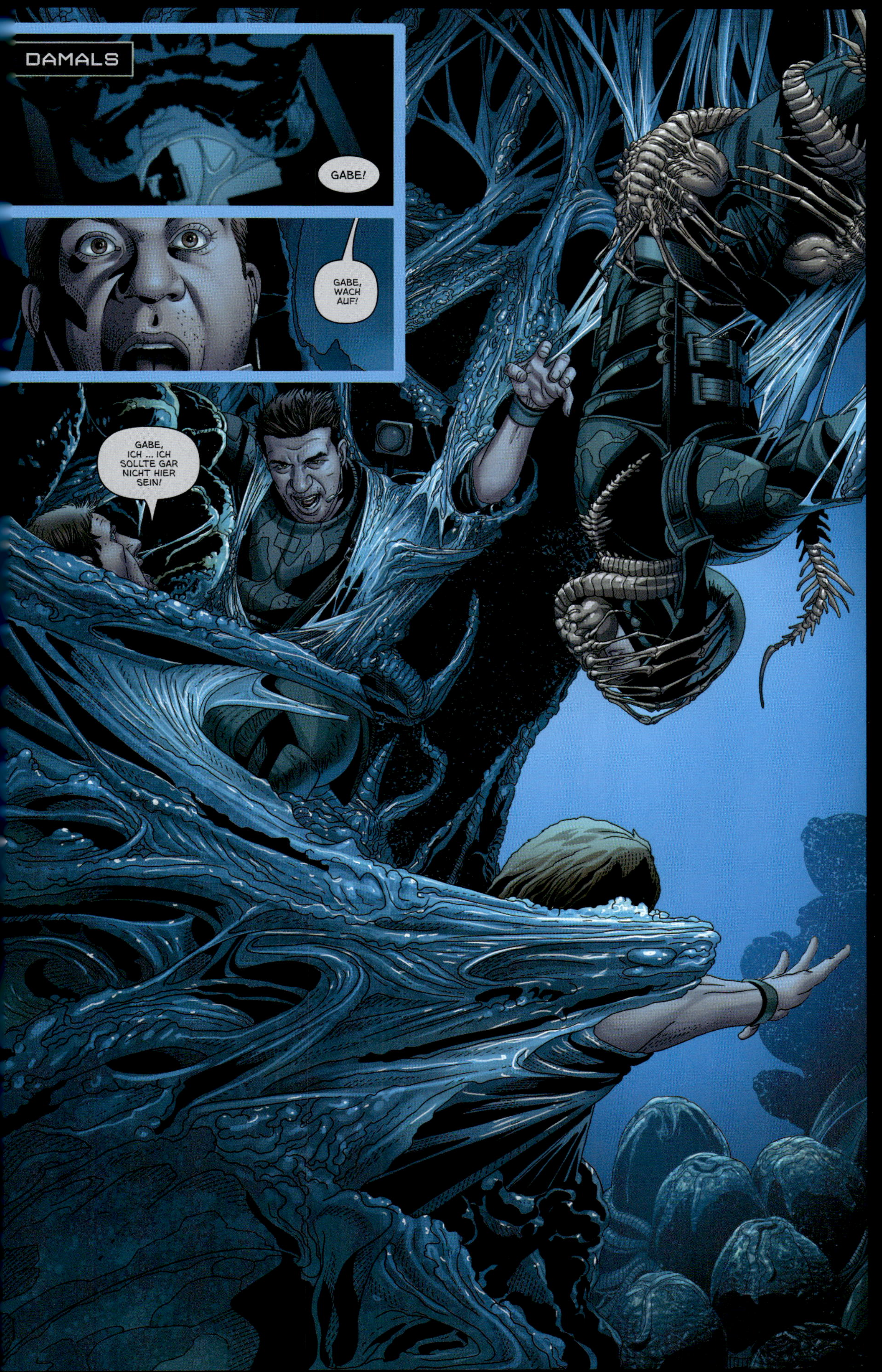
DAMALS
GABE!
GABE, WACH AUF!
GABE, ICH ... ICH SOLLTE GAR NICHT HIER SEIN!

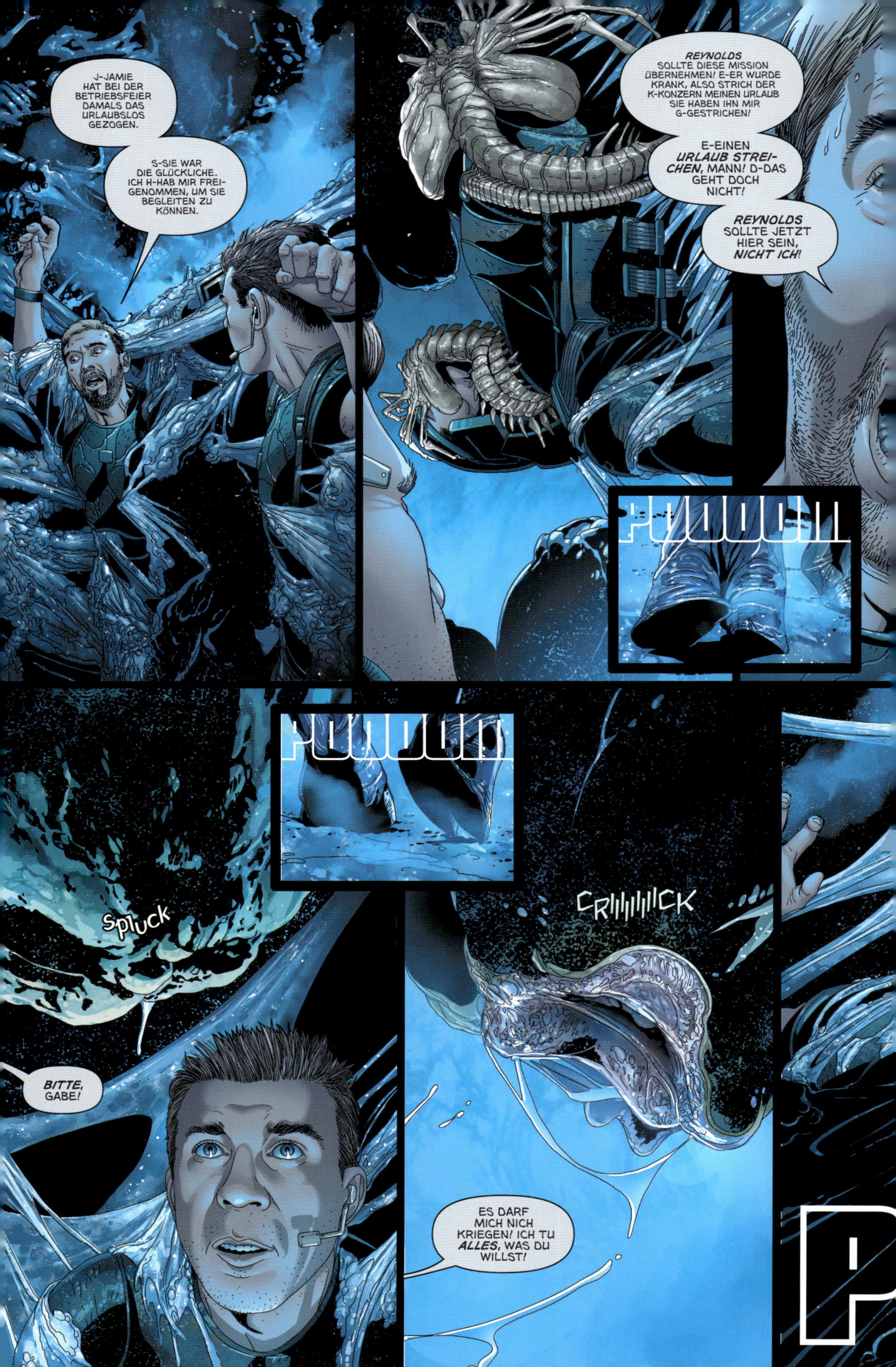

J-JAMIE HAT BEI DER BETRIEBSFEIER DAMALS DAS URLAUBSLOS GEZOGEN.
S-SIE WAR DIE GLÜCKLICHE. ICH H-HAB MIR FREI-GENOMMEN, UM SIE BEGLEITEN ZU KÖNNEN.
REYNOLDS SOLLTE DIESE MISSION ÜBERNEHMEN! E-ER WURDE KRANK, ALSO STRICH DER K-KONZERN MEINEN URLAUB SIE HABEN IHN MIR G-GESTRICHEN!
E-EINEN URLAUB STREI-CHEN, MANN! D-DAS GEHT DOCH NICHT!
REYNOLDS SOLLTE JETZT HIER SEIN, NICHT ICH!
POOOOM
POOOOM
SPLUCK
BITTE, GABE!
CRIIIIICK
ES DARF MICH NICH KRIEGEN! ICH TU ALLES, WAS DU WILLST!

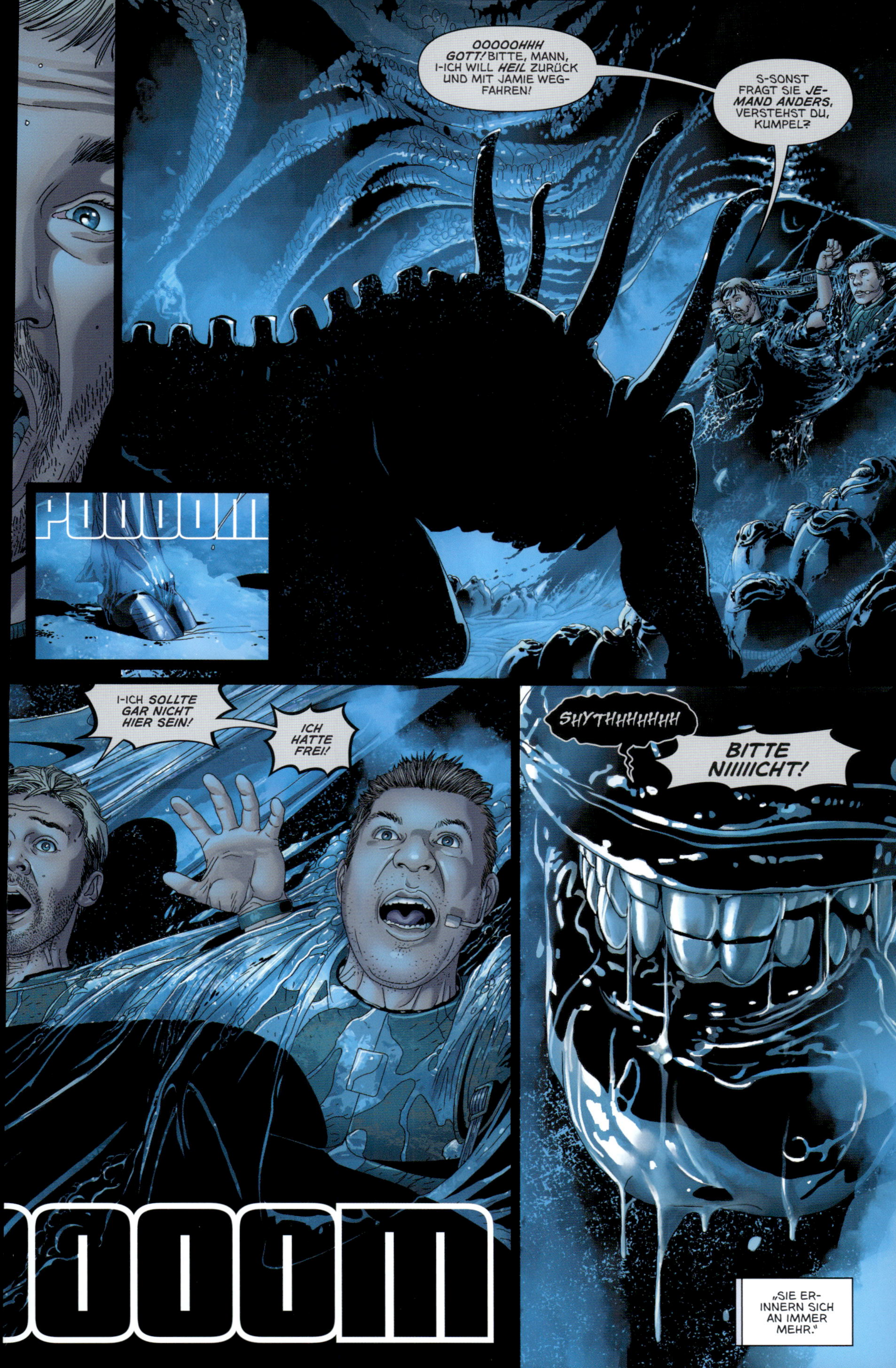
OOOOOHHH GOTT! BITTE, MANN, I-ICH WILL HEIL ZURÜCK UND MIT JAMIE WEG-FAHREN!
S-SONST FRAGT SIE JE-MAND ANDERS, VERSTEHST DU, KUMPEL?
POOOOM
I-ICH SOLLTE GAR NICHT HIER SEIN!
ICH HATTE FREI!
OOOM
SHYTHHHHHHH
BITTE NIIIICHT!
„SIE ER-INNERN SICH AN IMMER MEHR."

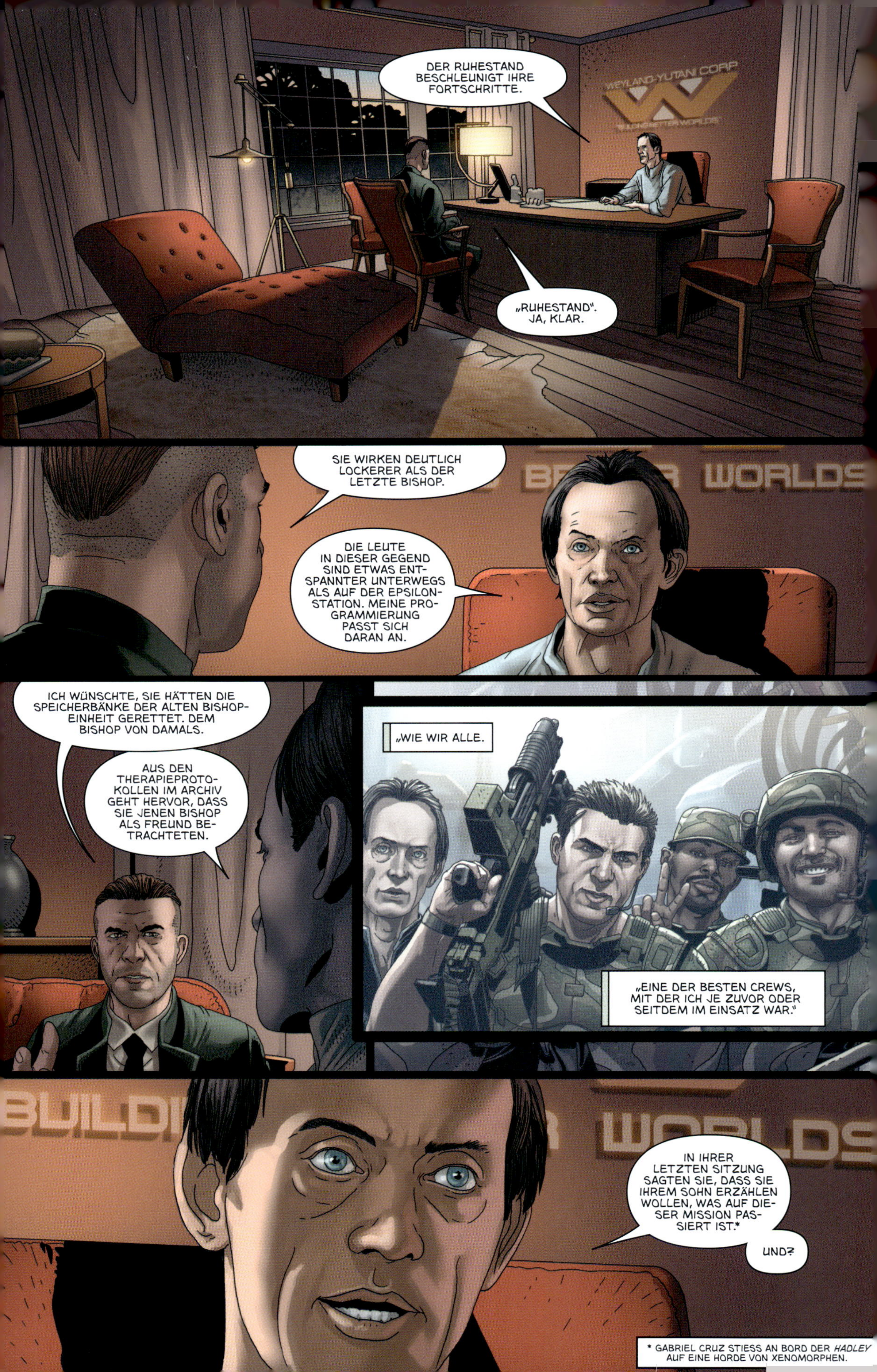

* GABRIEL CRUZ STIESS AN BORD DER *HADLEY* AUF EINE HORDE VON XENOMORPHEN.

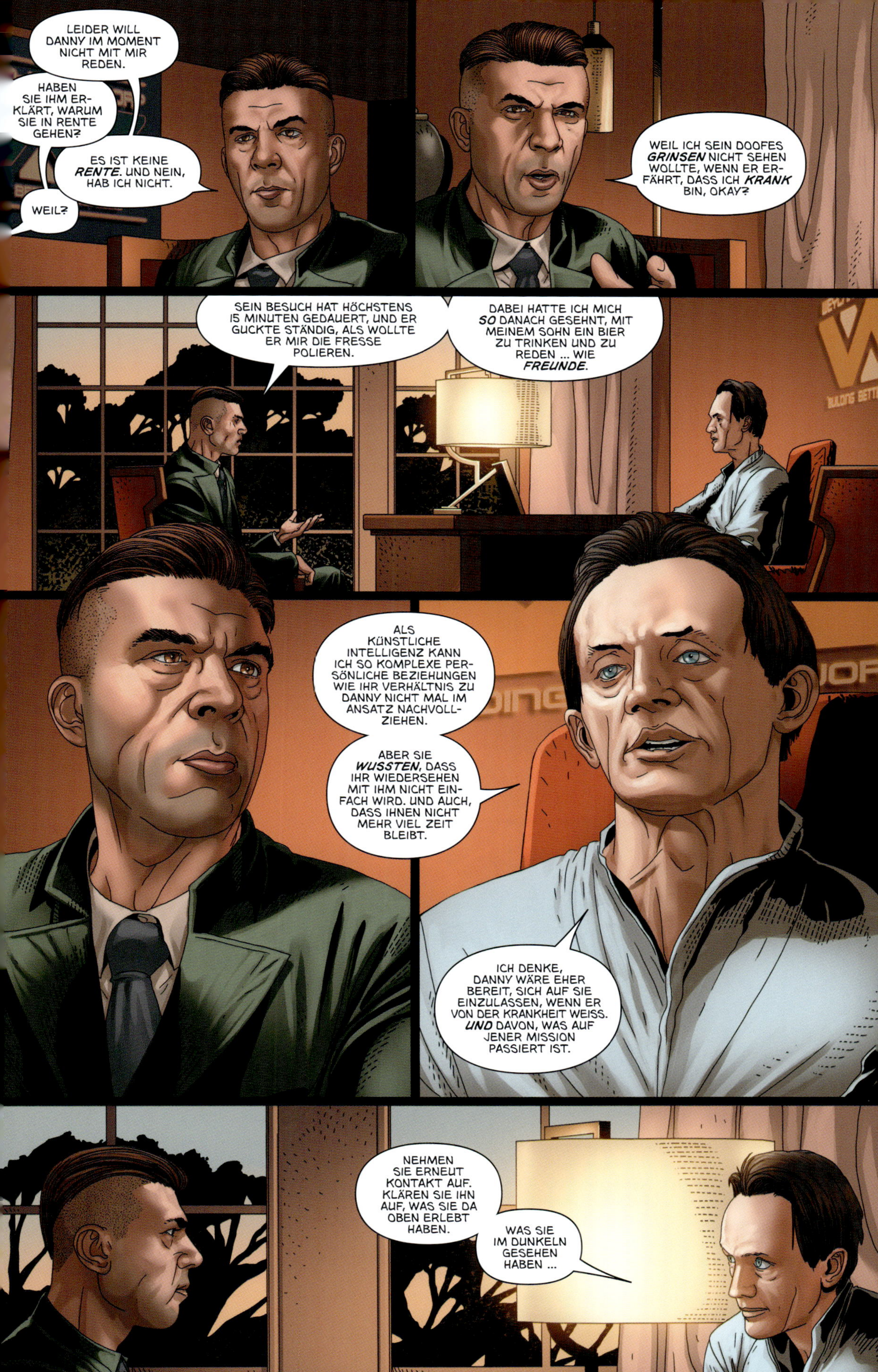
LEIDER WILL DANNY IM MOMENT NICHT MIT MIR REDEN.
HABEN SIE IHM ERKLÄRT, WARUM SIE IN RENTE GEHEN?
ES IST KEINE RENTE. UND NEIN, HAB ICH NICHT.
WEIL?
WEIL ICH SEIN DOOFES GRINSEN NICHT SEHEN WOLLTE, WENN ER ERFÄHRT, DASS ICH KRANK BIN, OKAY?
SEIN BESUCH HAT HÖCHSTENS 15 MINUTEN GEDAUERT, UND ER GUCKTE STÄNDIG, ALS WOLLTE ER MIR DIE FRESSE POLIEREN.
DABEI HATTE ICH MICH SO DANACH GESEHNT, MIT MEINEM SOHN EIN BIER ZU TRINKEN UND ZU REDEN ... WIE FREUNDE.
ALS KÜNSTLICHE INTELLIGENZ KANN ICH SO KOMPLEXE PERSÖNLICHE BEZIEHUNGEN WIE IHR VERHÄLTNIS ZU DANNY NICHT MAL IM ANSATZ NACHVOLLZIEHEN.
ABER SIE WUSSTEN, DASS IHR WIEDERSEHEN MIT IHM NICHT EINFACH WIRD. UND AUCH, DASS IHNEN NICHT MEHR VIEL ZEIT BLEIBT.
ICH DENKE, DANNY WÄRE EHER BEREIT, SICH AUF SIE EINZULASSEN, WENN ER VON DER KRANKHEIT WEISS. UND DAVON, WAS AUF JENER MISSION PASSIERT IST.
NEHMEN SIE ERNEUT KONTAKT AUF. KLÄREN SIE IHN AUF, WAS SIE DA OBEN ERLEBT HABEN.
WAS SIE IM DUNKELN GESEHEN HABEN ...

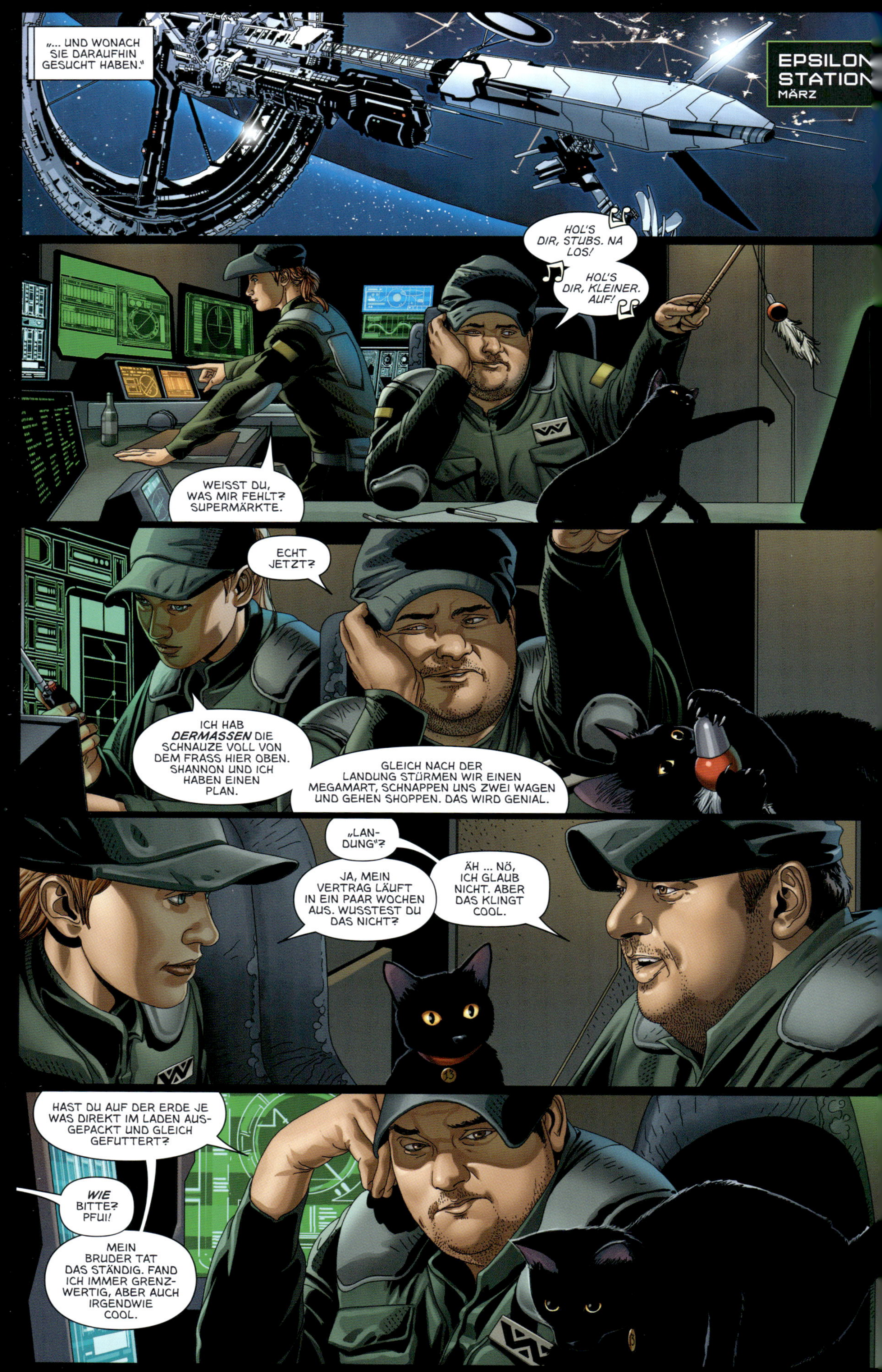
„... UND WONACH SIE DARAUFHIN GESUCHT HABEN."
EPSILON STATION
MÄRZ
HOL'S DIR, STUBS. NA LOS!
HOL'S DIR, KLEINER. AUF!
WEISST DU, WAS MIR FEHLT? SUPERMÄRKTE.
ECHT JETZT?
ICH HAB *DERMASSEN* DIE SCHNAUZE VOLL VON DEM FRASS HIER OBEN. SHANNON UND ICH HABEN EINEN PLAN.
GLEICH NACH DER LANDUNG STÜRMEN WIR EINEN MEGAMART, SCHNAPPEN UNS ZWEI WAGEN UND GEHEN SHOPPEN. DAS WIRD GENIAL.
„LAN-DUNG"?
JA, MEIN VERTRAG LÄUFT IN EIN PAAR WOCHEN AUS. WUSSTEST DU DAS NICHT?
ÄH ... NÖ, ICH GLAUB NICHT. ABER DAS KLINGT COOL.
HAST DU AUF DER ERDE JE WAS DIREKT IM LADEN AUS-GEPACKT UND GLEICH GEFUTTERT?
WIE BITTE? PFUI!
MEIN BRUDER TAT DAS STÄNDIG. FAND ICH IMMER GRENZ-WERTIG, ABER AUCH IRGENDWIE COOL.

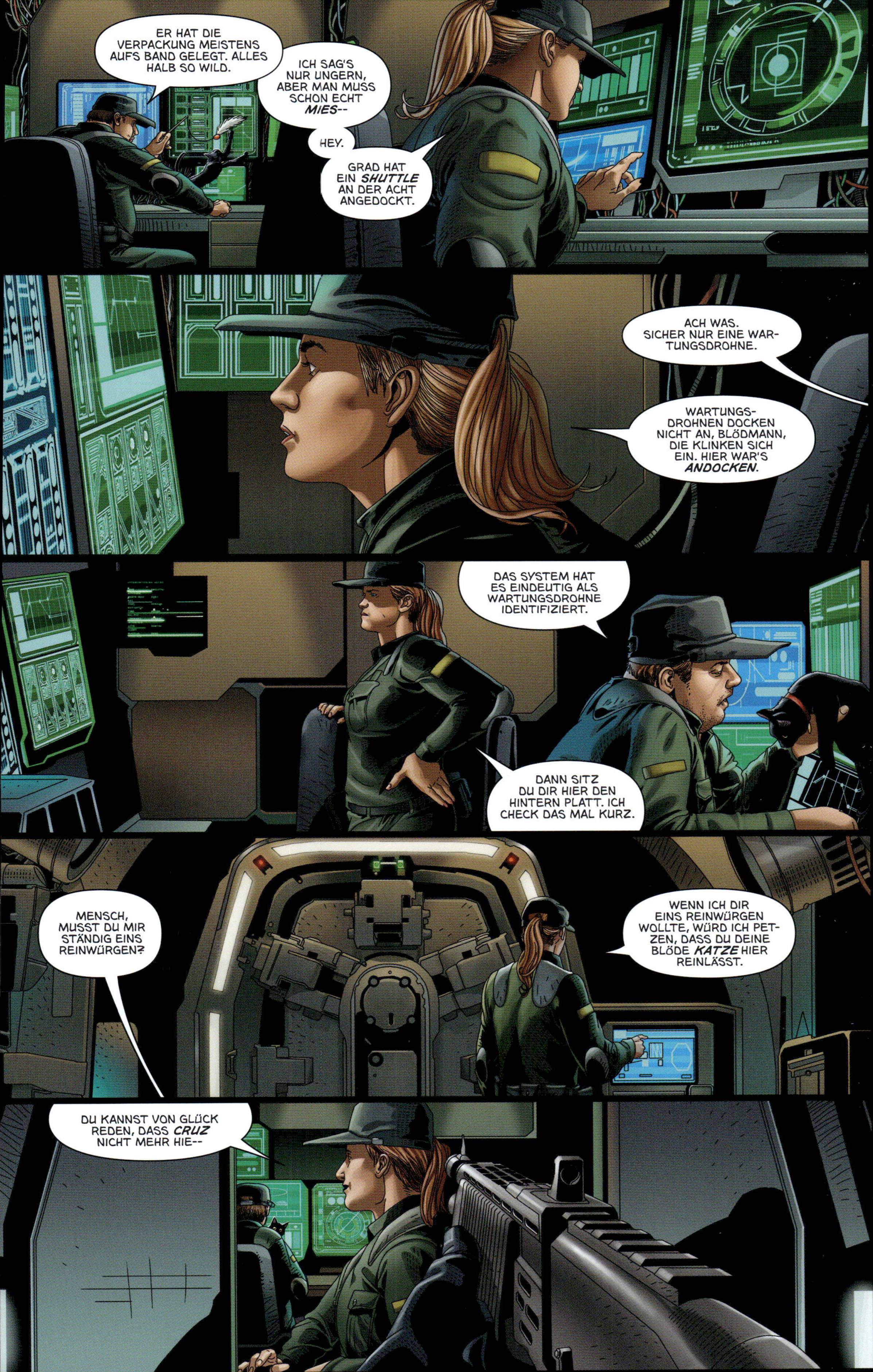
ER HAT DIE VERPACKUNG MEISTENS AUFS BAND GELEGT. ALLES HALB SO WILD.
ICH SAG'S NUR UNGERN, ABER MAN MUSS SCHON ECHT *MIES*--
HEY.
GRAD HAT EIN *SHUTTLE* AN DER ACHT ANGEDOCKT.
ACH WAS. SICHER NUR EINE WARTUNGSDROHNE.
WARTUNGSDROHNEN DOCKEN NICHT AN, BLÖDMANN, DIE KLINKEN SICH EIN. HIER WAR'S *ANDOCKEN*.
DAS SYSTEM HAT ES EINDEUTIG ALS WARTUNGSDROHNE IDENTIFIZIERT.
DANN SITZ DU DIR HIER DEN HINTERN PLATT. ICH CHECK DAS MAL KURZ.
MENSCH, MUSST DU MIR STÄNDIG EINS REINWÜRGEN?
WENN ICH DIR EINS REINWÜRGEN WOLLTE, WÜRD ICH PETZEN, DASS DU DEINE BLÖDE *KATZE* HIER REINLÄSST.
DU KANNST VON GLÜCK REDEN, DASS *CRUZ* NICHT MEHR HIE--

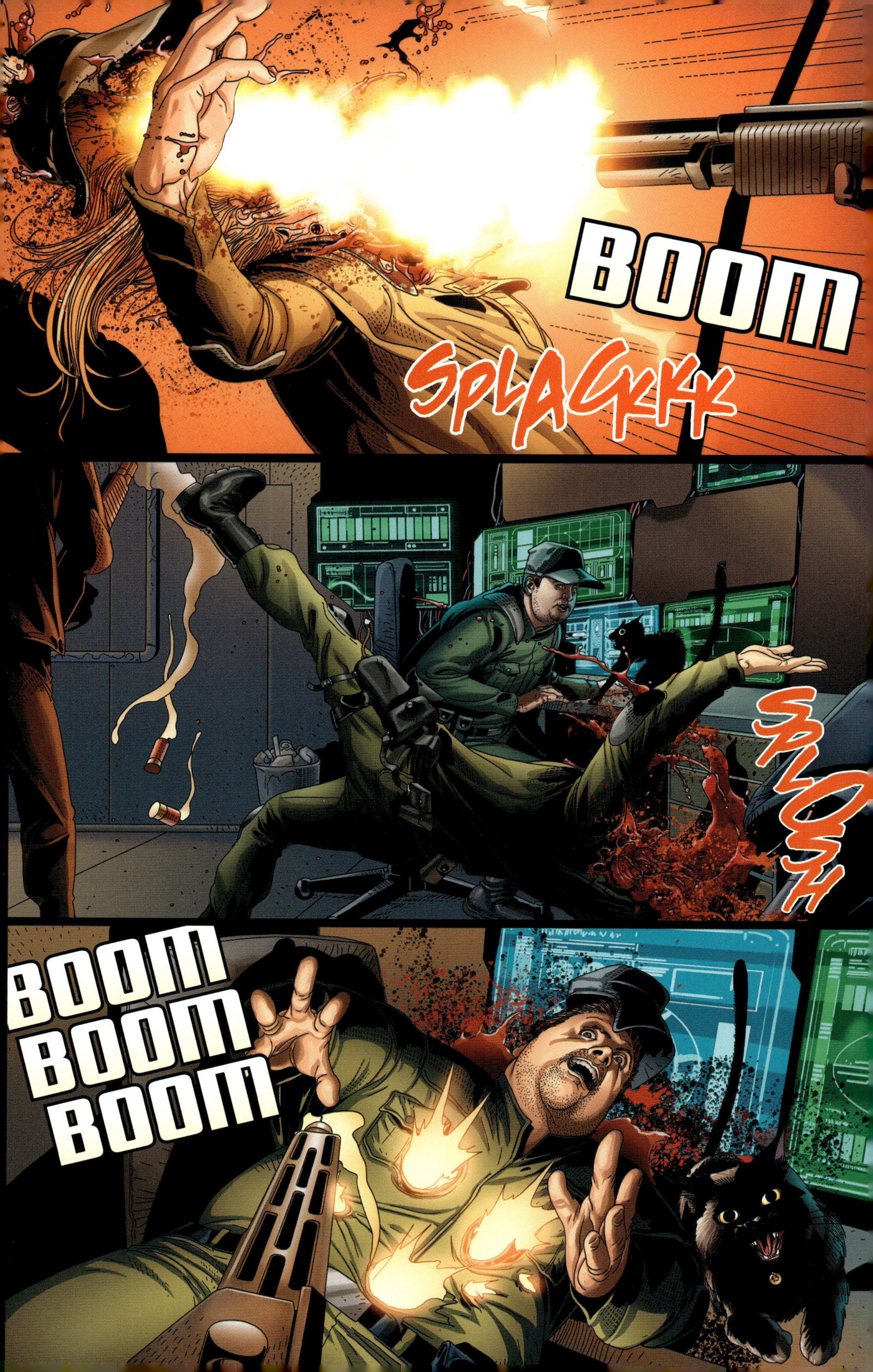
BOOM
SPLACKKK
SPLOSH
BOOM
BOOM
BOOM

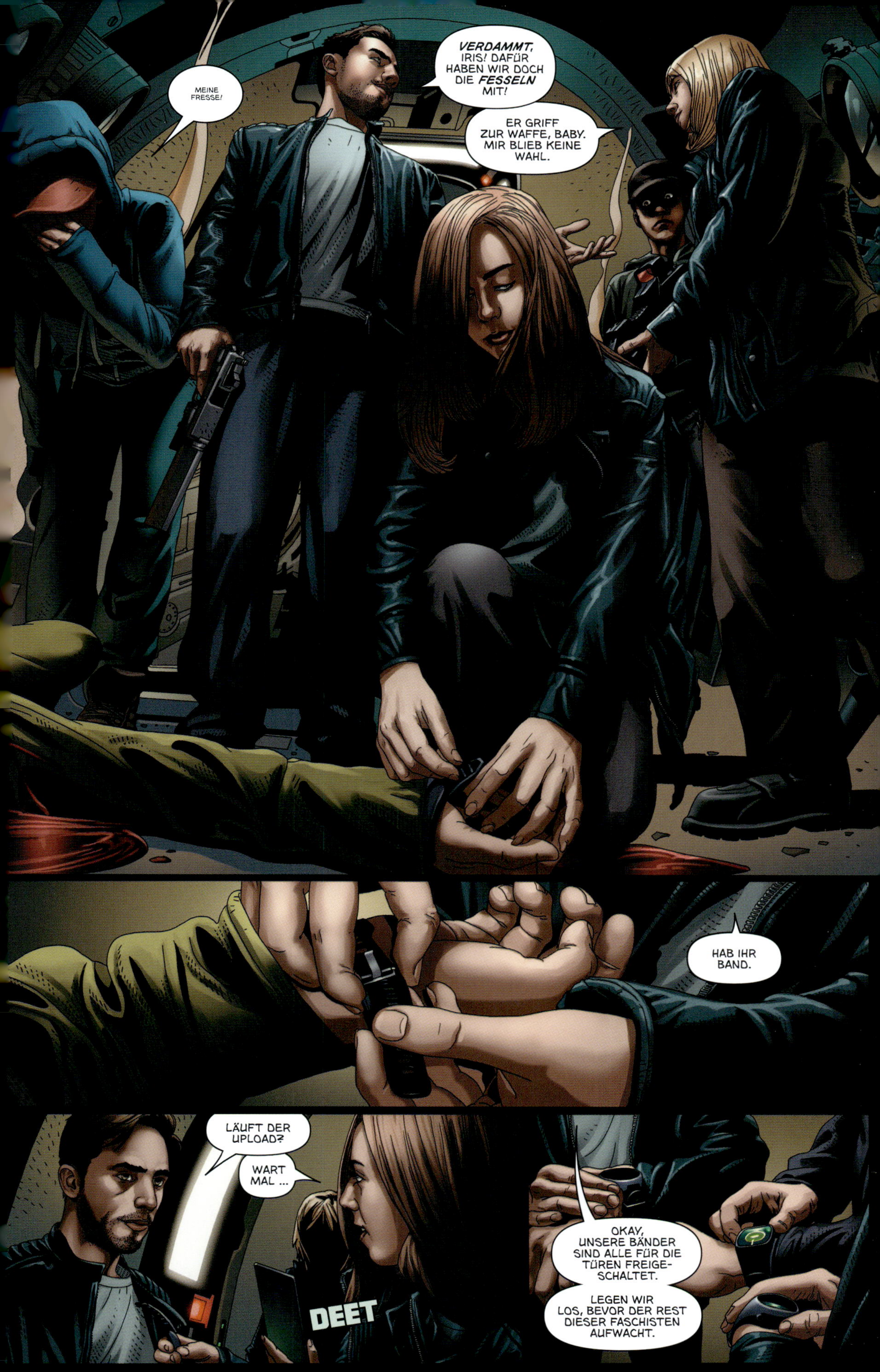
MEINE FRESSE!
VERDAMMT, IRIS! DAFÜR HABEN WIR DOCH DIE FESSELN MIT!
ER GRIFF ZUR WAFFE, BABY. MIR BLIEB KEINE WAHL.
HAB IHR BAND.
LÄUFT DER UPLOAD?
WART MAL ...
DEET
OKAY, UNSERE BÄNDER SIND ALLE FÜR DIE TÜREN FREIGE-SCHALTET.
LEGEN WIR LOS, BEVOR DER REST DIESER FASCHISTEN AUFWACHT.

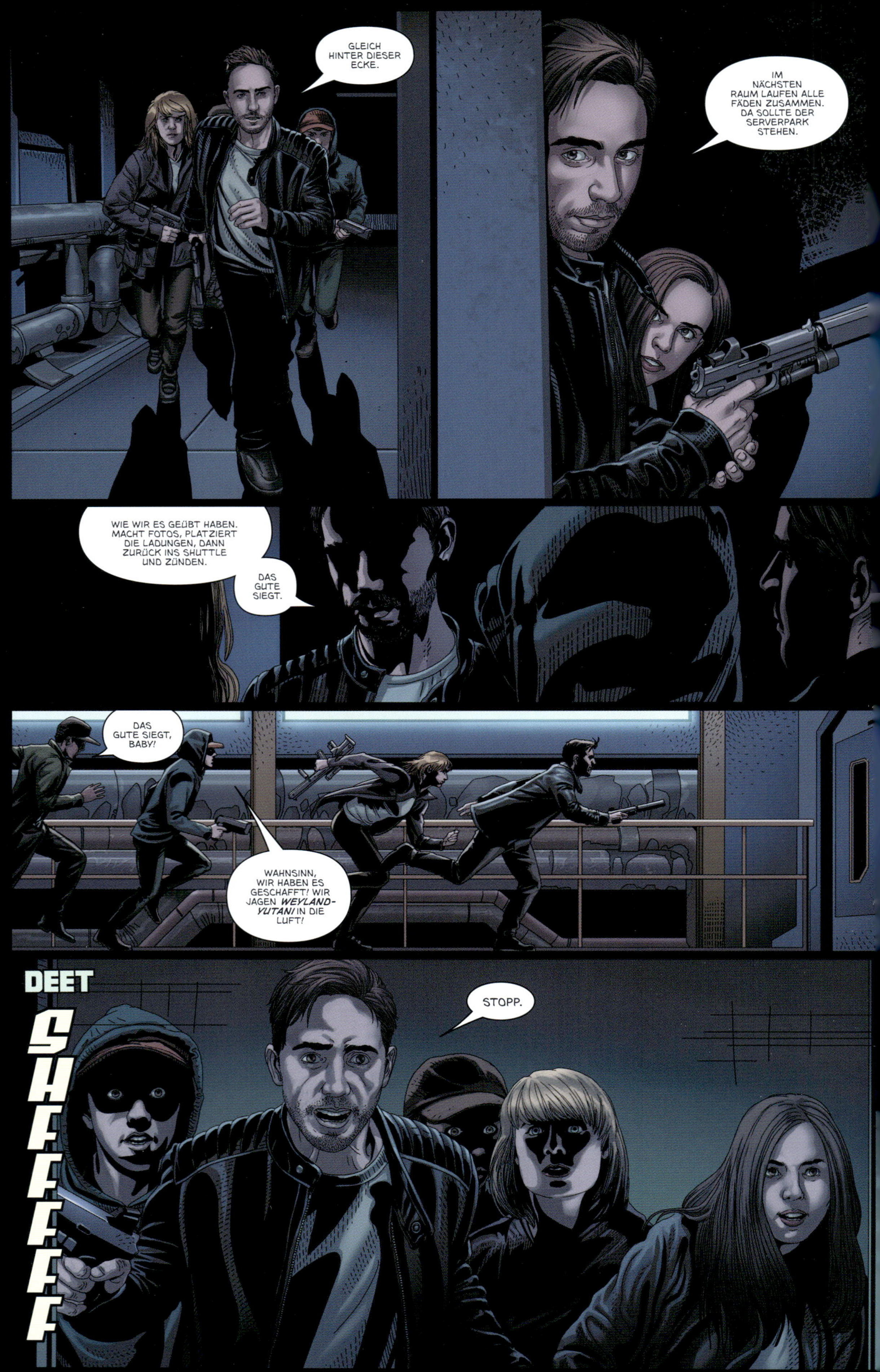
GLEICH HINTER DIESER ECKE.
IM NÄCHSTEN RAUM LAUFEN ALLE FÄDEN ZUSAMMEN. DA SOLLTE DER SERVERPARK STEHEN.
WIE WIR ES GEÜBT HABEN. MACHT FOTOS, PLATZIERT DIE LADUNGEN, DANN ZURÜCK INS SHUTTLE UND ZÜNDEN.
DAS GUTE SIEGT.
DAS GUTE SIEGT, BABY!
WAHNSINN, WIR HABEN ES GESCHAFFT! WIR JAGEN *WEYLAND-YUTANI* IN DIE LUFT!
DEET
SHFFFFF
STOPP.

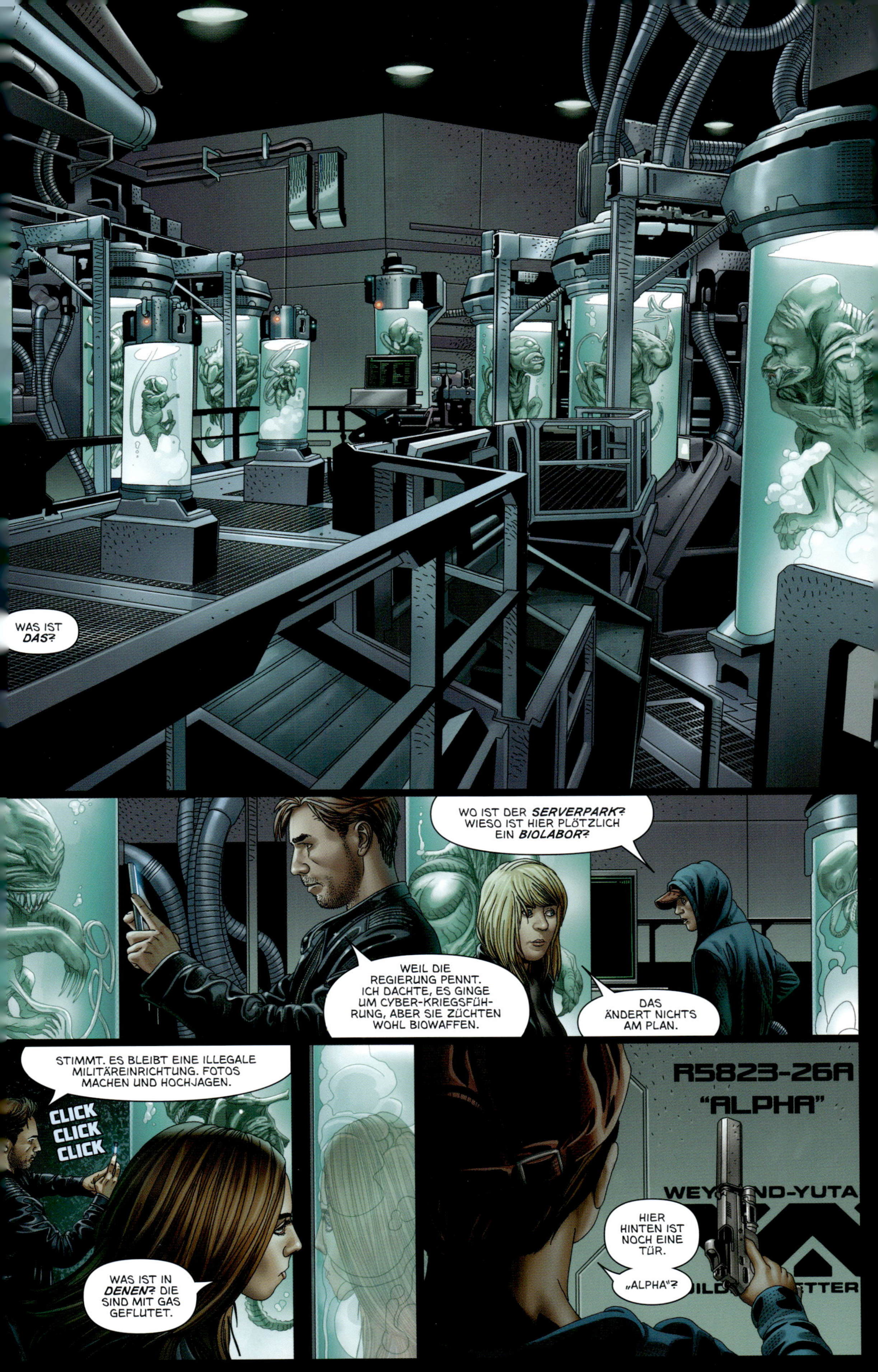
WAS IST DAS?
WO IST DER SERVERPARK? WIESO IST HIER PLÖTZLICH EIN BIOLABOR?
WEIL DIE REGIERUNG PENNT. ICH DACHTE, ES GINGE UM CYBER-KRIEGSFÜHRUNG, ABER SIE ZÜCHTEN WOHL BIOWAFFEN.
DAS ÄNDERT NICHTS AM PLAN.
STIMMT. ES BLEIBT EINE ILLEGALE MILITÄREINRICHTUNG. FOTOS MACHEN UND HOCHJAGEN.
CLICK
CLICK
CLICK
WAS IST IN DENEN? DIE SIND MIT GAS GEFLUTET.
R5823-26A
"ALPHA"
HIER HINTEN IST NOCH EINE TÜR.
„ALPHA"?

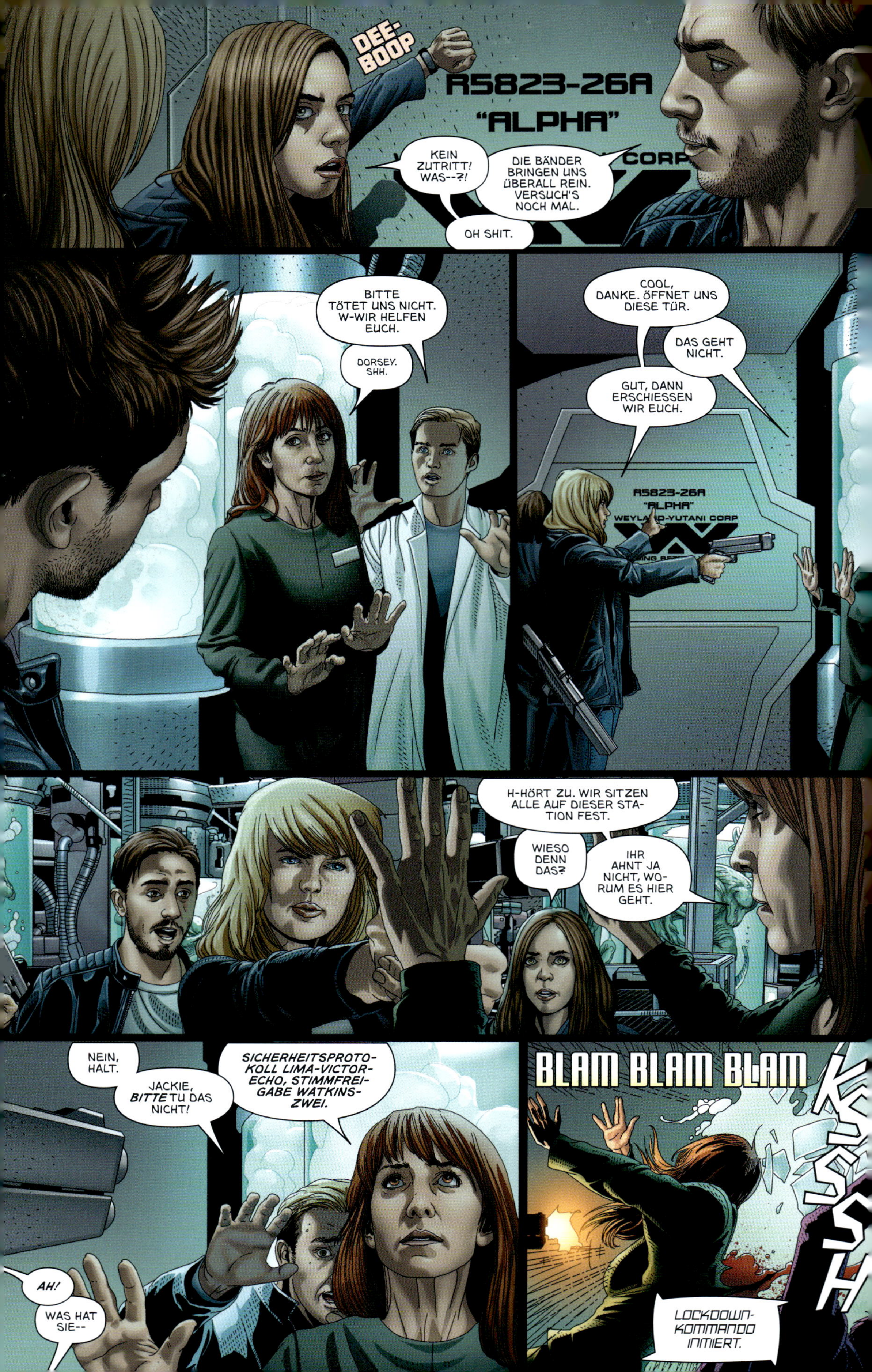
DEE-BOOP
R5823-26A
"ALPHA"
KEIN ZUTRITT! WAS--?!
DIE BÄNDER BRINGEN UNS ÜBERALL REIN. VERSUCH'S NOCH MAL.
OH SHIT.
BITTE TÖTET UNS NICHT. W-WIR HELFEN EUCH.
DORSEY. SHH.
COOL, DANKE. ÖFFNET UNS DIESE TÜR.
DAS GEHT NICHT.
GUT, DANN ERSCHIESSEN WIR EUCH.
R5823-26A
"ALPHA"
H-HÖRT ZU. WIR SITZEN ALLE AUF DIESER STATION FEST.
WIESO DENN DAS?
IHR AHNT JA NICHT, WORUM ES HIER GEHT.
NEIN, HALT.
JACKIE, BITTE TU DAS NICHT!
SICHERHEITSPROTOKOLL LIMA-VICTOR-ECHO, STIMMFREIGABE WATKINS-ZWEI.
AH!
WAS HAT SIE--
BLAM BLAM BLAM
KRSSSH
LOCKDOWN-KOMMANDO INITIIERT.

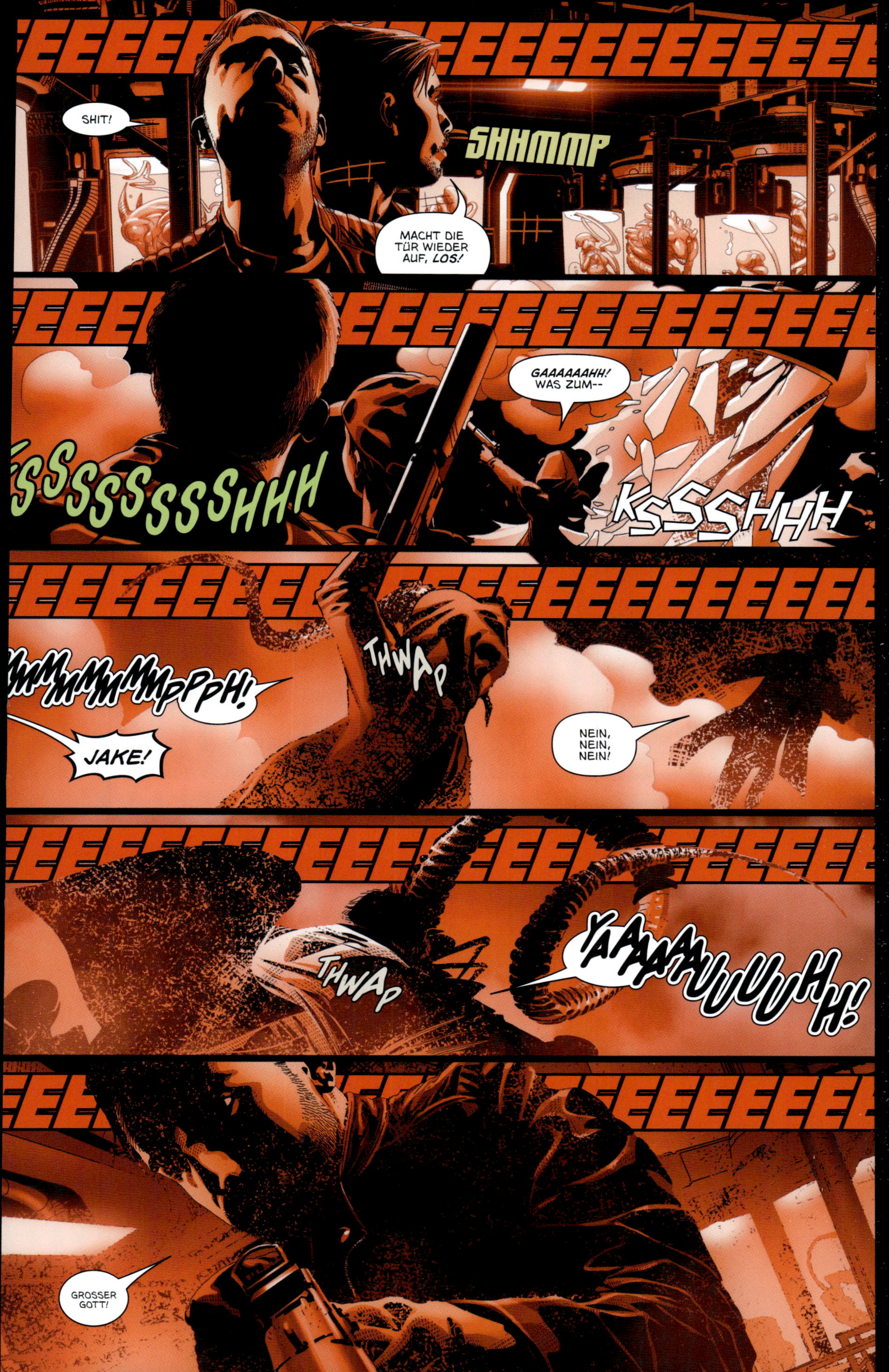

EEEEEEEEEEEEEEEEEEEEEEE
SHIT!
SHHMMP
MACHT DIE TÜR WIEDER AUF, *LOS!*
EEEEEEEEEEEEEEEEEE
GAAAAAAHH! WAS ZUM--
SSSSSSSSHHH
KSSSHHH
EEEEEEEEEEEEEEEEEE
MMMMMMMMPPPH!
THWAP
JAKE!
NEIN, NEIN, NEIN!
EEEEEEEEEEEEEEEEEE
THWAP
YAAAAAUUUUHH!
EEEEEEEEEEEEEE
GROSSER GOTT!

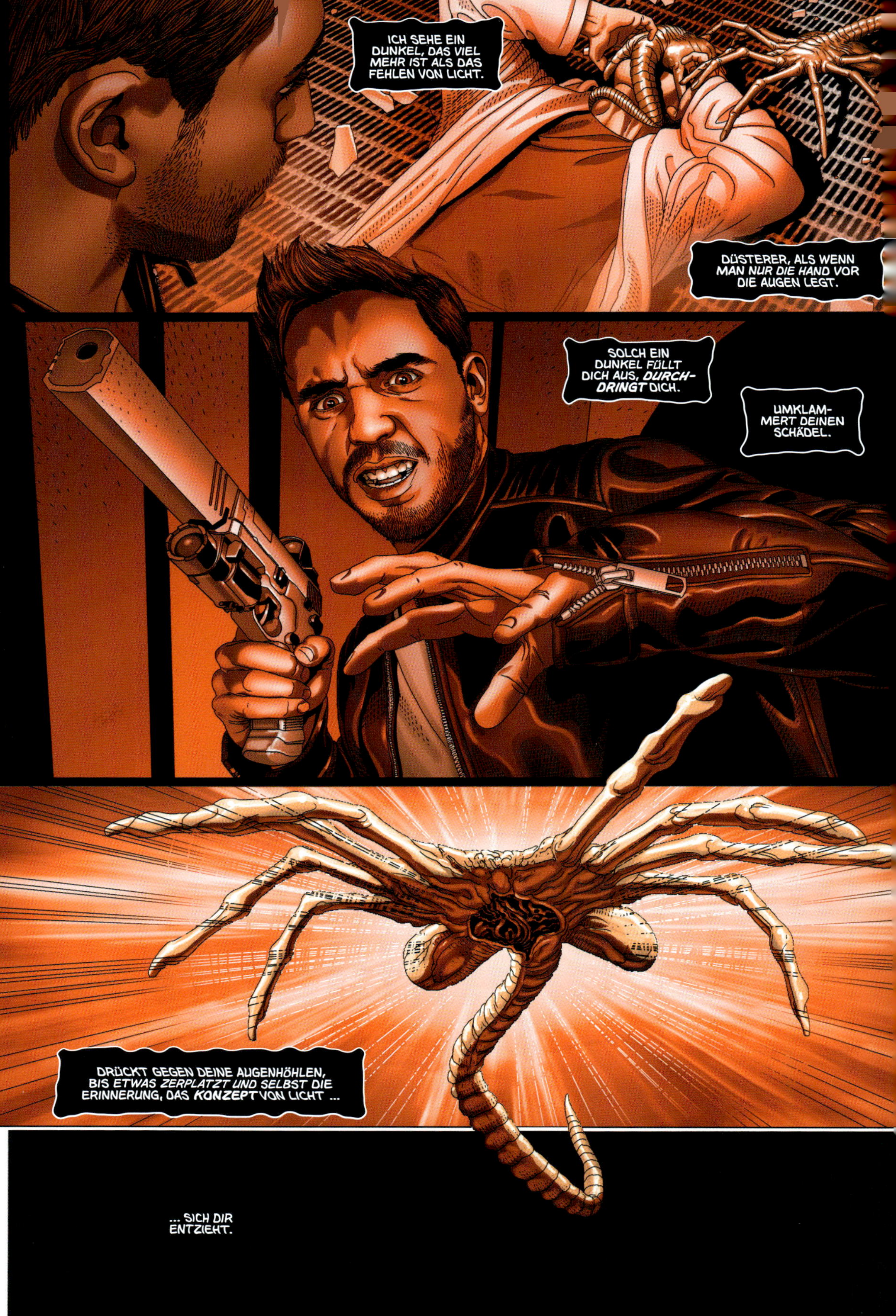
ICH SEHE EIN DUNKEL, DAS VIEL MEHR IST ALS DAS FEHLEN VON LICHT.
DÜSTERER, ALS WENN MAN NUR DIE HAND VOR DIE AUGEN LEGT.
SOLCH EIN DUNKEL FÜLLT DICH AUS, DURCH-DRINGT DICH.
UMKLAM-MERT DEINEN SCHÄDEL.
DRÜCKT GEGEN DEINE AUGENHÖHLEN, BIS ETWAS ZERPLATZT UND SELBST DIE ERINNERUNG, DAS KONZEPT VON LICHT ...
... SICH DIR ENTZIEHT.

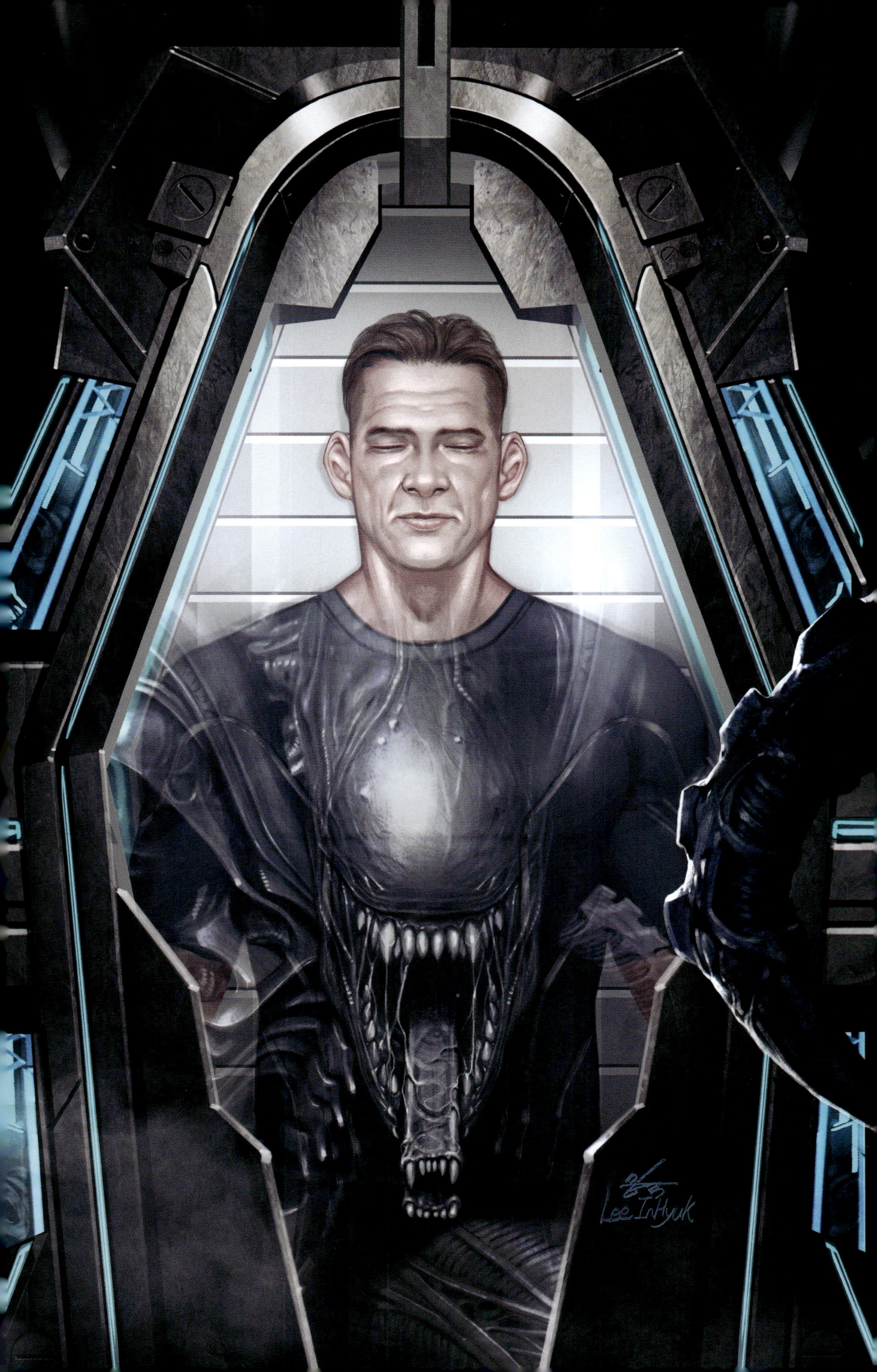
Lee InHyuk

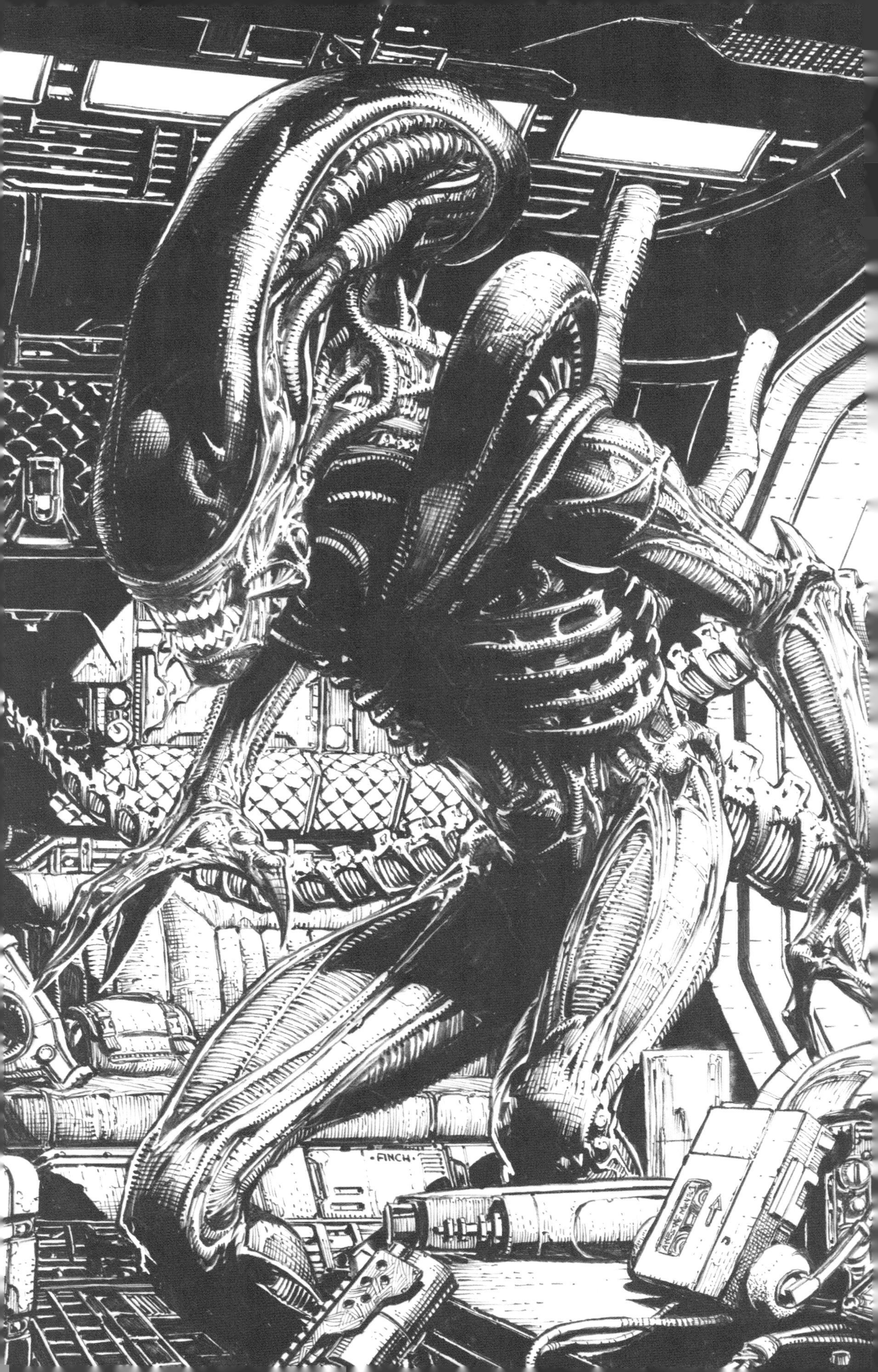
FINCH

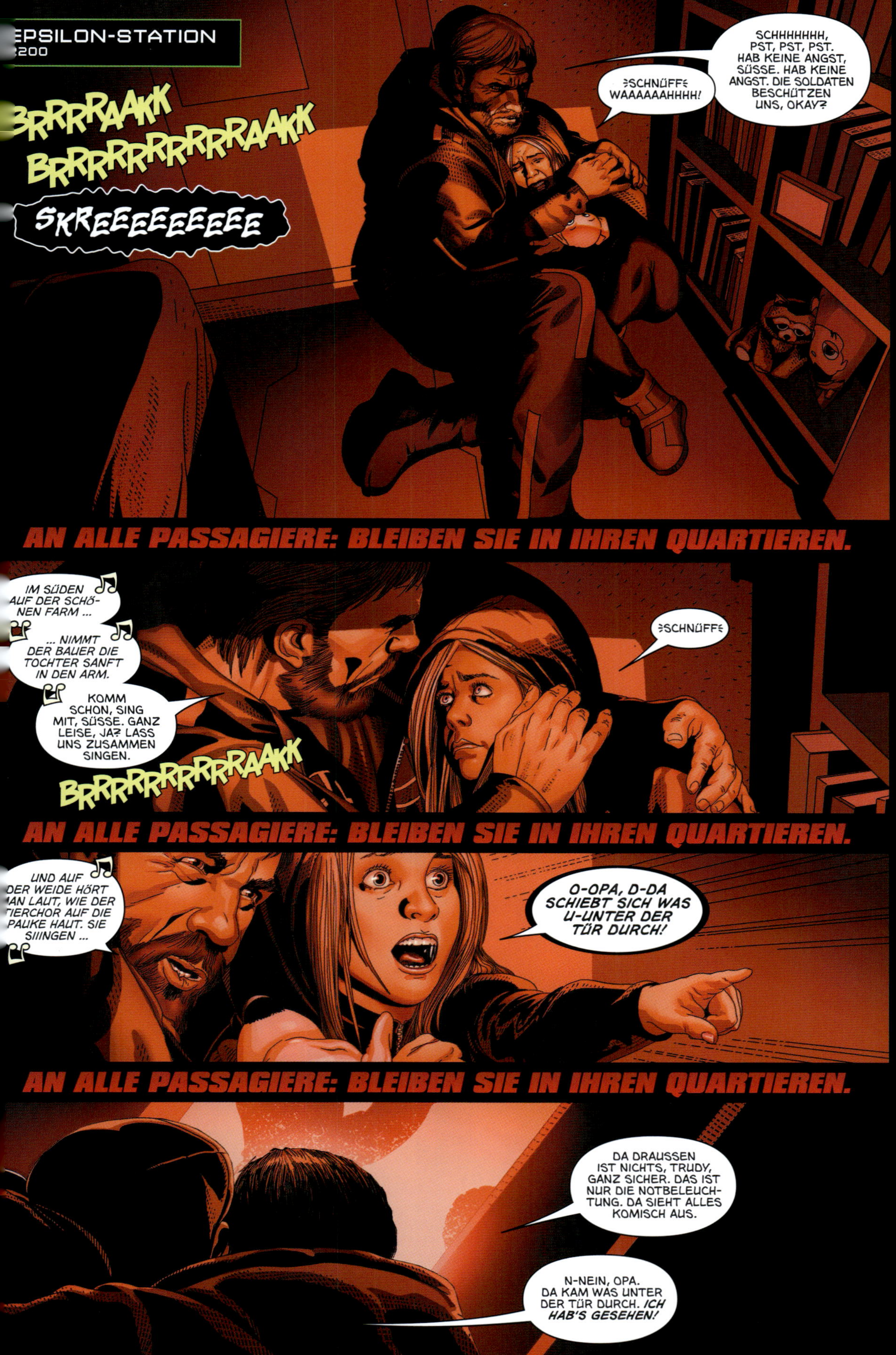

EPSILON-STATION
2200
BRRRRAAKK
BRRRRRRRRRRAAKK
SKREEEEEEEEE
SCHHHHHHH, PST, PST, PST. HAB KEINE ANGST, SÜSSE. HAB KEINE ANGST. DIE SOLDATEN BESCHÜTZEN UNS, OKAY?
SCHNÜFF WAAAAAAHHHH!
AN ALLE PASSAGIERE: BLEIBEN SIE IN IHREN QUARTIEREN.
IM SÜDEN AUF DER SCHÖ-NEN FARM ...
... NIMMT DER BAUER DIE TOCHTER SANFT IN DEN ARM.
KOMM SCHON, SING MIT, SÜSSE. GANZ LEISE, JA? LASS UNS ZUSAMMEN SINGEN.
SCHNÜFF
BRRRRRRRRRRAAKK
AN ALLE PASSAGIERE: BLEIBEN SIE IN IHREN QUARTIEREN.
UND AUF DER WEIDE HÖRT MAN LAUT, WIE DER TIERCHOR AUF DIE PAUKE HAUT. SIE SIIINGEN ...
O-OPA, D-DA SCHIEBT SICH WAS U-UNTER DER TÜR DURCH!
AN ALLE PASSAGIERE: BLEIBEN SIE IN IHREN QUARTIEREN.
DA DRAUSSEN IST NICHTS, TRUDY, GANZ SICHER. DAS IST NUR DIE NOTBELEUCH-TUNG. DA SIEHT ALLES KOMISCH AUS.
N-NEIN, OPA. DA KAM WAS UNTER DER TÜR DURCH. ICH HAB'S GESEHEN!

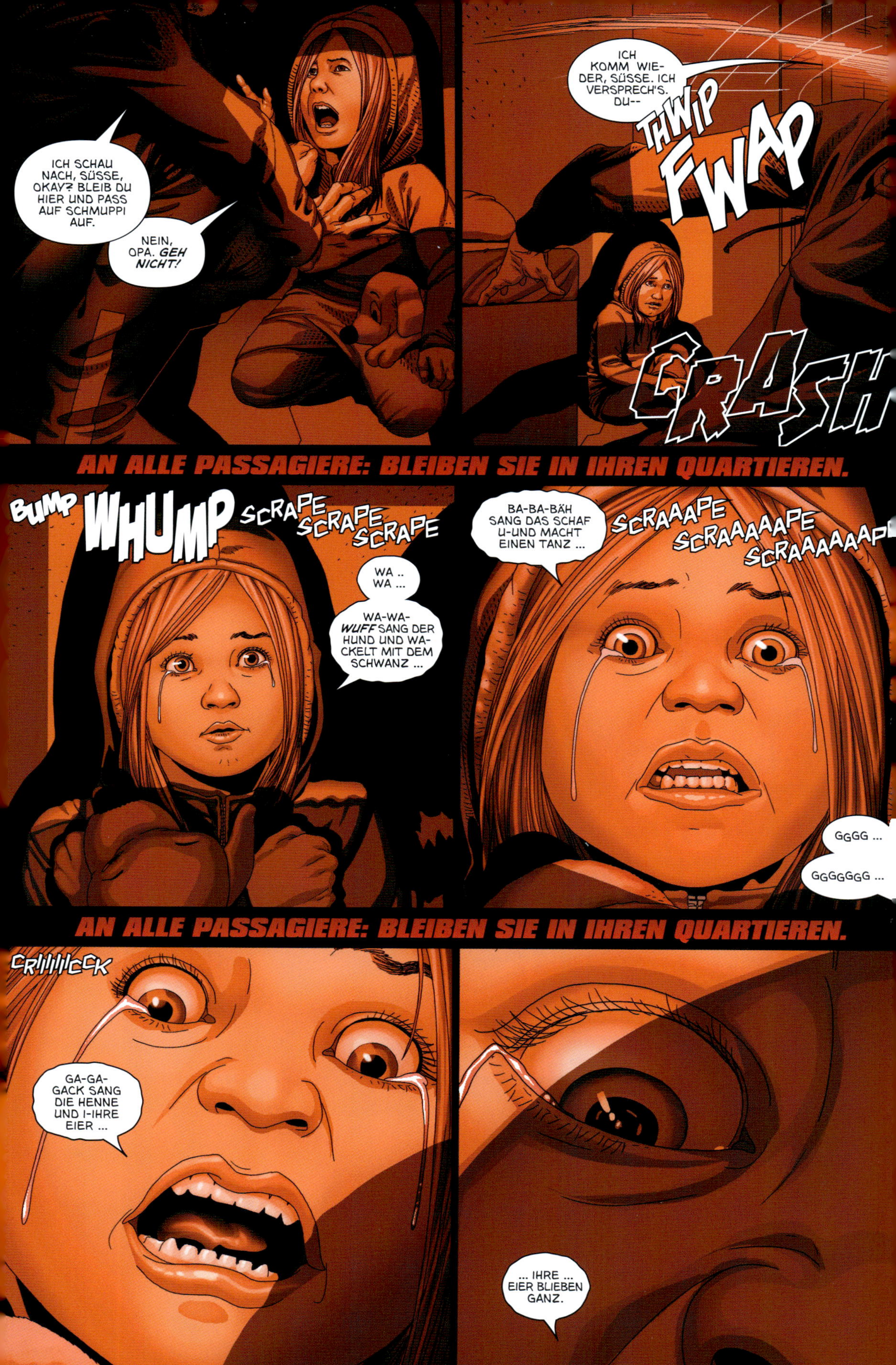
ICH SCHAU NACH, SÜSSE, OKAY? BLEIB DU HIER UND PASS AUF SCHMUPPI AUF.
NEIN, OPA. GEH NICHT!
ICH KOMM WIEDER, SÜSSE. ICH VERSPRECH'S. DU--
THWIP
FWAP
CRASH
AN ALLE PASSAGIERE: BLEIBEN SIE IN IHREN QUARTIEREN.
BUMP
WHUMP
SCRAPE SCRAPE SCRAPE
WA .. WA ...
WA-WA-WUFF SANG DER HUND UND WACKELT MIT DEM SCHWANZ ...
BA-BA-BÄH SANG DAS SCHAF U-UND MACHT EINEN TANZ ...
SCRAAAPE SCRAAAAAAPE SCRAAAAAAAPE
GGGG ...
GGGGGGG ...
AN ALLE PASSAGIERE: BLEIBEN SIE IN IHREN QUARTIEREN.
CRIIIIICCK
GA-GA-GACK SANG DIE HENNE UND I-IHRE EIER ...
... IHRE ... EIER BLIEBEN GANZ.

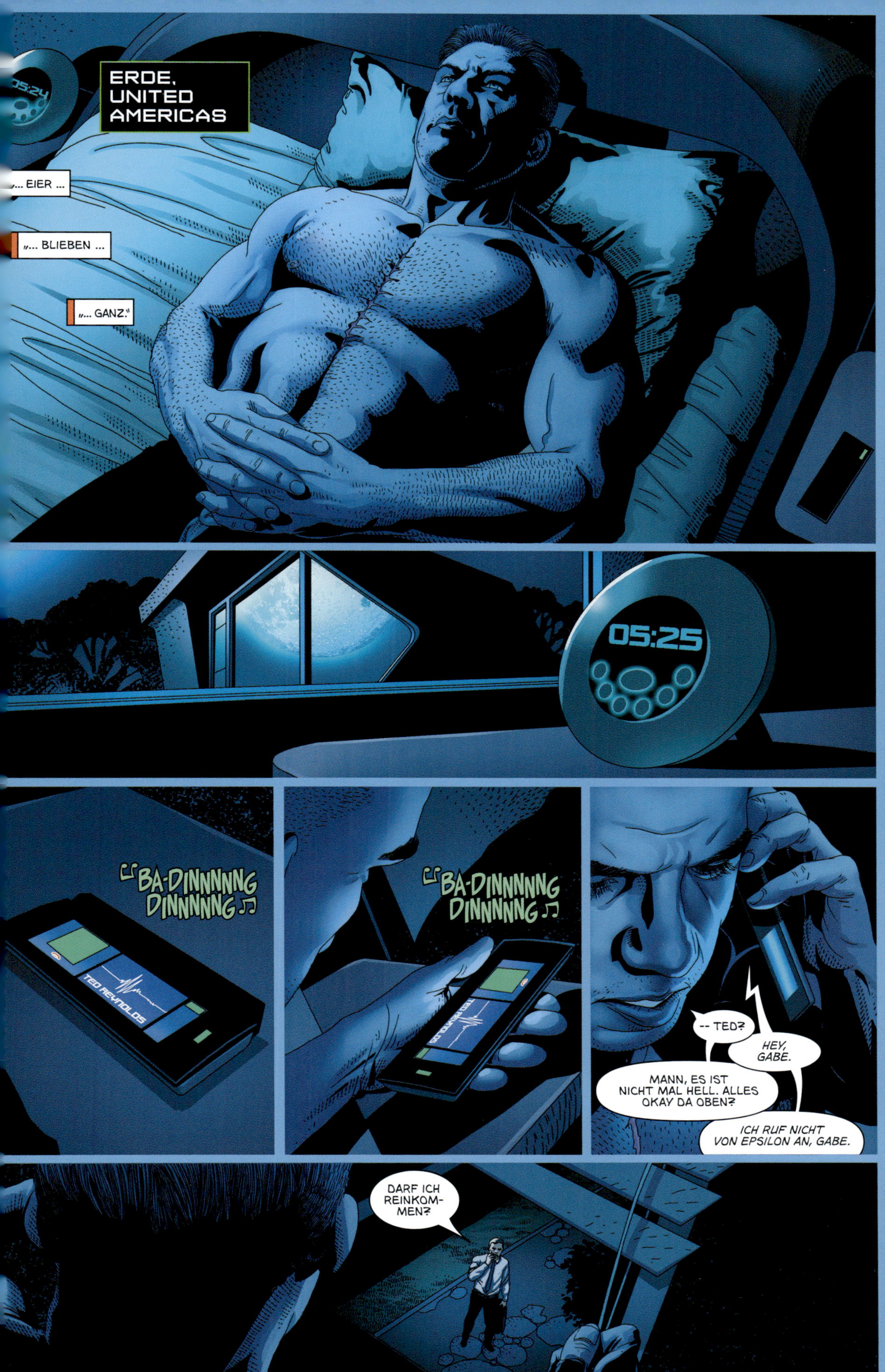
05:24
ERDE, UNITED AMERICAS
„... EIER ...
„... BLIEBEN ...
„... GANZ."
05:25
BA-DINNNNNG DINNNNNG
TED REYNOLDS
BA-DINNNNNG DINNNNNG
-- TED?
HEY, GABE.
MANN, ES IST NICHT MAL HELL. ALLES OKAY DA OBEN?
ICH RUF NICHT VON EPSILON AN, GABE.
DARF ICH REINKOMMEN?

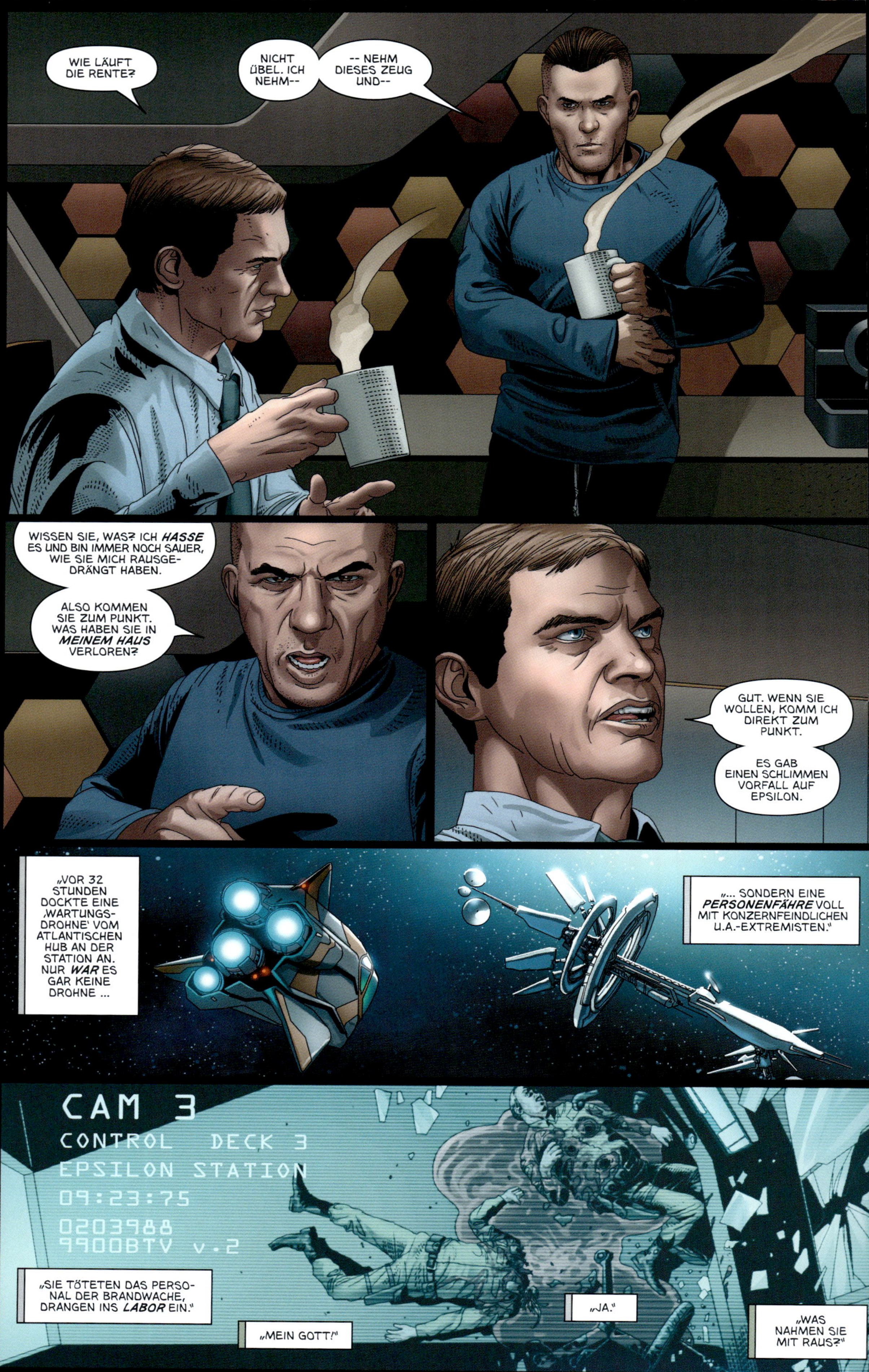
WIE LÄUFT DIE RENTE?
NICHT ÜBEL. ICH NEHM--
-- NEHM DIESES ZEUG UND--
WISSEN SIE, WAS? ICH **HASSE** ES UND BIN IMMER NOCH SAUER, WIE SIE MICH RAUSGE-DRÄNGT HABEN.
ALSO KOMMEN SIE ZUM PUNKT. WAS HABEN SIE IN **MEINEM HAUS** VERLOREN?
GUT. WENN SIE WOLLEN, KOMM ICH DIREKT ZUM PUNKT.
ES GAB EINEN SCHLIMMEN VORFALL AUF EPSILON.
„VOR 32 STUNDEN DOCKTE EINE ‚WARTUNGS-DROHNE' VOM ATLANTISCHEN HUB AN DER STATION AN. NUR **WAR** ES GAR KEINE DROHNE ...
„... SONDERN EINE **PERSONENFÄHRE** VOLL MIT KONZERNFEINDLICHEN U.A.-EXTREMISTEN."
CAM 3
CONTROL DECK 3
EPSILON STATION
09:23:75
0203988
9900BTV v.2
„SIE TÖTETEN DAS PERSO-NAL DER BRANDWACHE, DRANGEN INS **LABOR** EIN."
„MEIN GOTT!"
„JA."
„WAS NAHMEN SIE MIT RAUS?"

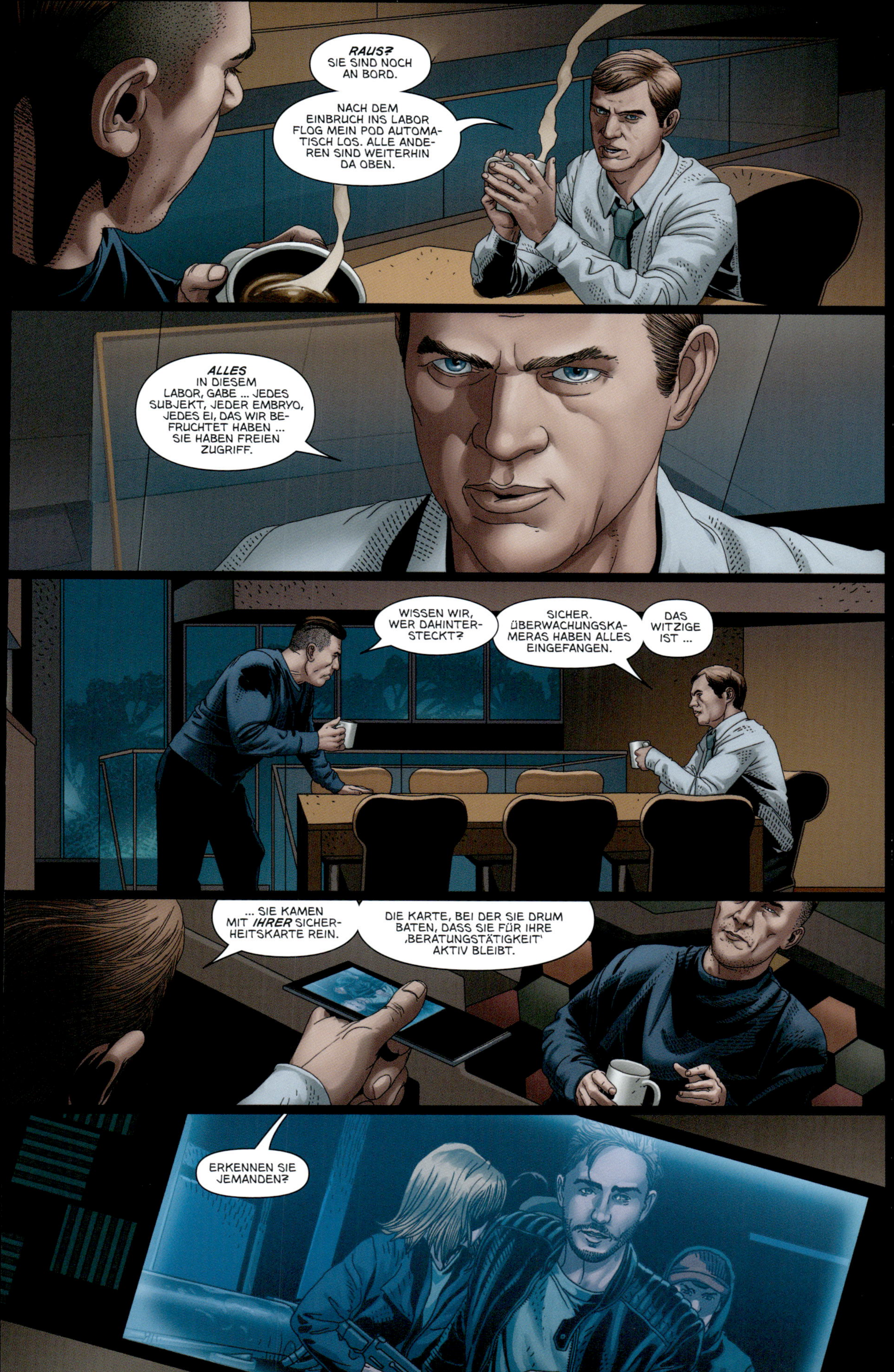
RAUS? SIE SIND NOCH AN BORD.
NACH DEM EINBRUCH INS LABOR FLOG MEIN POD AUTOMATISCH LOS. ALLE ANDEREN SIND WEITERHIN DA OBEN.
ALLES IN DIESEM LABOR, GABE ... JEDES SUBJEKT, JEDER EMBRYO, JEDES EI, DAS WIR BEFRUCHTET HABEN ... SIE HABEN FREIEN ZUGRIFF.
WISSEN WIR, WER DAHINTERSTECKT?
SICHER. ÜBERWACHUNGSKAMERAS HABEN ALLES EINGEFANGEN.
DAS WITZIGE IST ...
... SIE KAMEN MIT IHRER SICHERHEITSKARTE REIN.
DIE KARTE, BEI DER SIE DRUM BATEN, DASS SIE FÜR IHRE ‚BERATUNGSTÄTIGKEIT' AKTIV BLEIBT.
ERKENNEN SIE JEMANDEN?

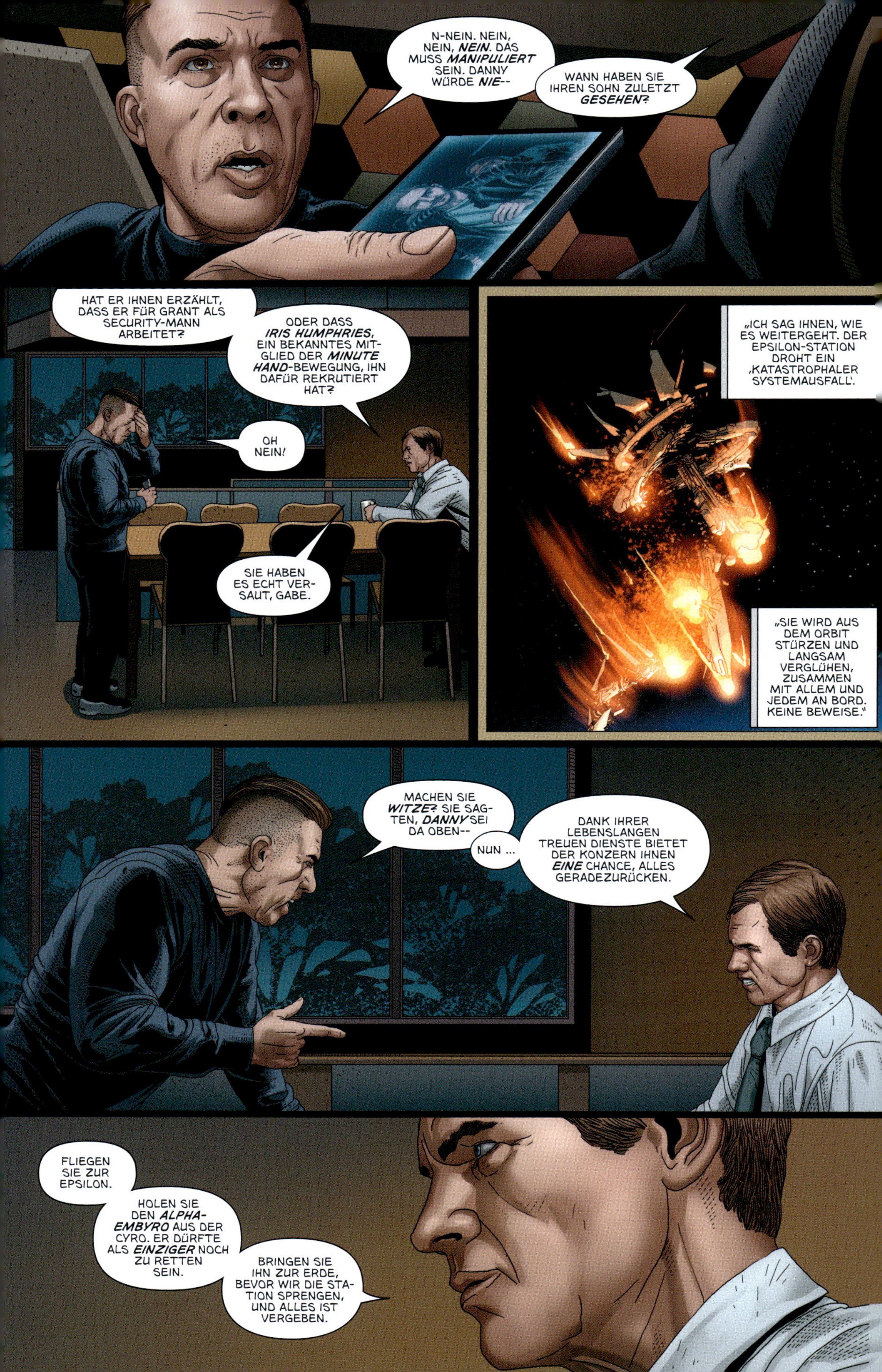
N-NEIN. NEIN, NEIN, NEIN. DAS MUSS MANIPULIERT SEIN. DANNY WÜRDE NIE--
WANN HABEN SIE IHREN SOHN ZULETZT GESEHEN?
HAT ER IHNEN ERZÄHLT, DASS ER FÜR GRANT ALS SECURITY-MANN ARBEITET?
ODER DASS IRIS HUMPHRIES, EIN BEKANNTES MITGLIED DER MINUTE HAND-BEWEGUNG, IHN DAFÜR REKRUTIERT HAT?
OH NEIN!
SIE HABEN ES ECHT VERSAUT, GABE.
„ICH SAG IHNEN, WIE ES WEITERGEHT. DER EPSILON-STATION DROHT EIN ‚KATASTROPHALER SYSTEMAUSFALL'.
„SIE WIRD AUS DEM ORBIT STÜRZEN UND LANGSAM VERGLÜHEN, ZUSAMMEN MIT ALLEM UND JEDEM AN BORD. KEINE BEWEISE."
MACHEN SIE WITZE? SIE SAGTEN, DANNY SEI DA OBEN--
NUN ...
DANK IHRER LEBENSLANGEN TREUEN DIENSTE BIETET DER KONZERN IHNEN EINE CHANCE, ALLES GERADEZURÜCKEN.
FLIEGEN SIE ZUR EPSILON.
HOLEN SIE DEN ALPHA-EMBYRO AUS DER CYRO. ER DÜRFTE ALS EINZIGER NOCH ZU RETTEN SEIN.
BRINGEN SIE IHN ZUR ERDE, BEVOR WIR DIE STATION SPRENGEN, UND ALLES IST VERGEBEN.

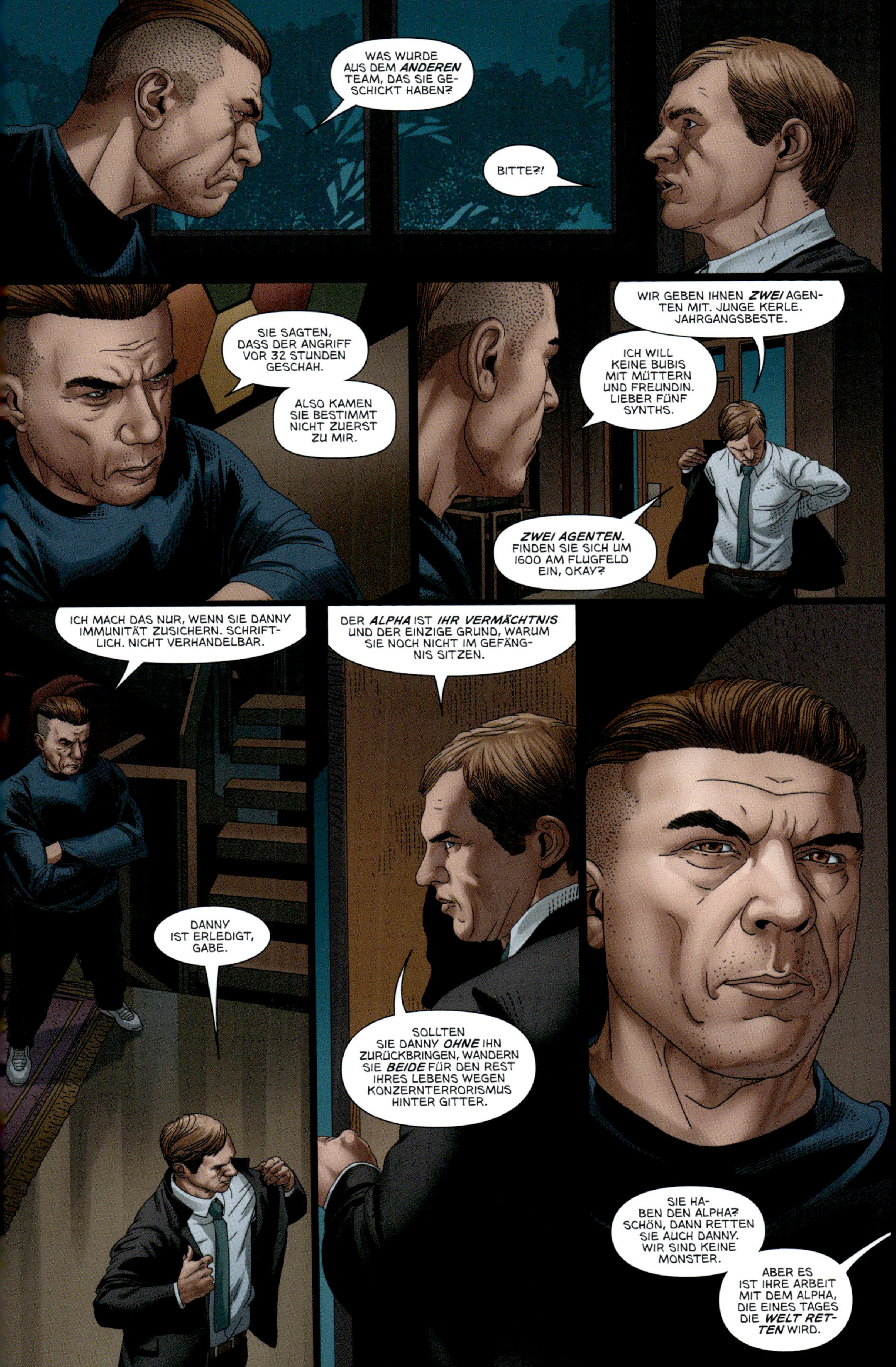
WAS WURDE AUS DEM ANDEREN TEAM, DAS SIE GESCHICKT HABEN?
BITTE?!
SIE SAGTEN, DASS DER ANGRIFF VOR 32 STUNDEN GESCHAH.
ALSO KAMEN SIE BESTIMMT NICHT ZUERST ZU MIR.
WIR GEBEN IHNEN ZWEI AGENTEN MIT. JUNGE KERLE. JAHRGANGSBESTE.
ICH WILL KEINE BUBIS MIT MÜTTERN UND FREUNDIN. LIEBER FÜNF SYNTHS.
ZWEI AGENTEN. FINDEN SIE SICH UM 1600 AM FLUGFELD EIN, OKAY?
ICH MACH DAS NUR, WENN SIE DANNY IMMUNITÄT ZUSICHERN. SCHRIFTLICH. NICHT VERHANDELBAR.
DANNY IST ERLEDIGT, GABE.
DER ALPHA IST IHR VERMÄCHTNIS UND DER EINZIGE GRUND, WARUM SIE NOCH NICHT IM GEFÄNGNIS SITZEN.
SOLLTEN SIE DANNY OHNE IHN ZURÜCKBRINGEN, WANDERN SIE BEIDE FÜR DEN REST IHRES LEBENS WEGEN KONZERNTERRORISMUS HINTER GITTER.
SIE HABEN DEN ALPHA? SCHÖN, DANN RETTEN SIE AUCH DANNY. WIR SIND KEINE MONSTER.
ABER ES IST IHRE ARBEIT MIT DEM ALPHA, DIE EINES TAGES DIE WELT RETTEN WIRD.

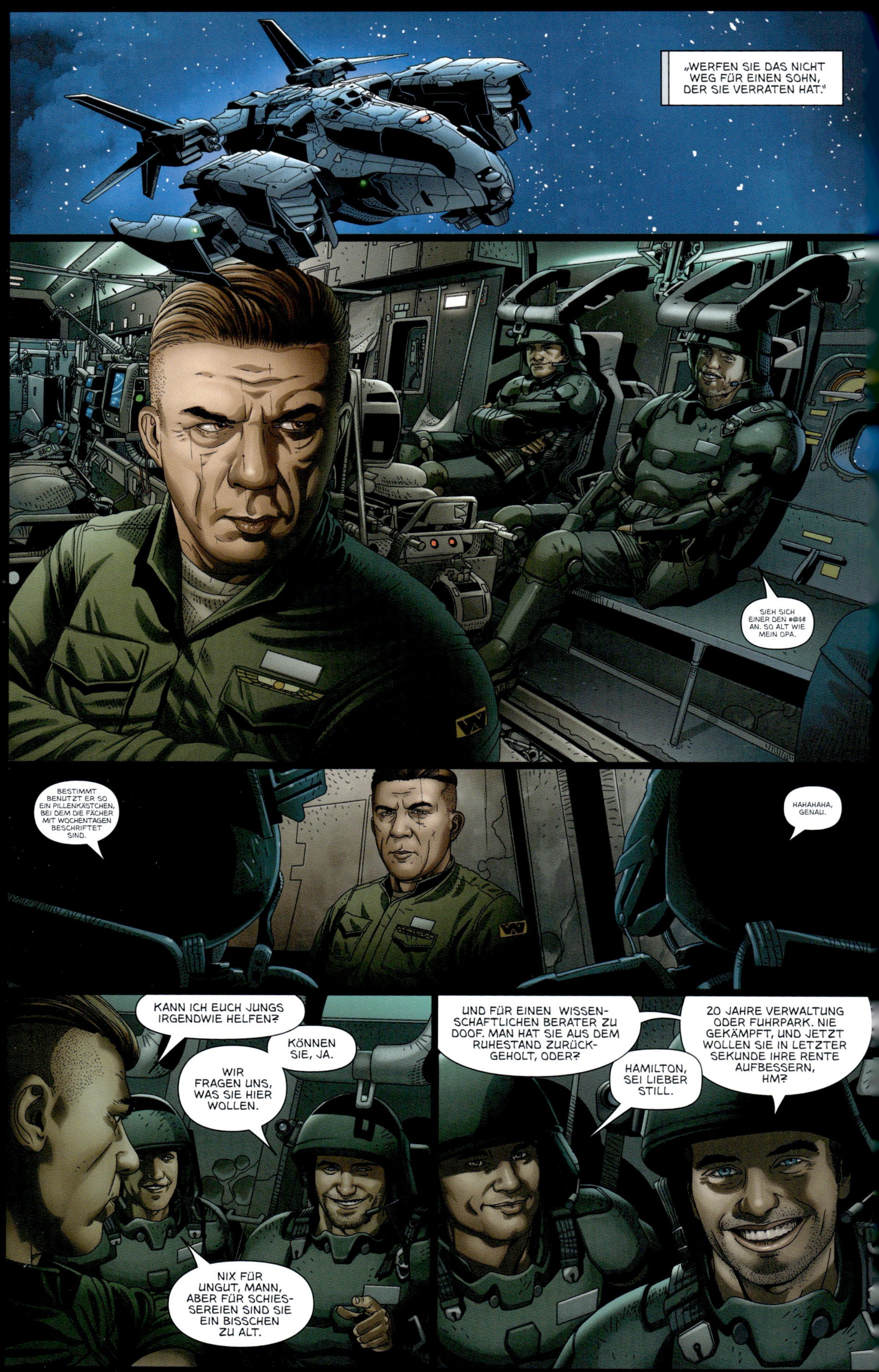
„WERFEN SIE DAS NICHT WEG FÜR EINEN SOHN, DER SIE VERRATEN HAT."
SIEH SICH EINER DEN #@$‡ AN. SO ALT WIE MEIN OPA.
BESTIMMT BENUTZT ER SO EIN PILLENKÄSTCHEN, BEI DEM DIE FÄCHER MIT WOCHENTAGEN BESCHRIFTET SIND.
HAHAHAHA, GENAU.
KANN ICH EUCH JUNGS IRGENDWIE HELFEN?
KÖNNEN SIE, JA.
WIR FRAGEN UNS, WAS SIE HIER WOLLEN.
NIX FÜR UNGUT, MANN, ABER FÜR SCHIES-SEREIEN SIND SIE EIN BISSCHEN ZU ALT.
20 JAHRE VERWALTUNG ODER FUHRPARK. NIE GEKÄMPFT, UND JETZT WOLLEN SIE IN LETZTER SEKUNDE IHRE RENTE AUFBESSERN, HM?
UND FÜR EINEN WISSEN-SCHAFTLICHEN BERATER ZU DOOF. MAN HAT SIE AUS DEM RUHESTAND ZURÜCK-GEHOLT, ODER?
HAMILTON, SEI LIEBER STILL.

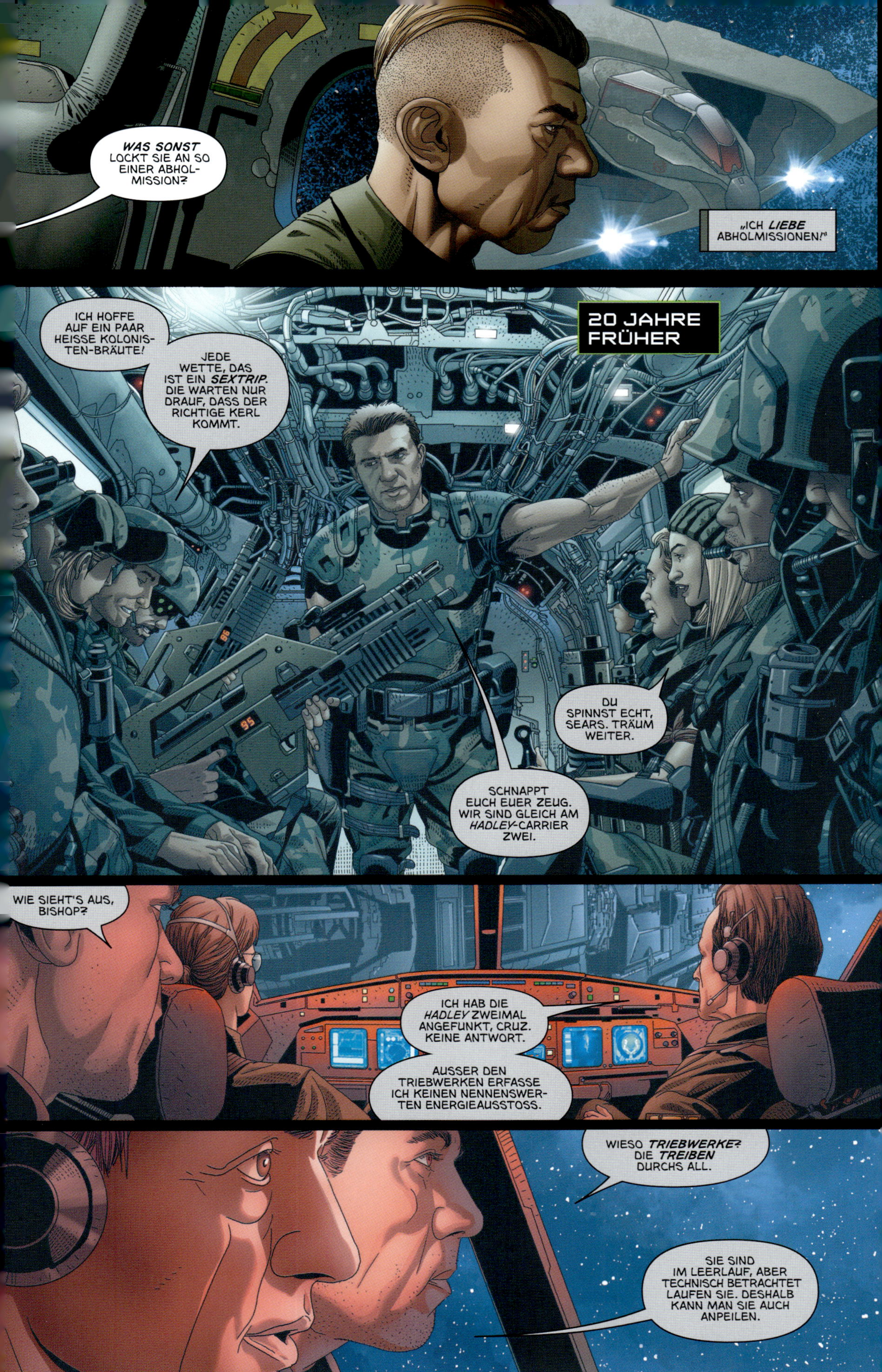
WAS SONST LOCKT SIE AN SO EINER ABHOL-MISSION?
„ICH LIEBE ABHOLMISSIONEN!"
20 JAHRE FRÜHER
ICH HOFFE AUF EIN PAAR HEISSE KOLONISTEN-BRÄUTE!
JEDE WETTE, DAS IST EIN SEXTRIP. DIE WARTEN NUR DRAUF, DASS DER RICHTIGE KERL KOMMT.
DU SPINNST ECHT, SEARS. TRÄUM WEITER.
SCHNAPPT EUCH EUER ZEUG. WIR SIND GLEICH AM HADLEY-CARRIER ZWEI.
WIE SIEHT'S AUS, BISHOP?
ICH HAB DIE HADLEY ZWEIMAL ANGEFUNKT, CRUZ. KEINE ANTWORT.
AUSSER DEN TRIEBWERKEN ERFASSE ICH KEINEN NENNENSWERTEN ENERGIEAUSSTOSS.
WIESO TRIEBWERKE? DIE TREIBEN DURCHS ALL.
SIE SIND IM LEERLAUF, ABER TECHNISCH BETRACHTET LAUFEN SIE. DESHALB KANN MAN SIE AUCH ANPEILEN.

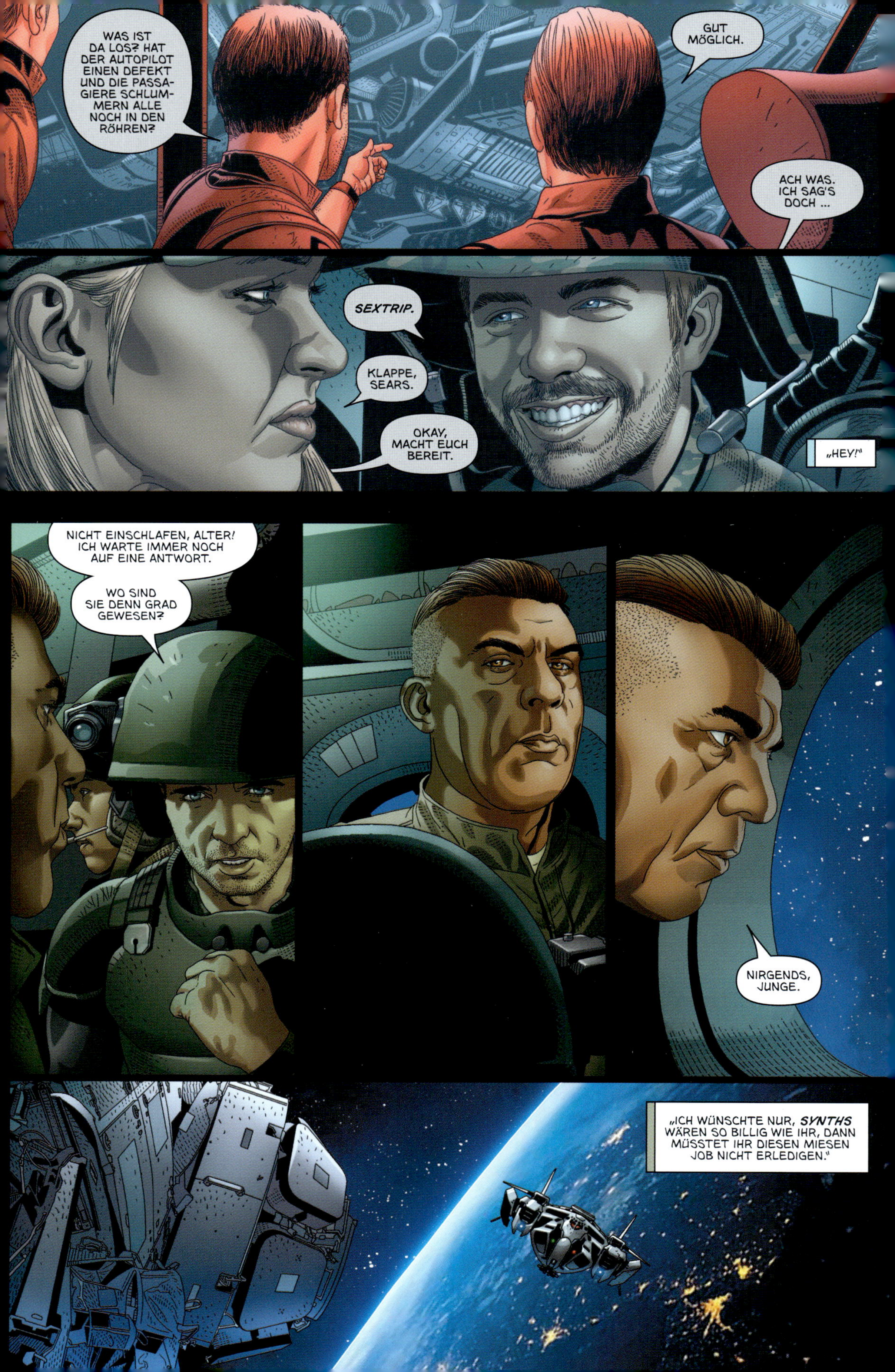
WAS IST DA LOS? HAT DER AUTOPILOT EINEN DEFEKT UND DIE PASSAGIERE SCHLUMMERN ALLE NOCH IN DEN RÖHREN?
GUT MÖGLICH.
ACH WAS. ICH SAG'S DOCH ...
SEXTRIP.
KLAPPE, SEARS.
OKAY, MACHT EUCH BEREIT.
„HEY!"
NICHT EINSCHLAFEN, ALTER! ICH WARTE IMMER NOCH AUF EINE ANTWORT.
WO SIND SIE DENN GRAD GEWESEN?
NIRGENDS, JUNGE.
„ICH WÜNSCHTE NUR, SYNTHS WÄREN SO BILLIG WIE IHR, DANN MÜSSTET IHR DIESEN MIESEN JOB NICHT ERLEDIGEN."

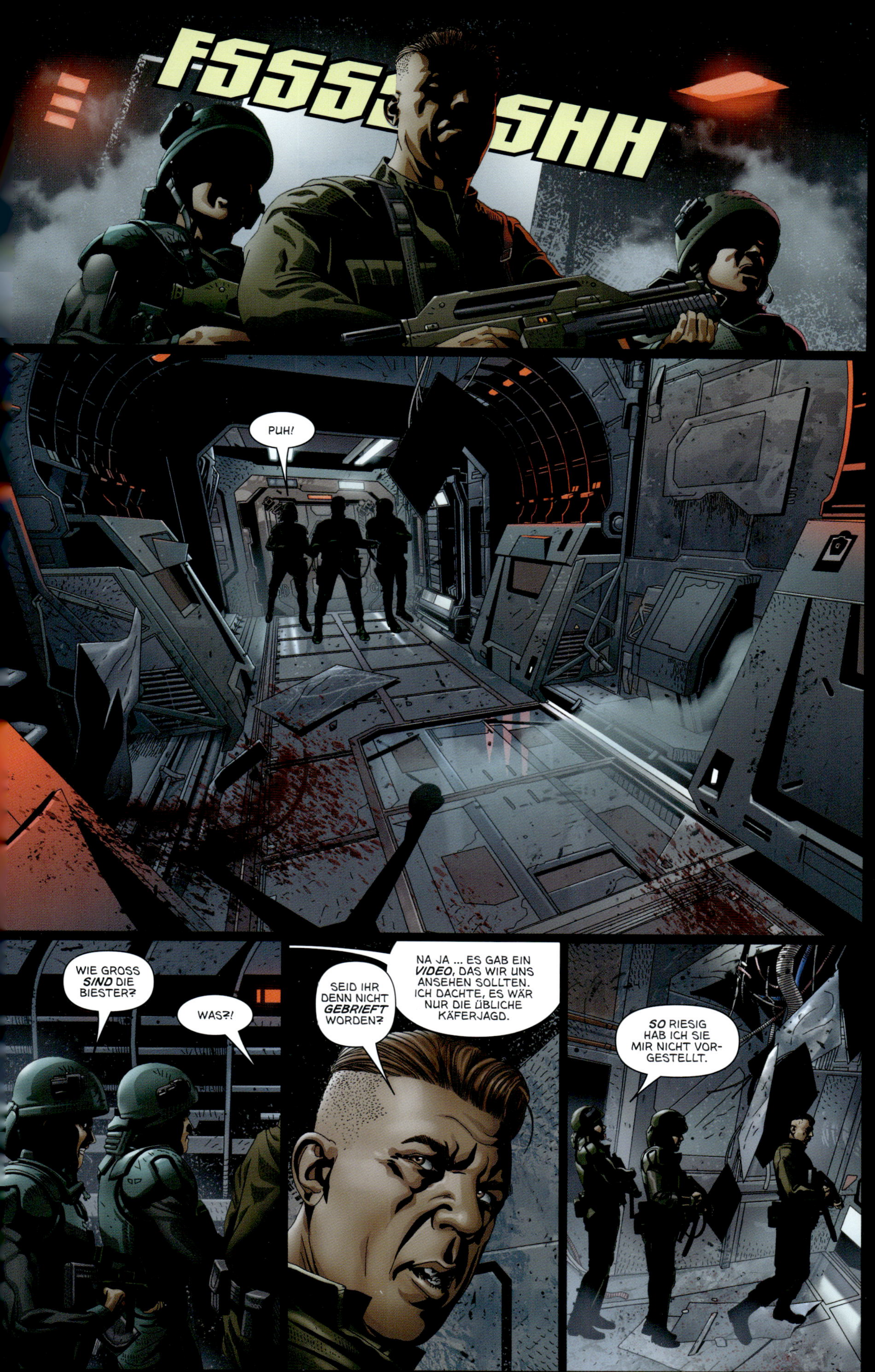
FSSSSSHH
PUH!
WIE GROSS SIND DIE BIESTER?
WAS?!
SEID IHR DENN NICHT GEBRIEFT WORDEN?
NA JA ... ES GAB EIN VIDEO, DAS WIR UNS ANSEHEN SOLLTEN. ICH DACHTE, ES WÄR NUR DIE ÜBLICHE KÄFERJAGD.
SO RIESIG HAB ICH SIE MIR NICHT VORGESTELLT.

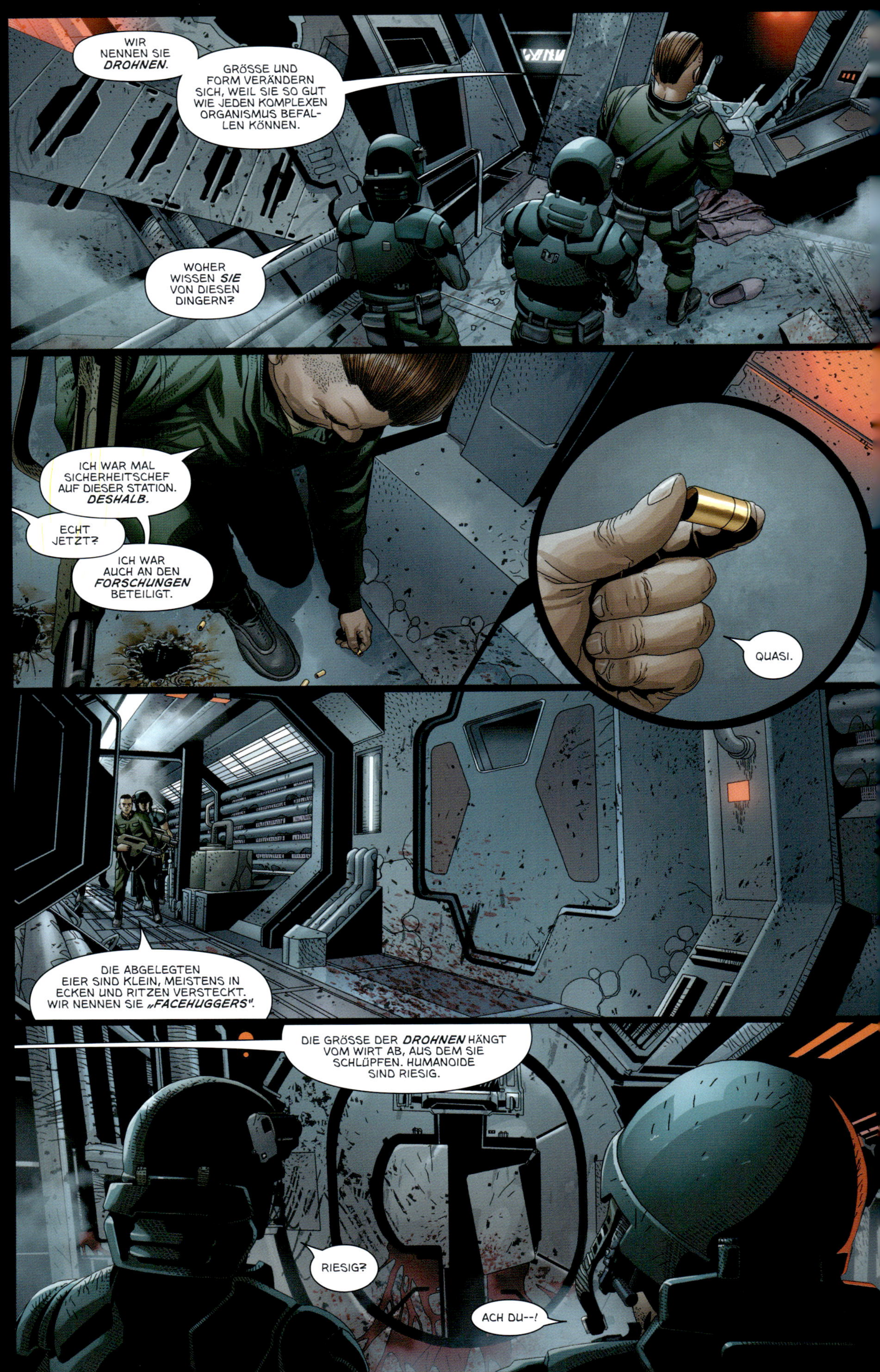
WIR NENNEN SIE DROHNEN.
GRÖSSE UND FORM VERÄNDERN SICH, WEIL SIE SO GUT WIE JEDEN KOMPLEXEN ORGANISMUS BEFALLEN KÖNNEN.
WOHER WISSEN SIE VON DIESEN DINGERN?
ICH WAR MAL SICHERHEITSCHEF AUF DIESER STATION. DESHALB.
ECHT JETZT?
ICH WAR AUCH AN DEN FORSCHUNGEN BETEILIGT.
QUASI.
DIE ABGELEGTEN EIER SIND KLEIN, MEISTENS IN ECKEN UND RITZEN VERSTECKT. WIR NENNEN SIE „FACEHUGGERS".
DIE GRÖSSE DER DROHNEN HÄNGT VOM WIRT AB, AUS DEM SIE SCHLÜPFEN. HUMANOIDE SIND RIESIG.
RIESIG?
ACH DU--!

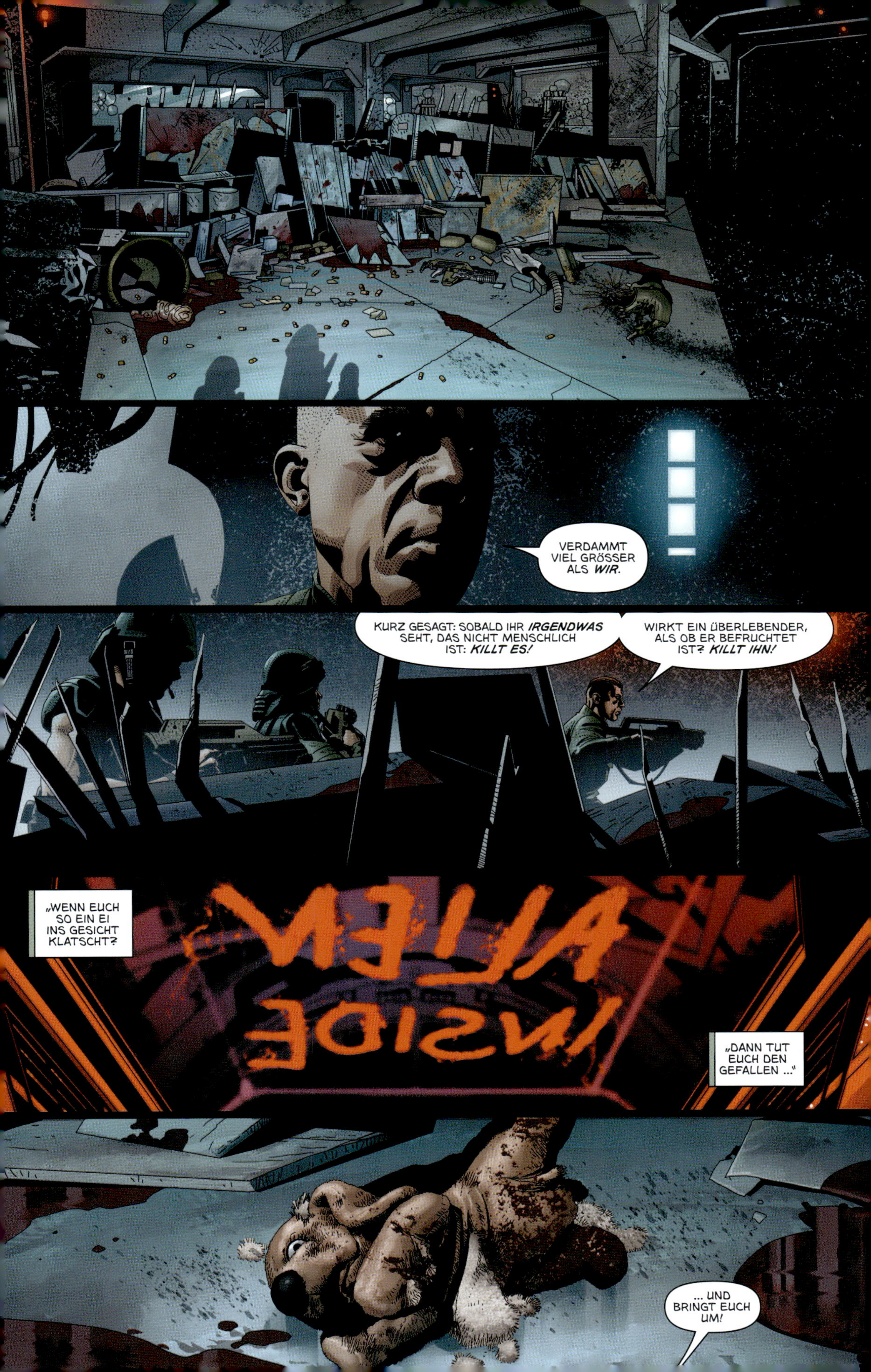
VERDAMMT VIEL GRÖSSER ALS *WIR*.
KURZ GESAGT: SOBALD IHR *IRGENDWAS* SEHT, DAS NICHT MENSCHLICH IST: *KILLT ES!*
WIRKT EIN ÜBERLEBENDER, ALS OB ER BEFRUCHTET IST? *KILLT IHN!*
„WENN EUCH SO EIN EI INS GESICHT KLATSCHT?
„DANN TUT EUCH DEN GEFALLEN ...“
... UND BRINGT EUCH UM!

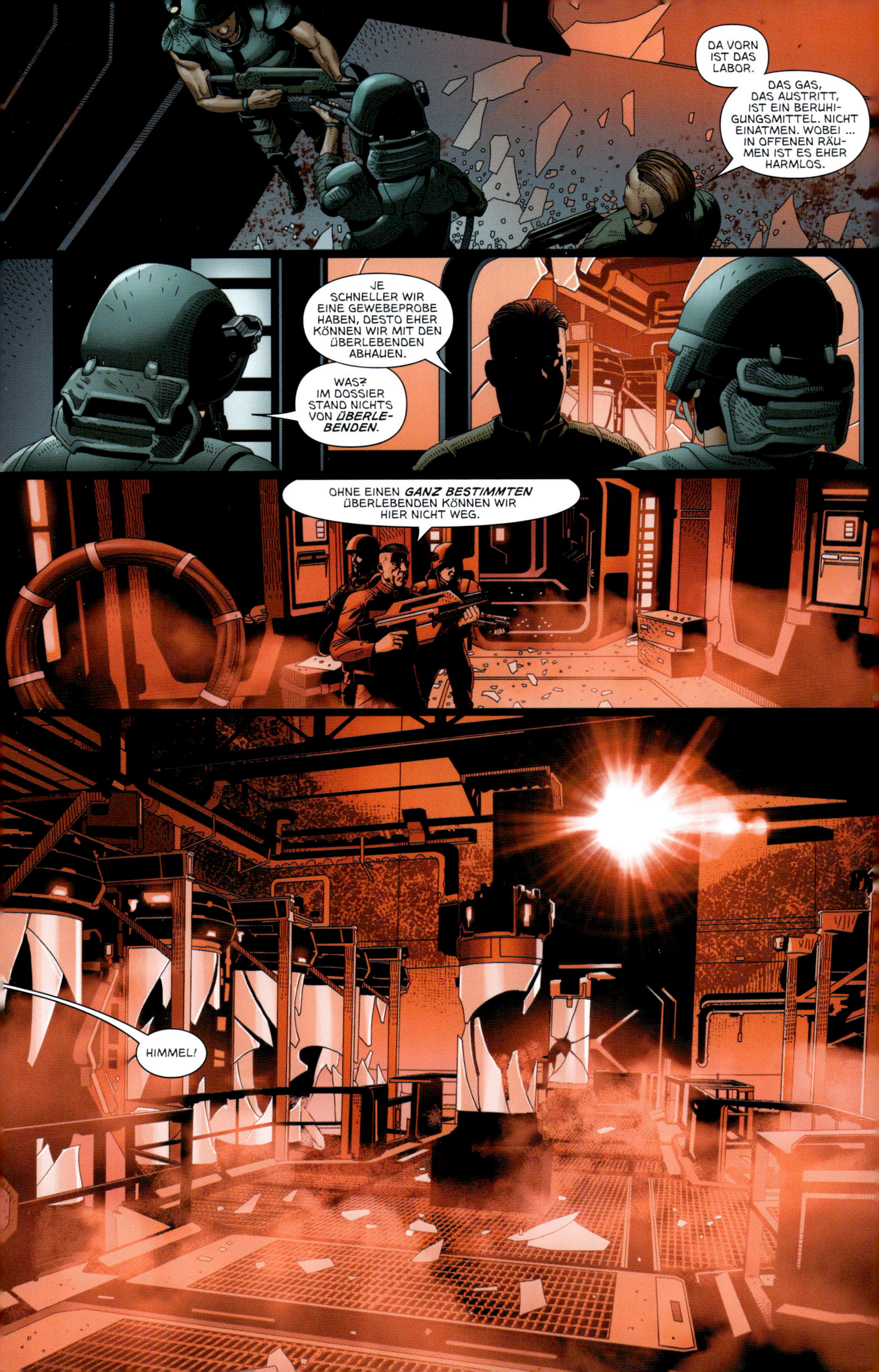
DA VORN IST DAS LABOR.
DAS GAS, DAS AUSTRITT, IST EIN BERUHI-GUNGSMITTEL. NICHT EINATMEN. WOBEI ... IN OFFENEN RÄU-MEN IST ES EHER HARMLOS.
JE SCHNELLER WIR EINE GEWEBEPROBE HABEN, DESTO EHER KÖNNEN WIR MIT DEN ÜBERLEBENDEN ABHAUEN.
WAS? IM DOSSIER STAND NICHTS VON *ÜBERLE-BENDEN*.
OHNE EINEN *GANZ BESTIMMTEN* ÜBERLEBENDEN KÖNNEN WIR HIER NICHT WEG.
HIMMEL!

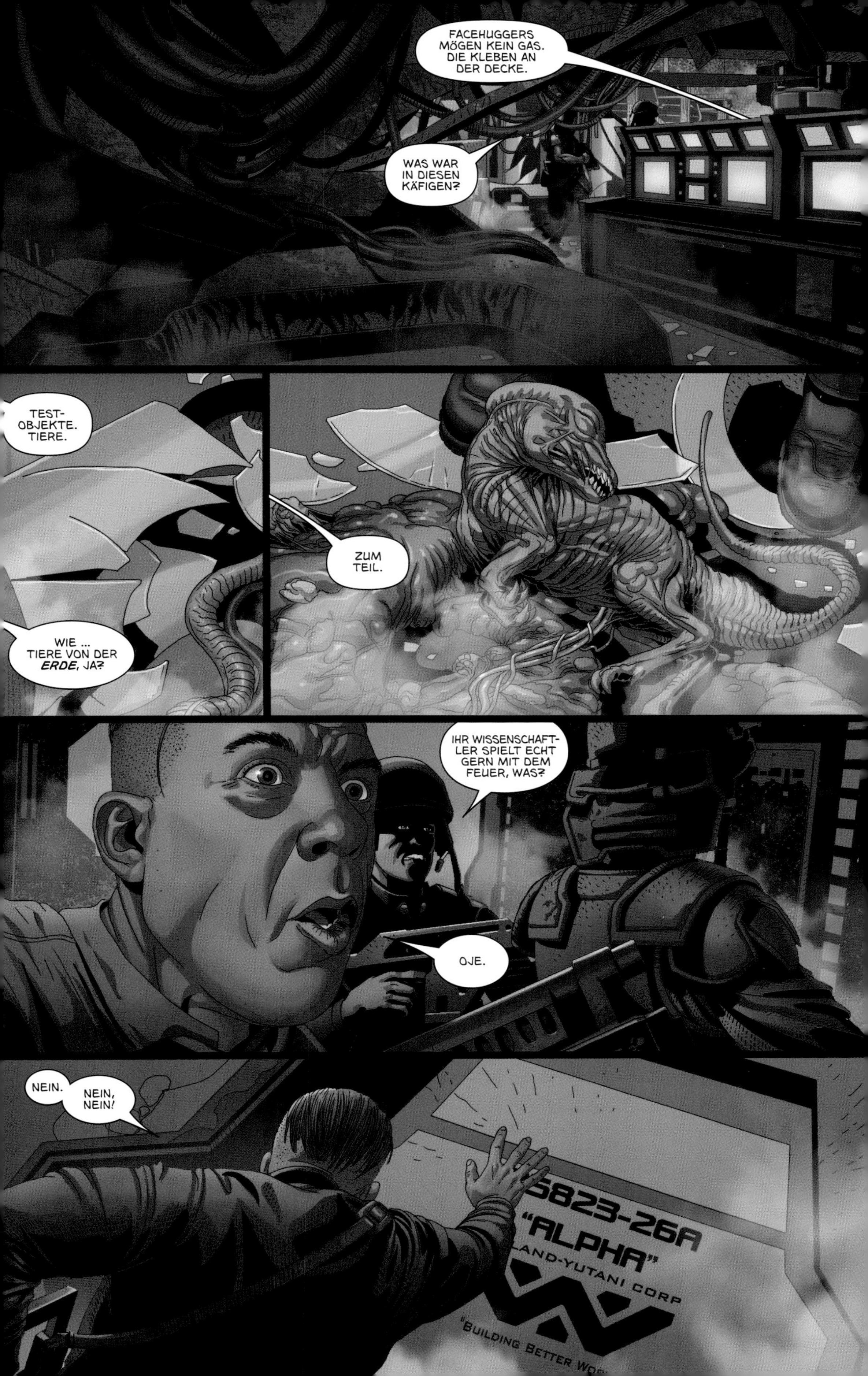
FACEHUGGERS MÖGEN KEIN GAS. DIE KLEBEN AN DER DECKE.
WAS WAR IN DIESEN KÄFIGEN?
TEST-OBJEKTE. TIERE.
ZUM TEIL.
WIE ... TIERE VON DER *ERDE*, JA?
IHR WISSENSCHAFTLER SPIELT ECHT GERN MIT DEM FEUER, WAS?
OJE.
NEIN.
NEIN, NEIN!
5823-26A
"ALPHA"
LAND-YUTANI CORP
"BUILDING BETTER WO

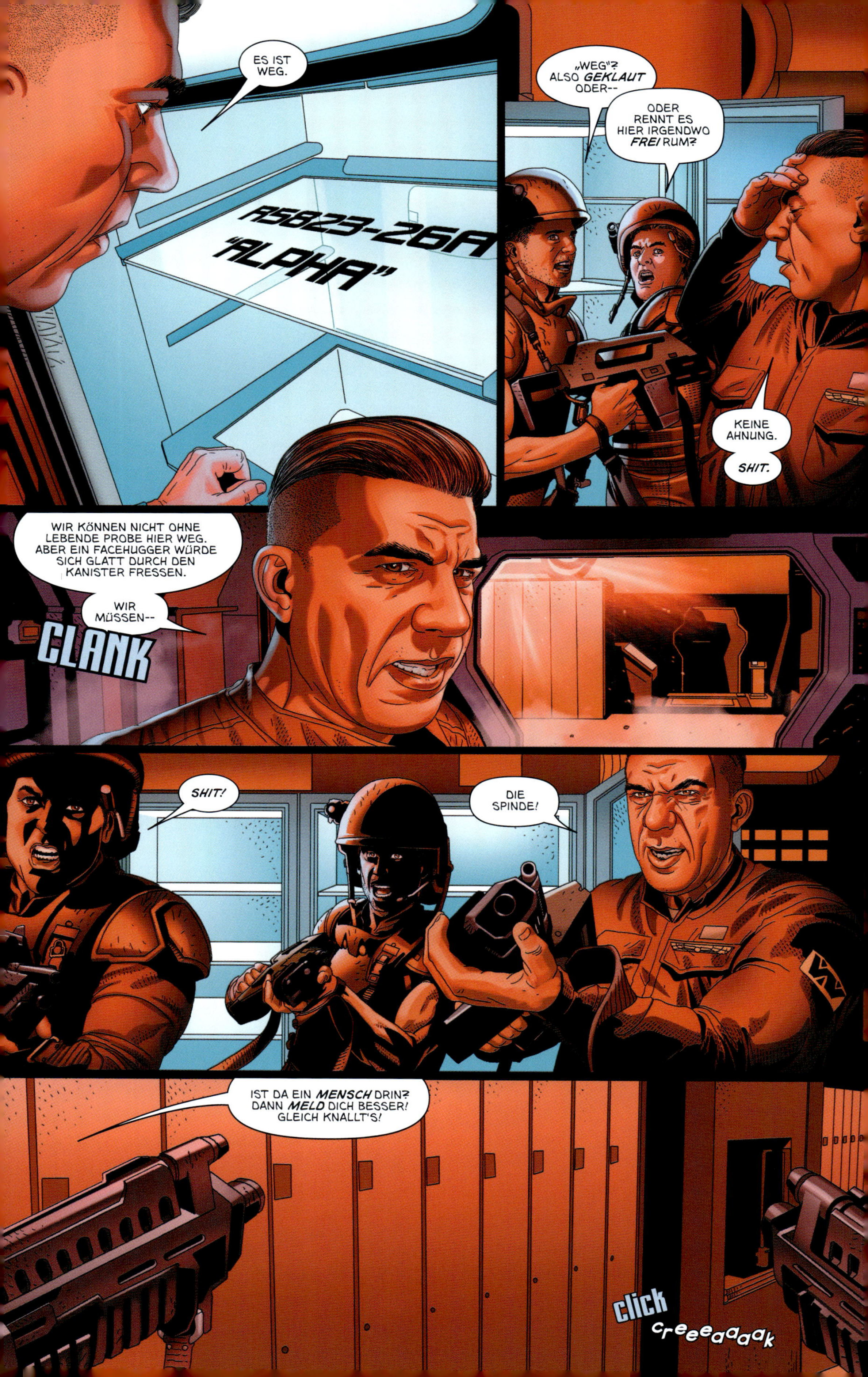
ES IST WEG.
A5823-26A "ALPHA"
„WEG"? ALSO GEKLAUT ODER--
ODER RENNT ES HIER IRGENDWO FREI RUM?
KEINE AHNUNG.
SHIT.
WIR KÖNNEN NICHT OHNE LEBENDE PROBE HIER WEG. ABER EIN FACEHUGGER WÜRDE SICH GLATT DURCH DEN KANISTER FRESSEN.
WIR MÜSSEN--
CLANK
SHIT!
DIE SPINDE!
IST DA EIN MENSCH DRIN? DANN MELD DICH BESSER! GLEICH KNALLT'S!
click
creeeaaaak

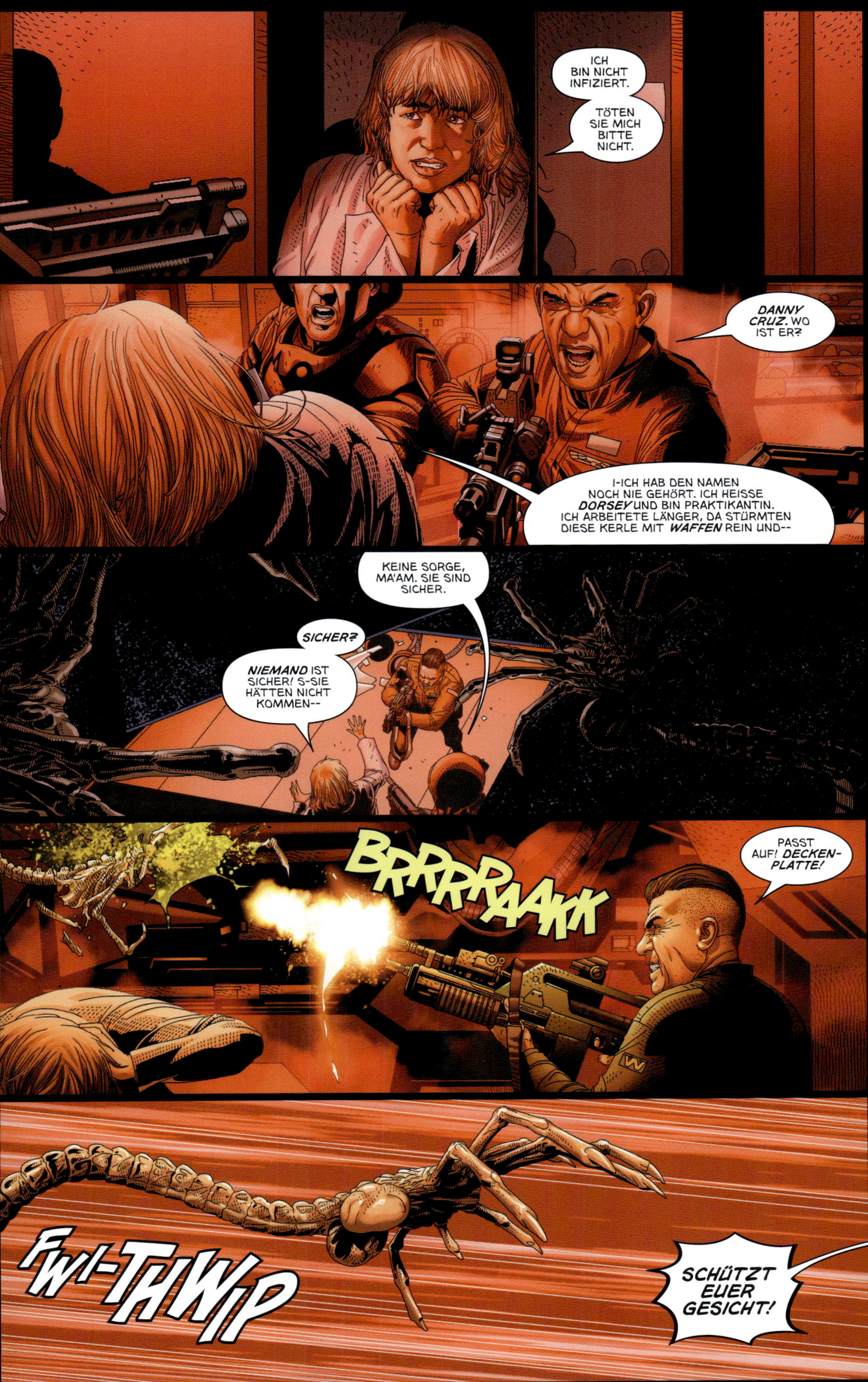
ICH BIN NICHT INFIZIERT.
TÖTEN SIE MICH BITTE NICHT.
DANNY CRUZ. WO IST ER?
I-ICH HAB DEN NAMEN NOCH NIE GEHÖRT. ICH HEISSE DORSEY UND BIN PRAKTIKANTIN. ICH ARBEITETE LÄNGER, DA STÜRMTEN DIESE KERLE MIT WAFFEN REIN UND--
KEINE SORGE, MA'AM. SIE SIND SICHER.
SICHER?
NIEMAND IST SICHER! S-SIE HÄTTEN NICHT KOMMEN--
BRRRRAAKK
PASST AUF! DECKEN-PLATTE!
FWI-THWIP
SCHÜTZT EUER GESICHT!

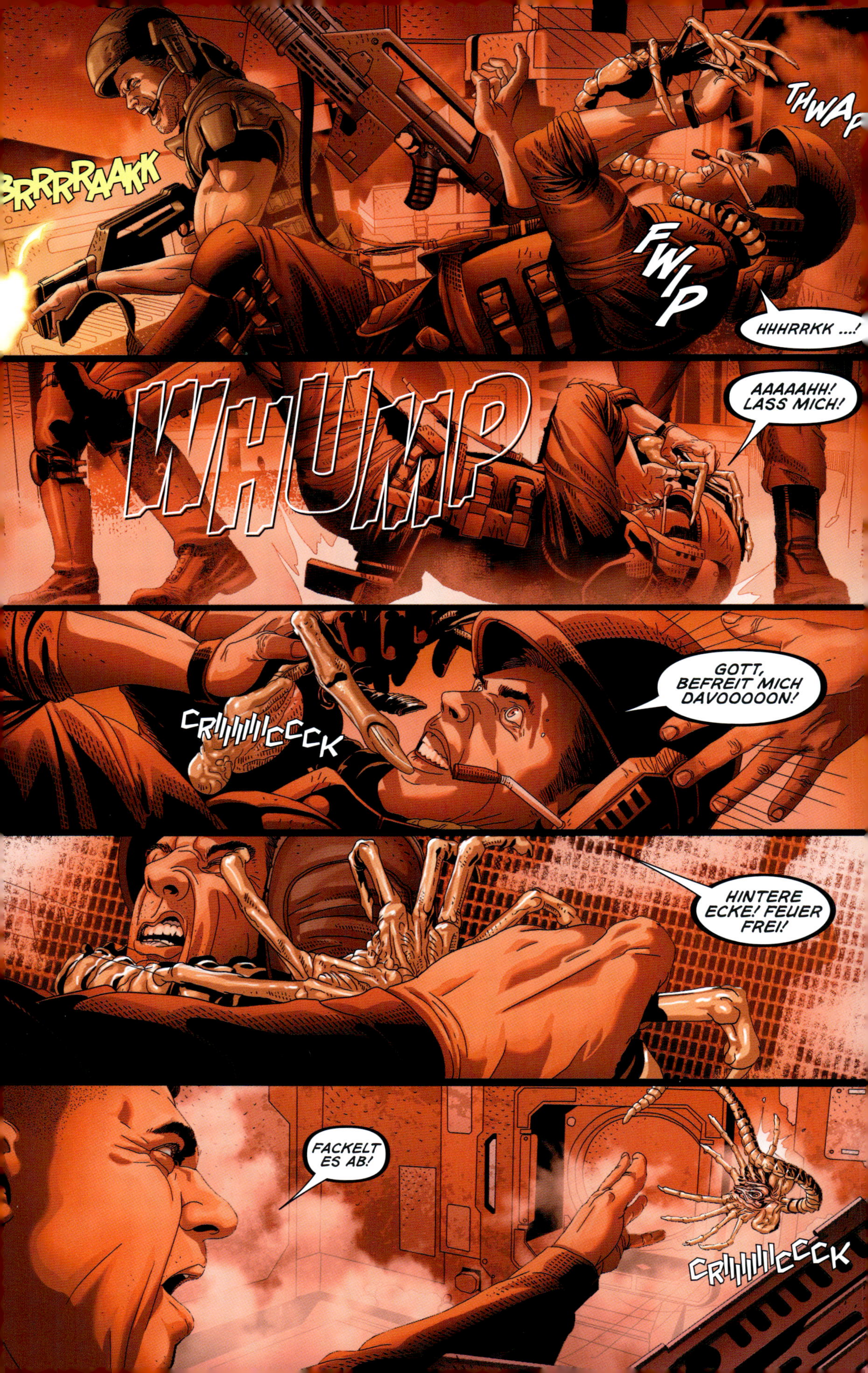
BRRRRAAKK
THWAP
FWIP
HHHRRKK ...!
WHUMP
AAAAAHH! LASS MICH!
GOTT, BEFREIT MICH DAVOOOOON!
CRIIIIIICCCK
HINTERE ECKE! FEUER FREI!
FACKELT ES AB!
CRIIIIIICCCK

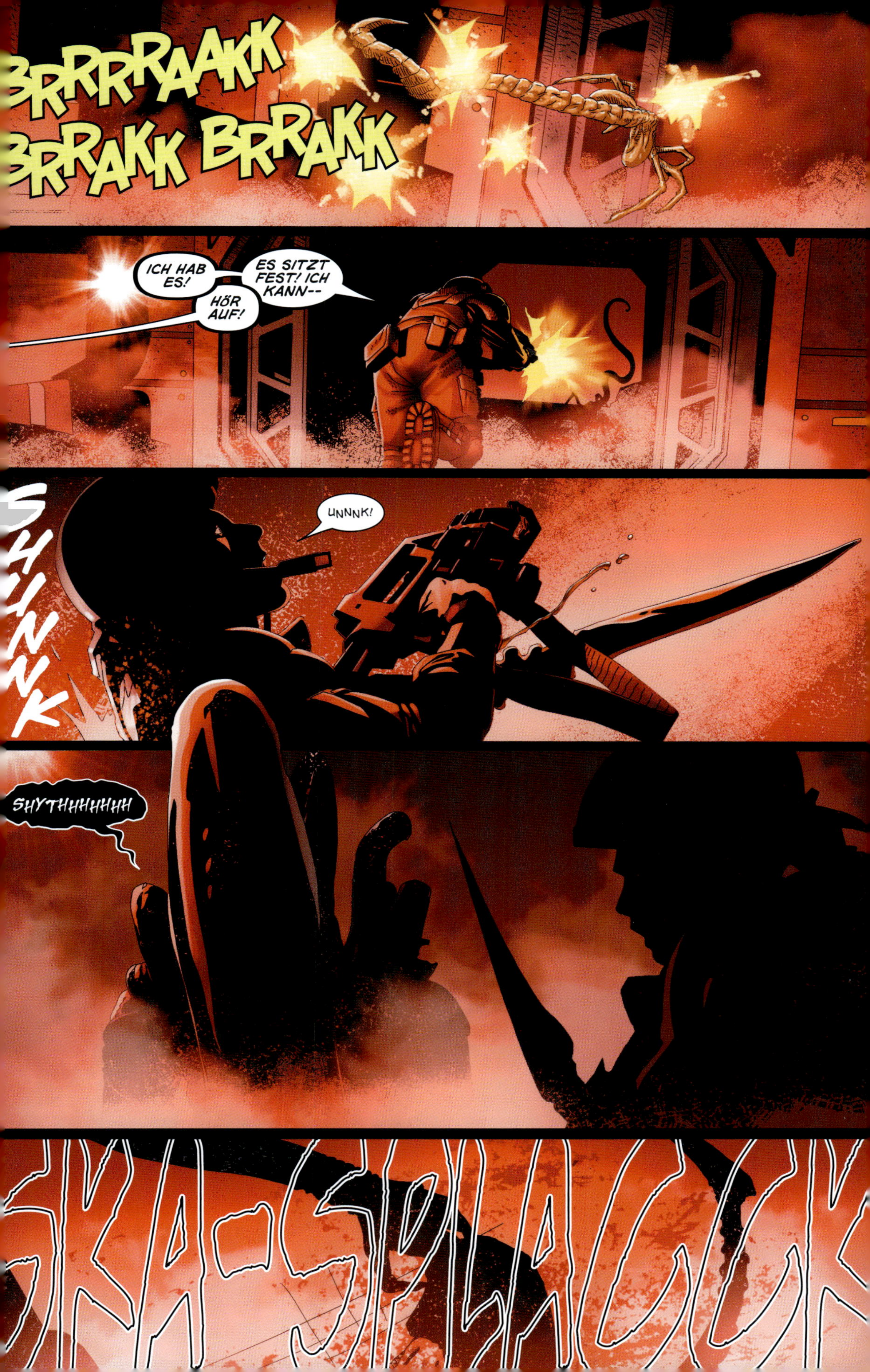
BRRRRAAKK
BRRAKK BRRAKK
ICH HAB ES!
HÖR AUF!
ES SITZT FEST! ICH KANN--
SHHNNNK
UNNNK!
SHYTHHHHHHH
SKA-SPLACCCK

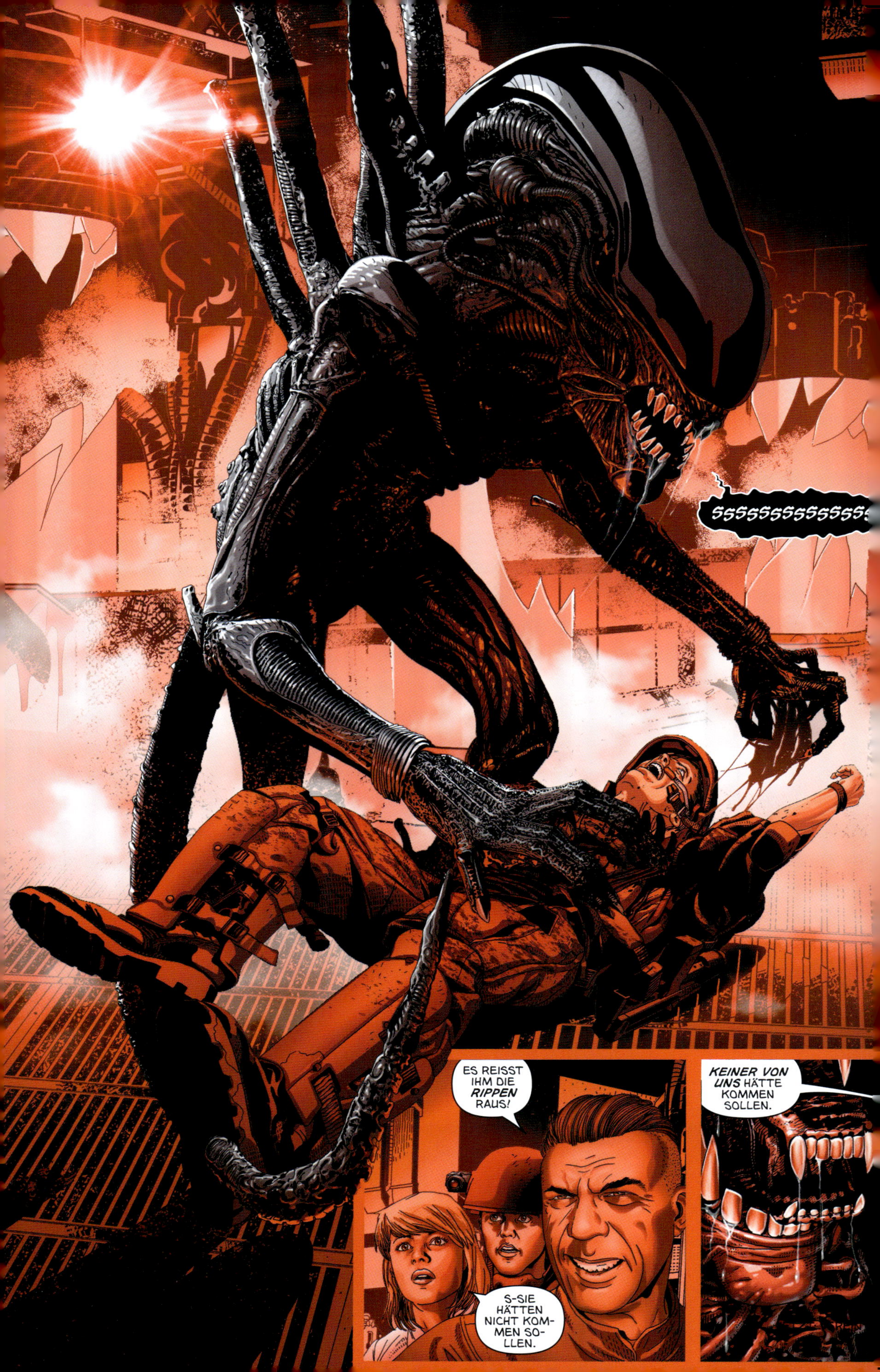
SSSSSSSSSSSSSS
ES REISST IHM DIE *RIPPEN* RAUS!
S-SIE HÄTTEN NICHT KOMMEN SOLLEN.
KEINER VON UNS HÄTTE KOMMEN SOLLEN.

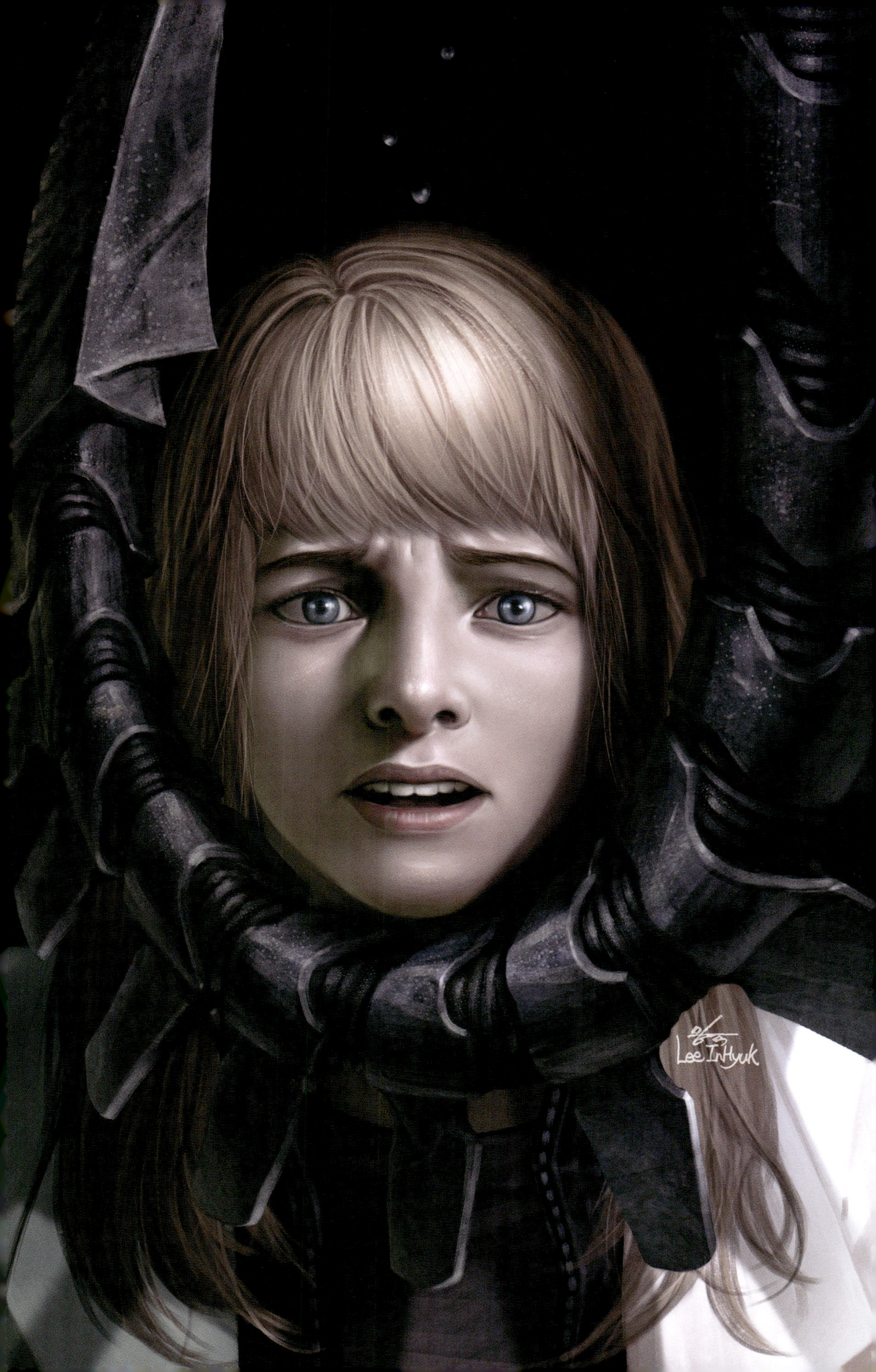
Lee InHyuk

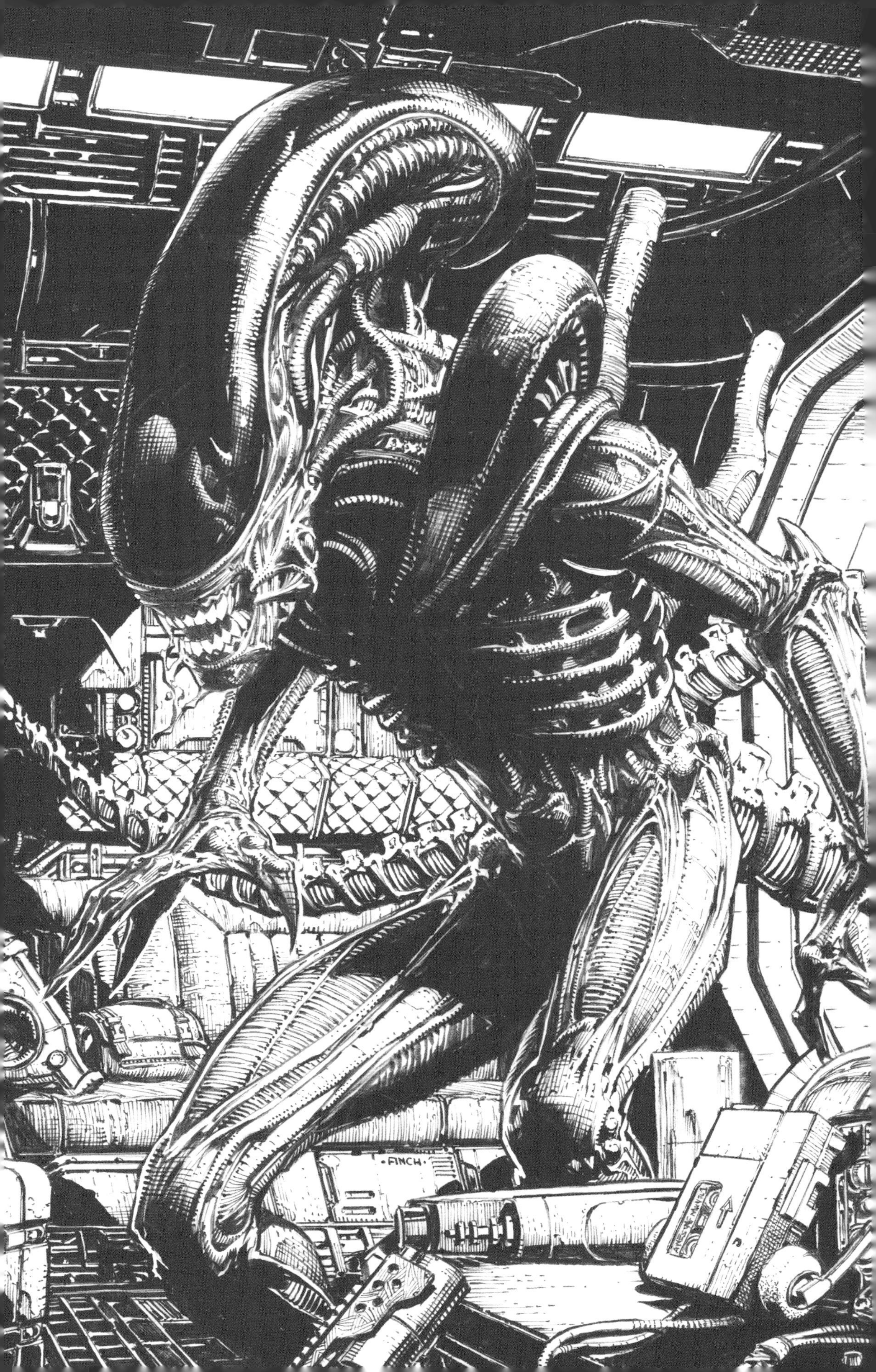
FINCH

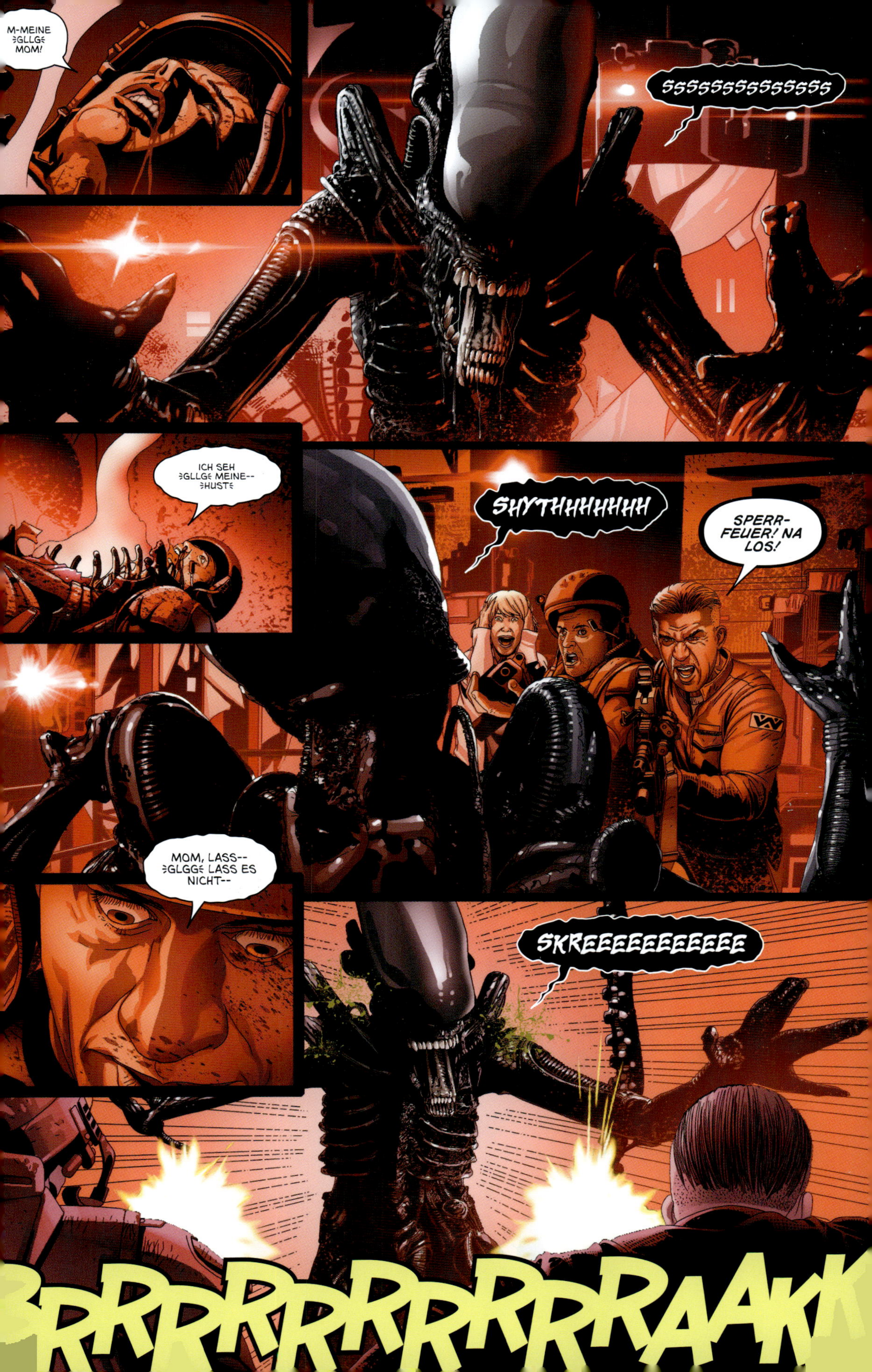
M-MEINE
ƎGLLGƐ
MOM!
SSSSSSSSSSSSSS
ICH SEH
ƎGLLGƐ MEINE--
ƎHUSTƐ
SHYTHHHHHH
SPERR-
FEUER! NA
LOS!
MOM, LASS--
ƎGLGGƐ LASS ES
NICHT--
SKREEEEEEEEEEE
BRRRRRRRRRRAAKK

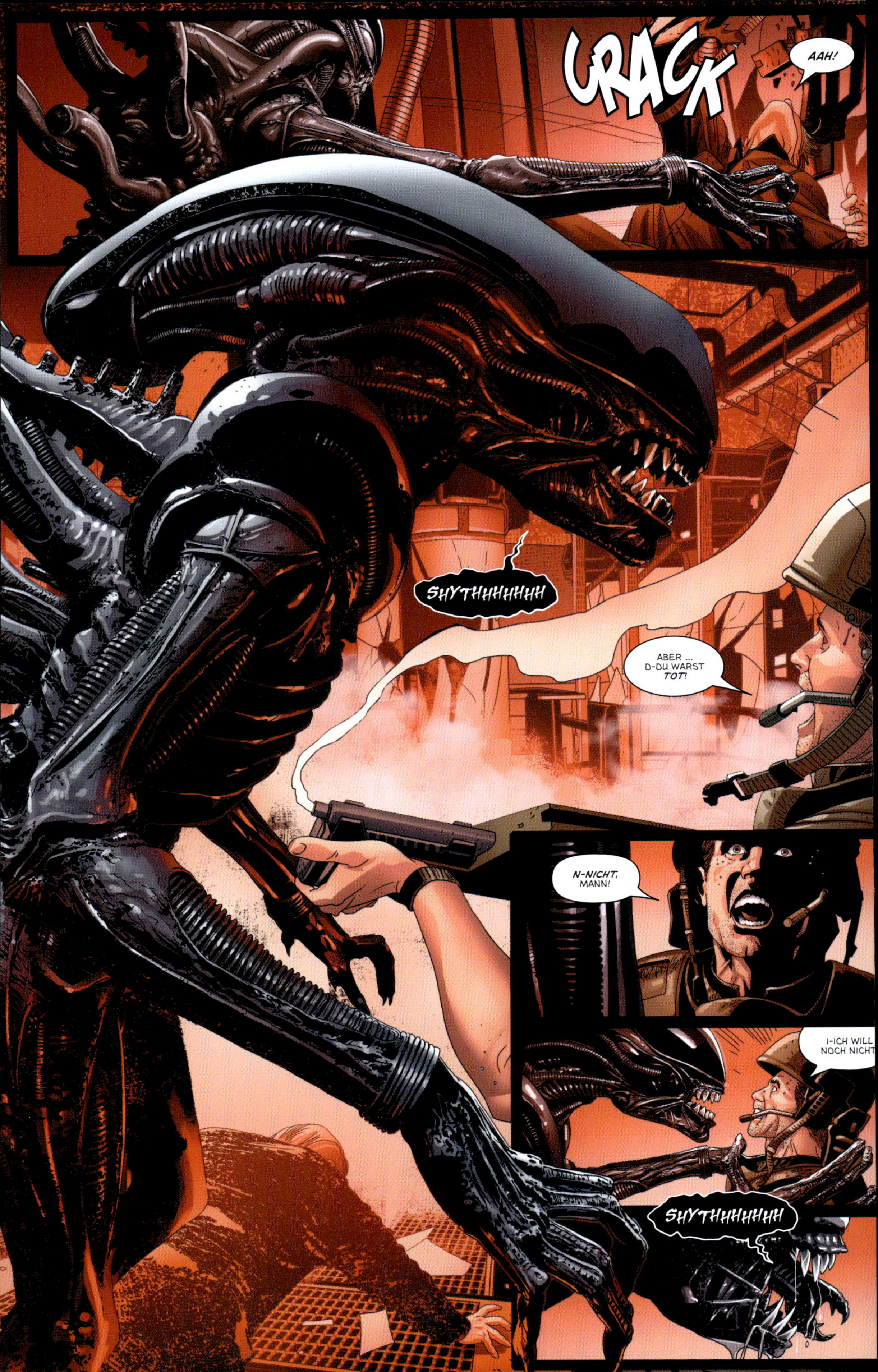

URACK
AAH!
SHYTHHHHHHH
ABER ... D-DU WARST TOT!
N-NICHT, MANN!
I-ICH WILL NOCH NICHT
SHYTHHHHHHH

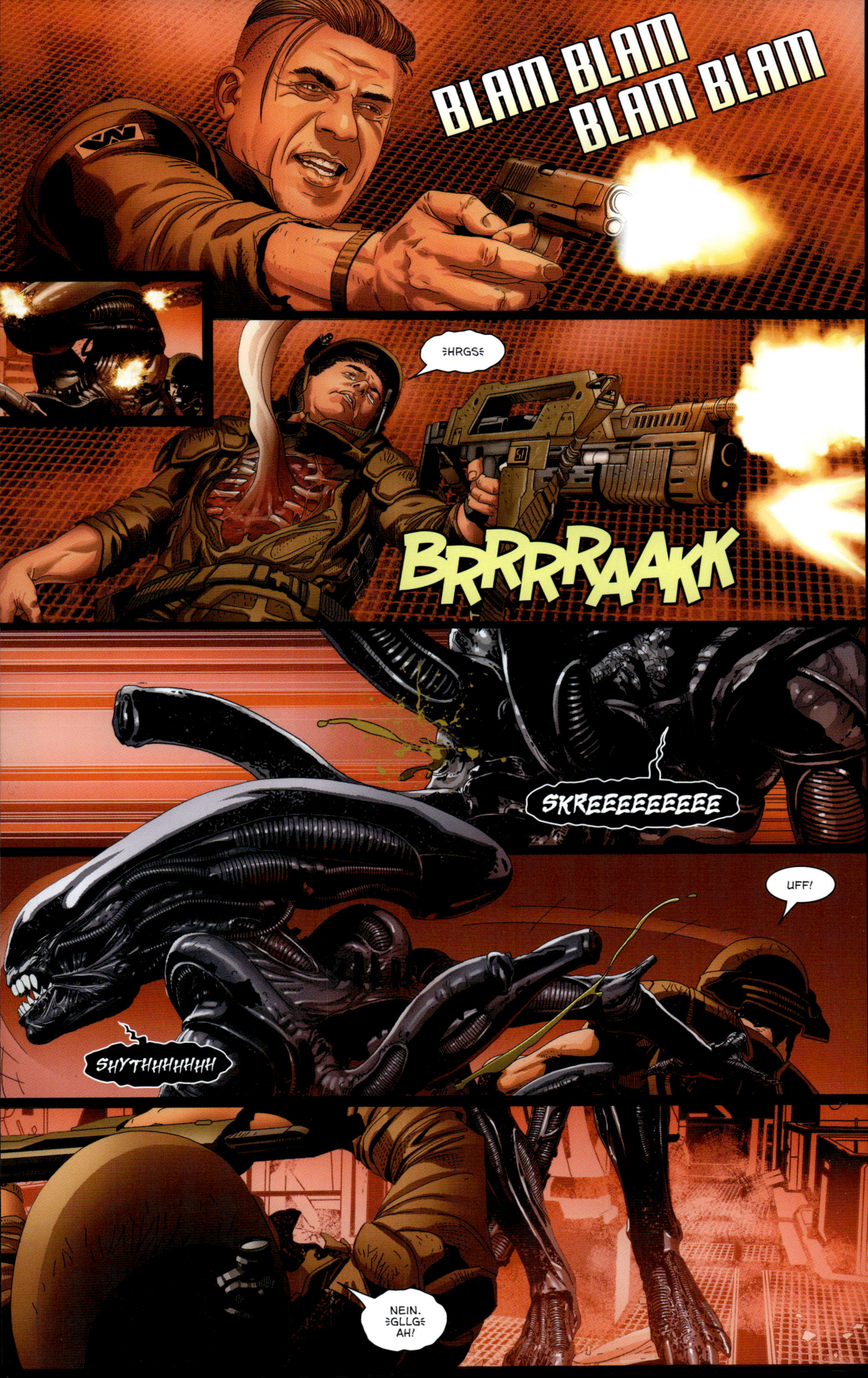
BLAM BLAM
BLAM BLAM
HRGS
BRRRRAAKK
SKREEEEEEEEE
UFF!
SHYTHHHHHHH
NEIN. GLLG AH!

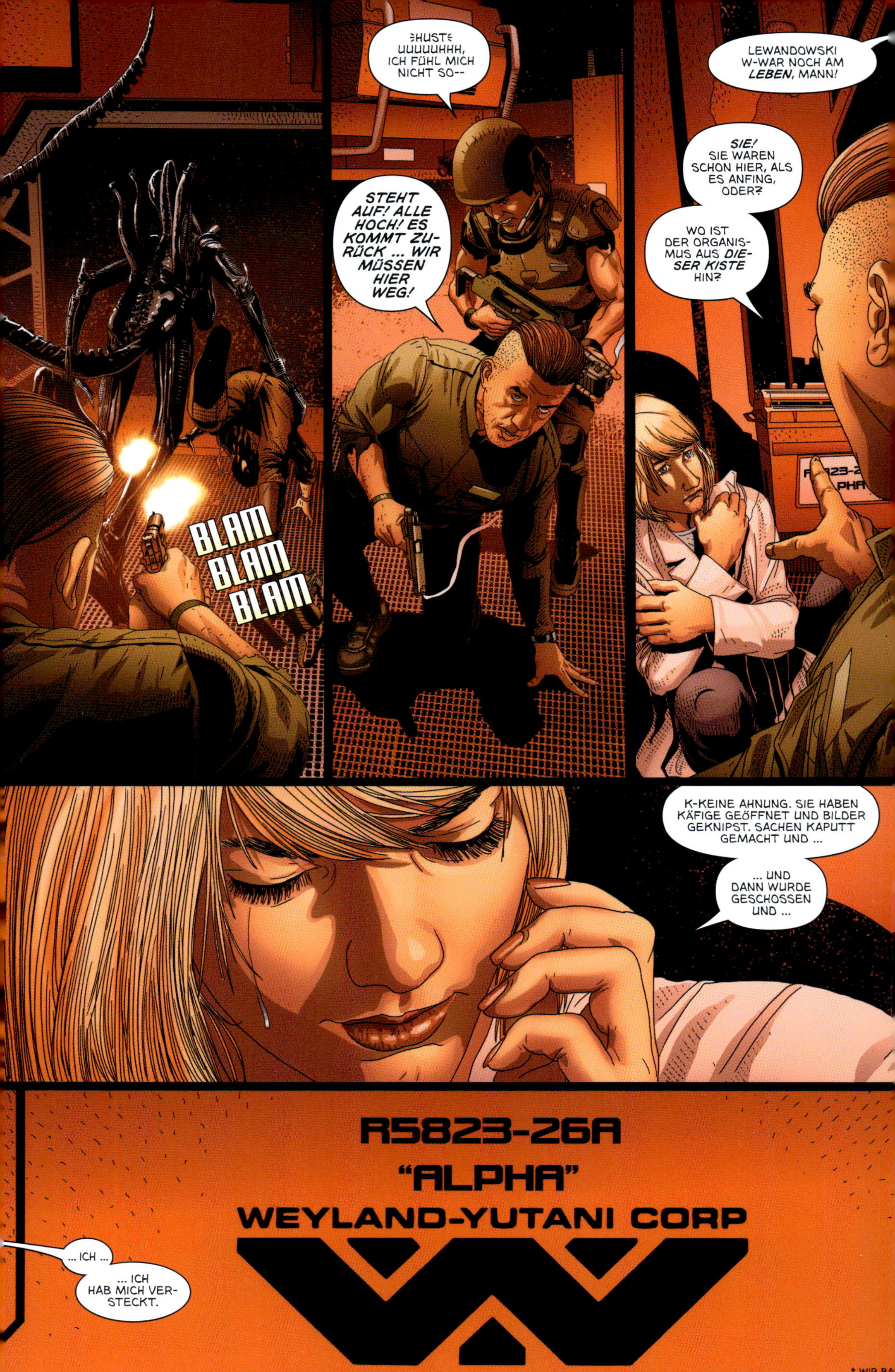
BLAM
BLAM
BLAM
HUST UUUUUHHH, ICH FÜHL MICH NICHT SO--
STEHT AUF! ALLE HOCH! ES KOMMT ZURÜCK ... WIR MÜSSEN HIER WEG!
LEWANDOWSKI W-WAR NOCH AM LEBEN, MANN!
SIE! SIE WAREN SCHON HIER, ALS ES ANFING, ODER?
WO IST DER ORGANISMUS AUS DIESER KISTE HIN?
K-KEINE AHNUNG. SIE HABEN KÄFIGE GEÖFFNET UND BILDER GEKNIPST. SACHEN KAPUTT GEMACHT UND ...
... UND DANN WURDE GESCHOSSEN UND ...
... ICH ...
... ICH HAB MICH VERSTECKT.
R5823-26A
"ALPHA"
WEYLAND-YUTANI CORP
BUILDING BETTER WORLDS*

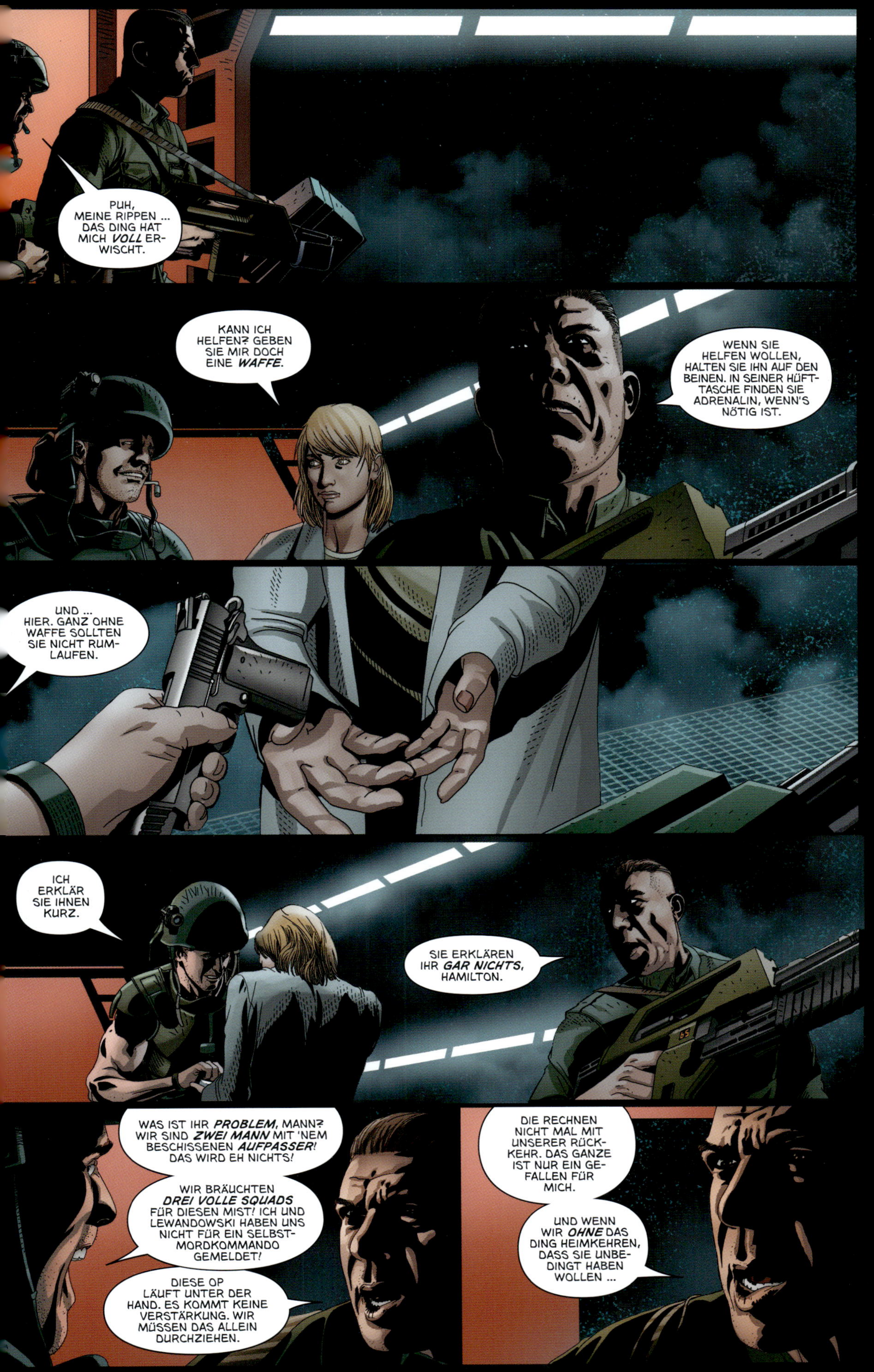
PUH, MEINE RIPPEN ... DAS DING HAT MICH VOLL ERWISCHT.
KANN ICH HELFEN? GEBEN SIE MIR DOCH EINE WAFFE.
WENN SIE HELFEN WOLLEN, HALTEN SIE IHN AUF DEN BEINEN. IN SEINER HÜFTTASCHE FINDEN SIE ADRENALIN, WENN'S NÖTIG IST.
UND ... HIER. GANZ OHNE WAFFE SOLLTEN SIE NICHT RUMLAUFEN.
ICH ERKLÄR SIE IHNEN KURZ.
SIE ERKLÄREN IHR GAR NICHTS, HAMILTON.
WAS IST IHR PROBLEM, MANN? WIR SIND ZWEI MANN MIT 'NEM BESCHISSENEN AUFPASSER! DAS WIRD EH NICHTS!
WIR BRÄUCHTEN DREI VOLLE SQUADS FÜR DIESEN MIST! ICH UND LEWANDOWSKI HABEN UNS NICHT FÜR EIN SELBSTMORDKOMMANDO GEMELDET!
DIESE OP LÄUFT UNTER DER HAND. ES KOMMT KEINE VERSTÄRKUNG. WIR MÜSSEN DAS ALLEIN DURCHZIEHEN.
DIE RECHNEN NICHT MAL MIT UNSERER RÜCKKEHR. DAS GANZE IST NUR EIN GEFALLEN FÜR MICH.
UND WENN WIR OHNE DAS DING HEIMKEHREN, DASS SIE UNBEDINGT HABEN WOLLEN ...

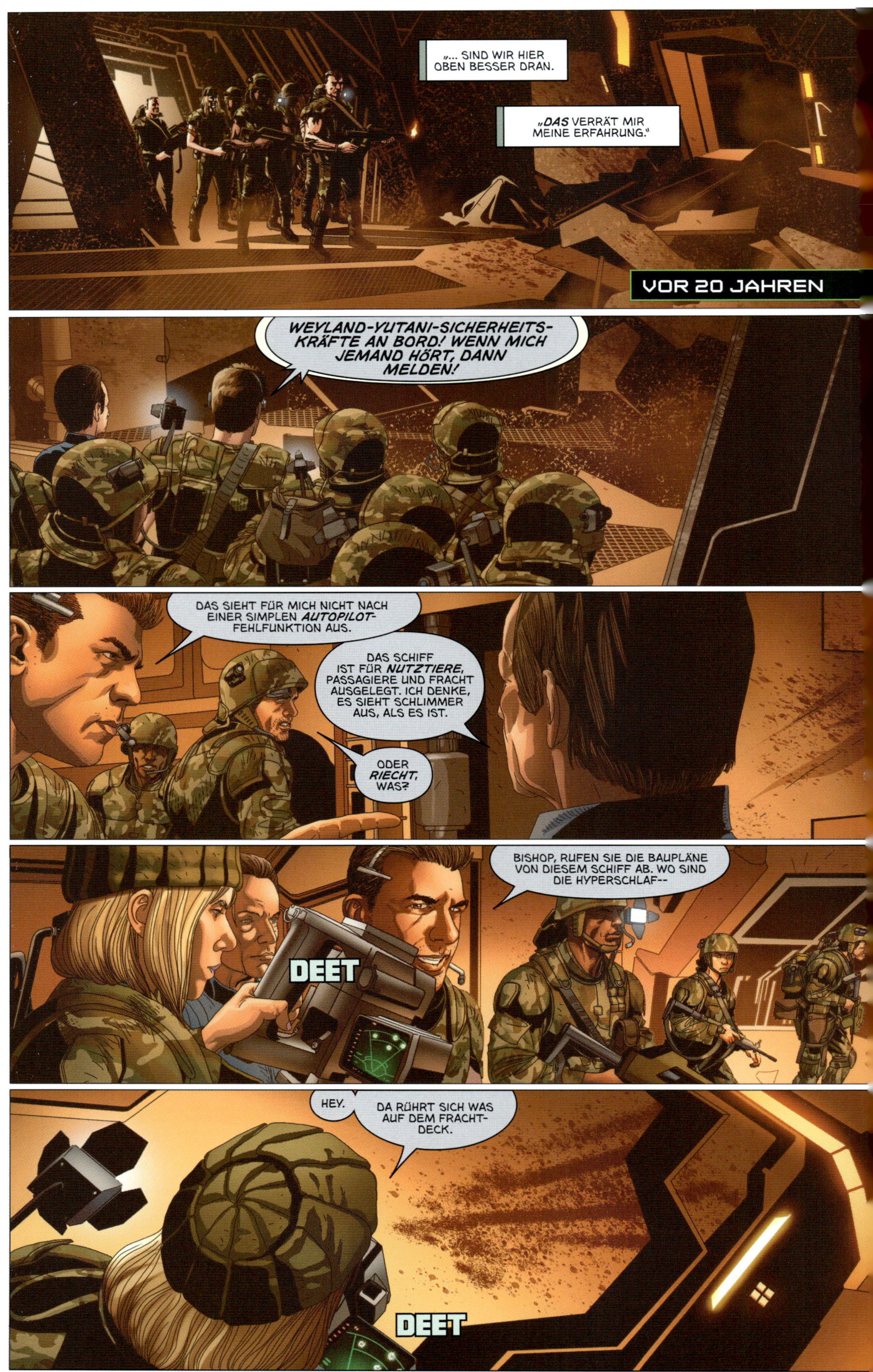
„... SIND WIR HIER OBEN BESSER DRAN.
„DAS VERRÄT MIR MEINE ERFAHRUNG."
VOR 20 JAHREN
WEYLAND-YUTANI-SICHERHEITS-KRÄFTE AN BORD! WENN MICH JEMAND HÖRT, DANN MELDEN!
DAS SIEHT FÜR MICH NICHT NACH EINER SIMPLEN AUTOPILOT-FEHLFUNKTION AUS.
DAS SCHIFF IST FÜR NUTZTIERE, PASSAGIERE UND FRACHT AUSGELEGT. ICH DENKE, ES SIEHT SCHLIMMER AUS, ALS ES IST.
ODER RIECHT, WAS?
BISHOP, RUFEN SIE DIE BAUPLÄNE VON DIESEM SCHIFF AB. WO SIND DIE HYPERSCHLAF--
DEET
HEY.
DA RÜHRT SICH WAS AUF DEM FRACHT-DECK.
DEET

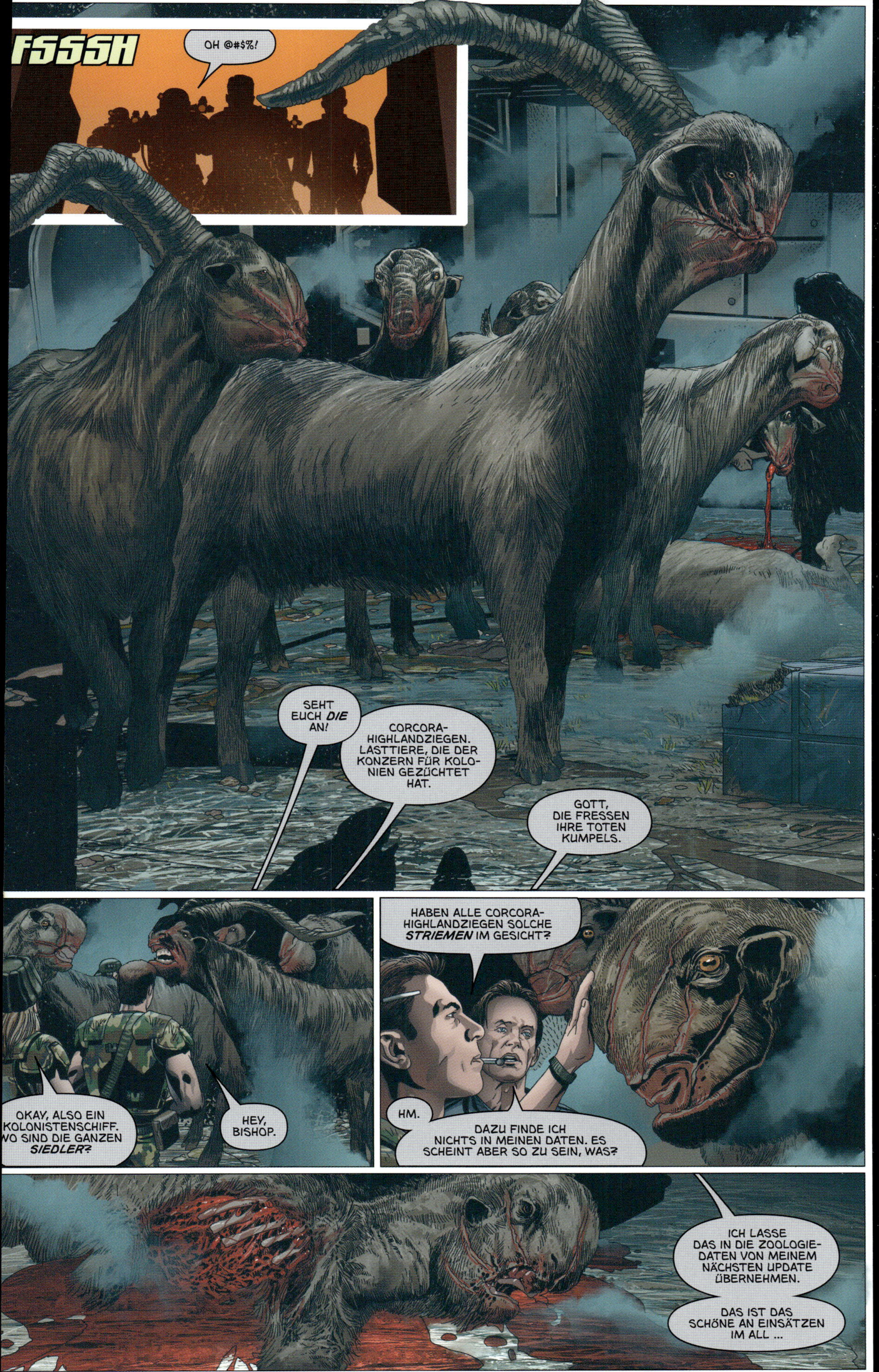
FSSSH
OH @#$%!
SEHT EUCH DIE AN!
CORCORA-HIGHLANDZIEGEN. LASTTIERE, DIE DER KONZERN FÜR KOLONIEN GEZÜCHTET HAT.
GOTT, DIE FRESSEN IHRE TOTEN KUMPELS.
OKAY, ALSO EIN KOLONISTENSCHIFF. WO SIND DIE GANZEN SIEDLER?
HEY, BISHOP.
HABEN ALLE CORCORA-HIGHLANDZIEGEN SOLCHE STRIEMEN IM GESICHT?
HM.
DAZU FINDE ICH NICHTS IN MEINEN DATEN. ES SCHEINT ABER SO ZU SEIN, WAS?
ICH LASSE DAS IN DIE ZOOLOGIE-DATEN VON MEINEM NÄCHSTEN UPDATE ÜBERNEHMEN.
DAS IST DAS SCHÖNE AN EINSÄTZEN IM ALL ...

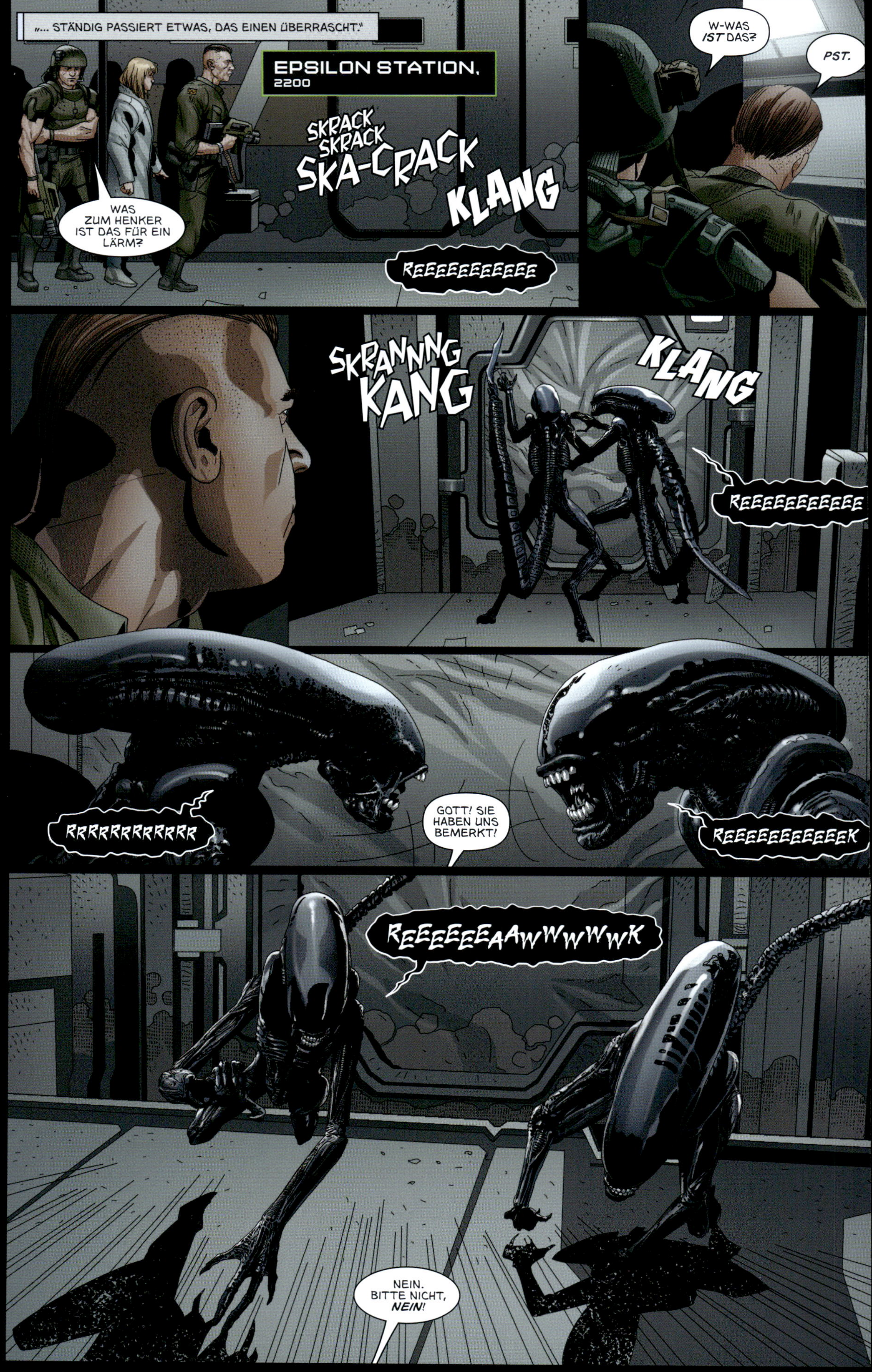
„... STÄNDIG PASSIERT ETWAS, DAS EINEN ÜBERRASCHT."
EPSILON STATION, 2200
SKRACK SKRACK SKA-CRACK
KLANG
WAS ZUM HENKER IST DAS FÜR EIN LÄRM?
REEEEEEEEEEE
W-WAS IST DAS?
PST.
SKRANNNG KANG
KLANG
REEEEEEEEEEE
RRRRRRRRRRRR
GOTT! SIE HABEN UNS BEMERKT!
REEEEEEEEEEEK
REEEEEEAAWWWWWK
NEIN. BITTE NICHT, NEIN!

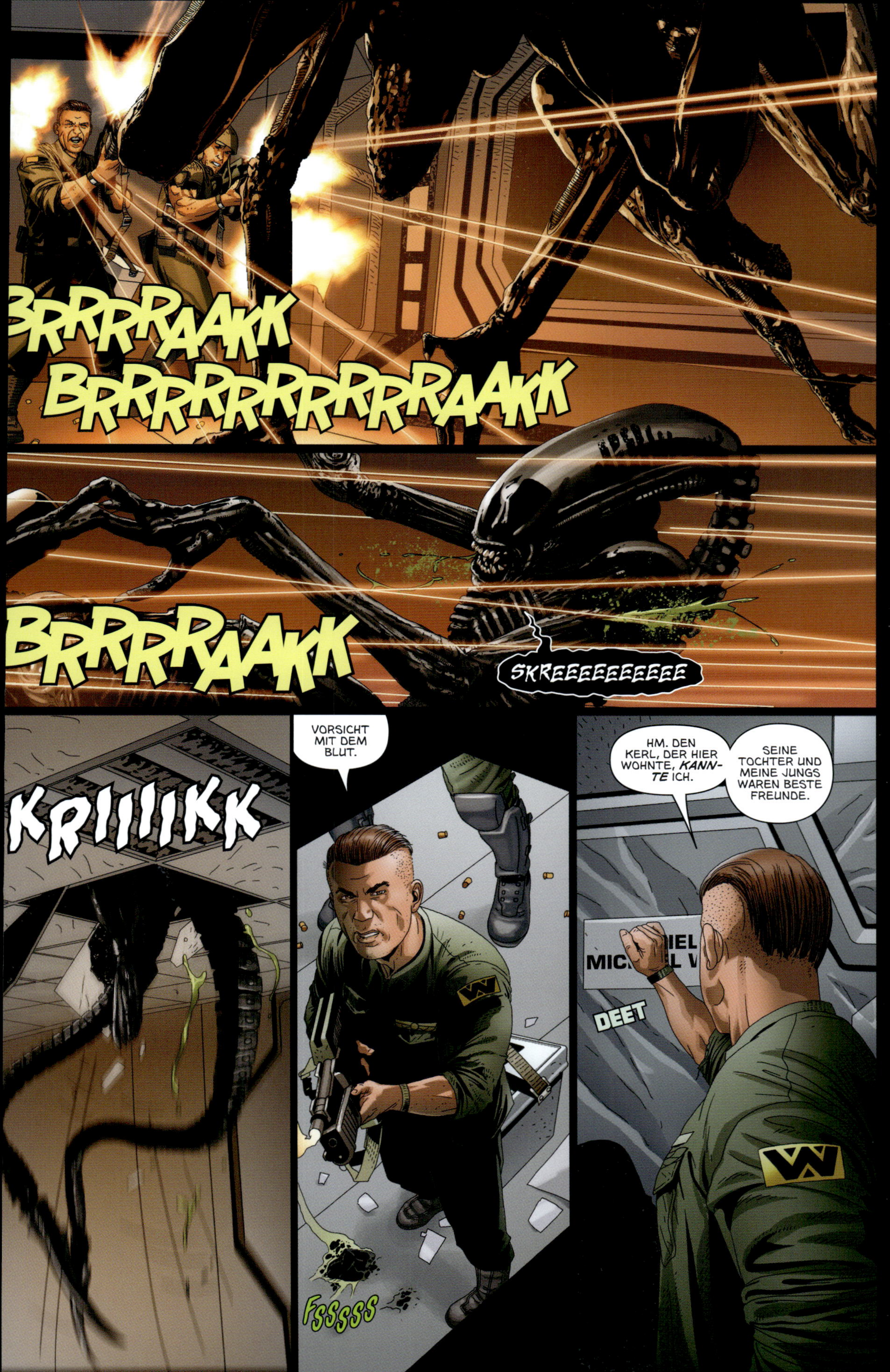
BRRRRAAKK
BRRRRRRRRRRRAAKK
BRRRRAAKK
SKREEEEEEEEEEE
KRIIIIKK
VORSICHT MIT DEM BLUT.
FSSSSS
HM. DEN KERL, DER HIER WOHNTE, *KANNTE* ICH.
SEINE TOCHTER UND MEINE JUNGS WAREN BESTE FREUNDE.
DEET

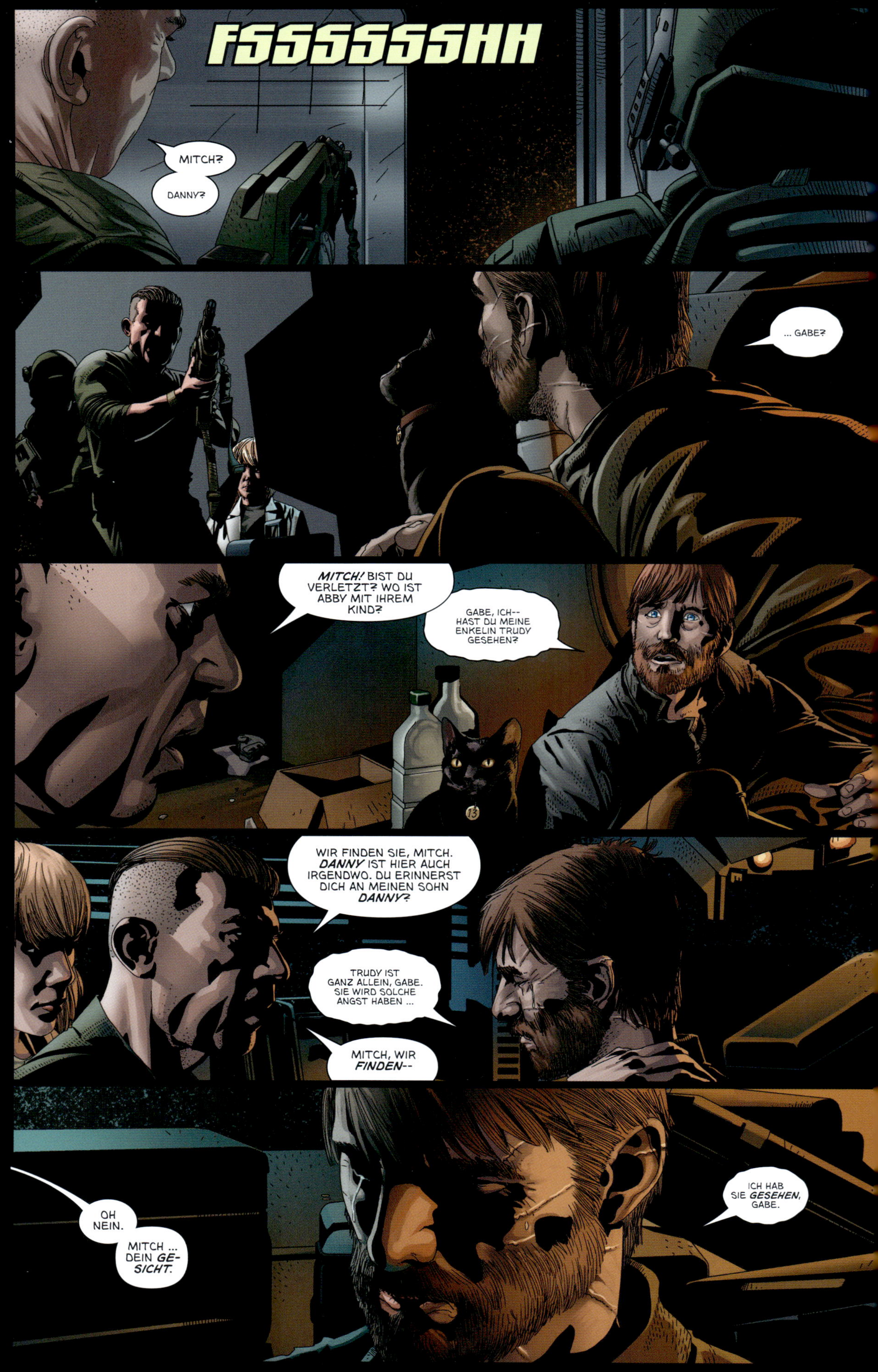
FSSSSSSHH
MITCH?
DANNY?
... GABE?
MITCH! BIST DU VERLETZT? WO IST ABBY MIT IHREM KIND?
GABE, ICH-- HAST DU MEINE ENKELIN TRUDY GESEHEN?
WIR FINDEN SIE, MITCH. DANNY IST HIER AUCH IRGENDWO. DU ERINNERST DICH AN MEINEN SOHN DANNY?
TRUDY IST GANZ ALLEIN, GABE. SIE WIRD SOLCHE ANGST HABEN ...
MITCH, WIR FINDEN--
OH NEIN.
MITCH ... DEIN GESICHT.
ICH HAB SIE GESEHEN, GABE.

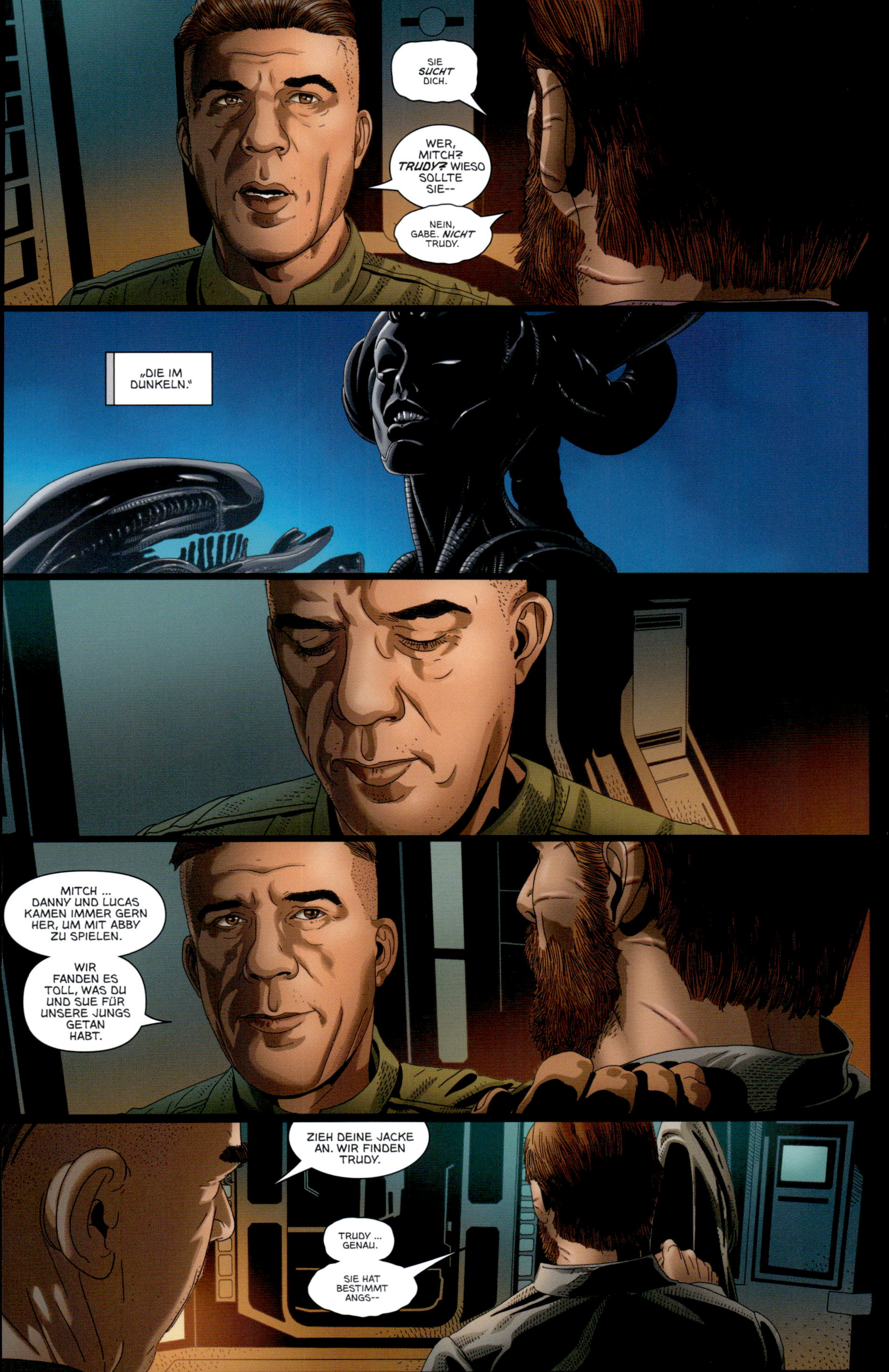

SIE SUCHT DICH.
WER, MITCH? TRUDY? WIESO SOLLTE SIE--
NEIN, GABE. NICHT TRUDY.
„DIE IM DUNKELN."
MITCH ... DANNY UND LUCAS KAMEN IMMER GERN HER, UM MIT ABBY ZU SPIELEN.
WIR FANDEN ES TOLL, WAS DU UND SIE FÜR UNSERE JUNGS GETAN HABT.
ZIEH DEINE JACKE AN. WIR FINDEN TRUDY.
TRUDY ... GENAU.
SIE HAT BESTIMMT ANGS--

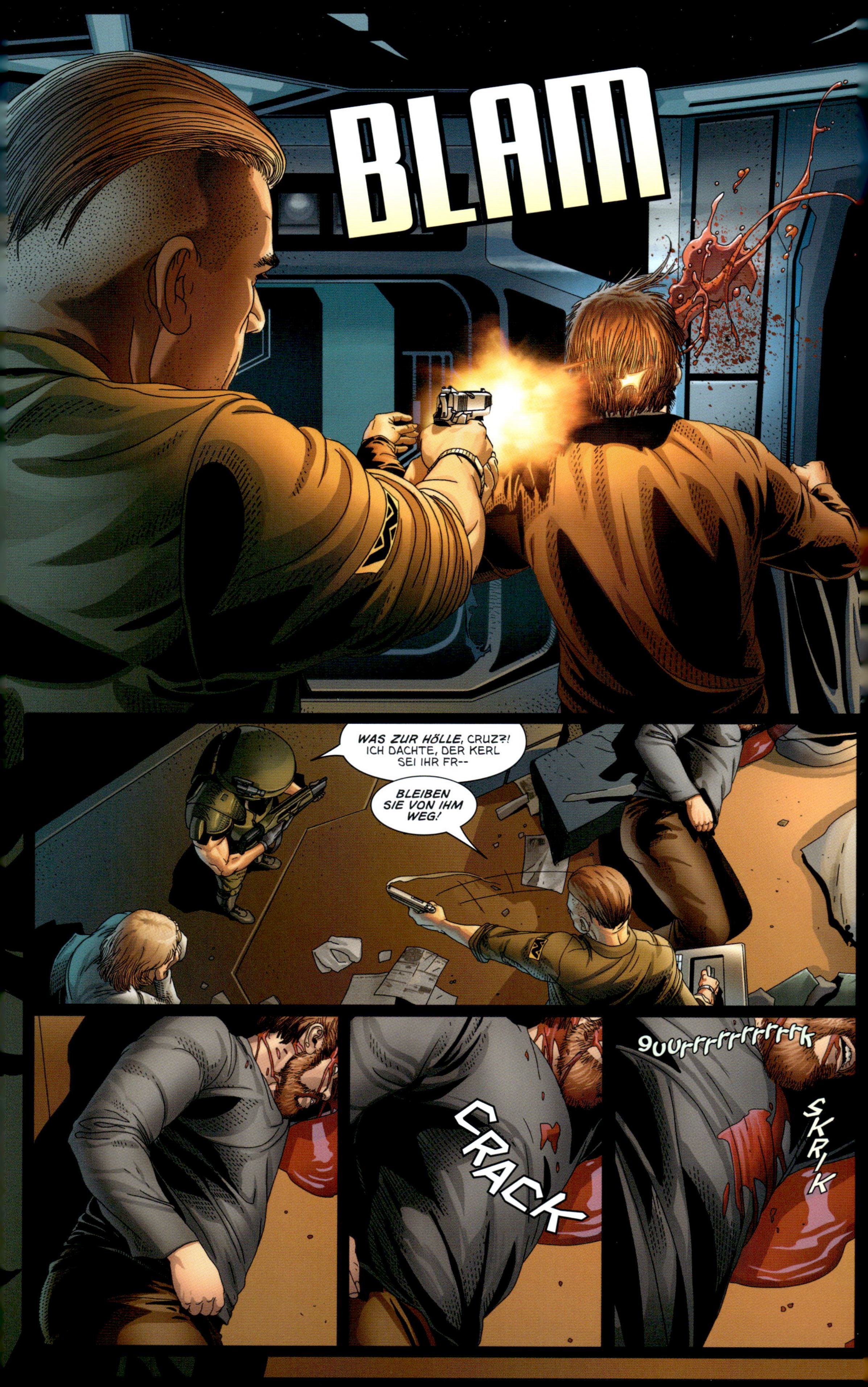
BLAM
WAS ZUR HÖLLE, CRUZ?! ICH DACHTE, DER KERL SEI IHR FR--
BLEIBEN SIE VON IHM WEG!
CRACK
guurrrrrrrrrk
SKRIK

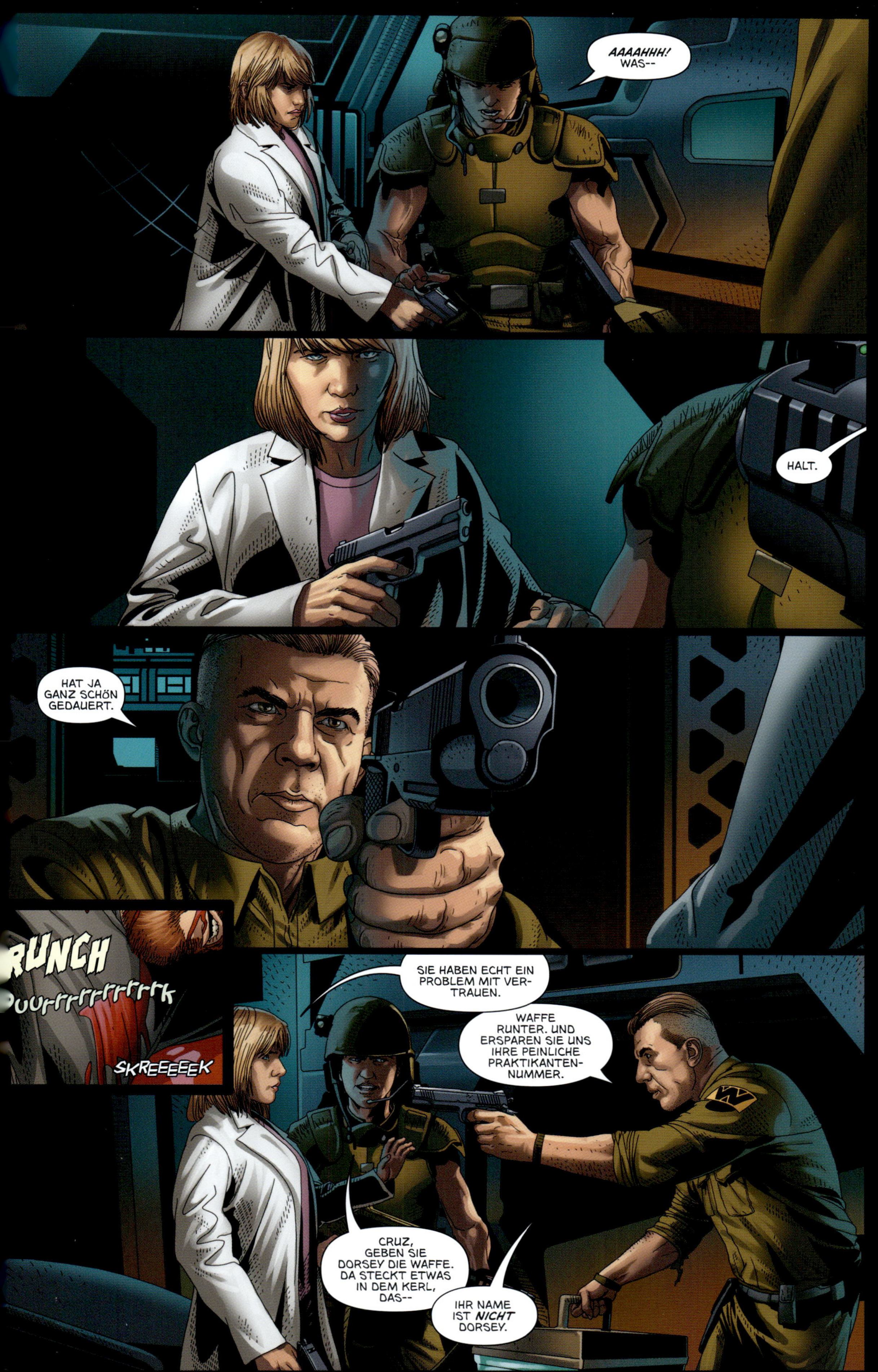
AAAAHHH! WAS--
HALT.
HAT JA GANZ SCHÖN GEDAUERT.
RUNCH
Quurrrrrrrrrrk
SKREEEEEEK
SIE HABEN ECHT EIN PROBLEM MIT VERTRAUEN.
WAFFE RUNTER. UND ERSPAREN SIE UNS IHRE PEINLICHE PRAKTIKANTENNUMMER.
CRUZ, GEBEN SIE DORSEY DIE WAFFE. DA STECKT ETWAS IN DEM KERL, DAS--
IHR NAME IST NICHT DORSEY.

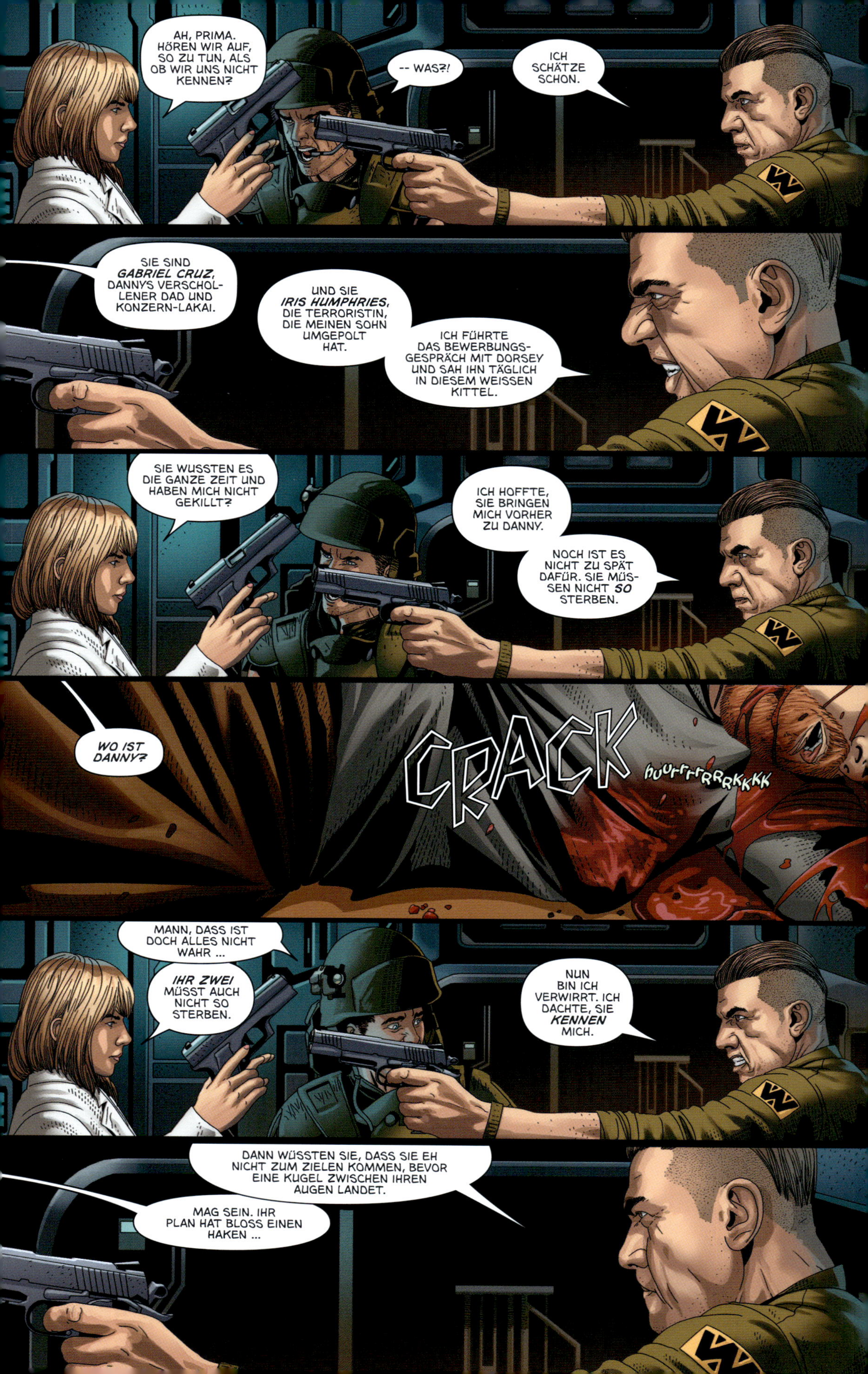
AH, PRIMA. HÖREN WIR AUF, SO ZU TUN, ALS OB WIR UNS NICHT KENNEN?
-- WAS?!
ICH SCHÄTZE SCHON.
SIE SIND GABRIEL CRUZ, DANNYS VERSCHOLLENER DAD UND KONZERN-LAKAI.
UND SIE IRIS HUMPHRIES, DIE TERRORISTIN, DIE MEINEN SOHN UMGEPOLT HAT.
ICH FÜHRTE DAS BEWERBUNGSGESPRÄCH MIT DORSEY UND SAH IHN TÄGLICH IN DIESEM WEISSEN KITTEL.
SIE WUSSTEN ES DIE GANZE ZEIT UND HABEN MICH NICHT GEKILLT?
ICH HOFFTE, SIE BRINGEN MICH VORHER ZU DANNY.
NOCH IST ES NICHT ZU SPÄT DAFÜR. SIE MÜSSEN NICHT SO STERBEN.
WO IST DANNY?
CRACK
huurrrrRRRKKKK
MANN, DASS IST DOCH ALLES NICHT WAHR ...
IHR ZWEI MÜSST AUCH NICHT SO STERBEN.
NUN BIN ICH VERWIRRT. ICH DACHTE, SIE KENNEN MICH.
DANN WÜSSTEN SIE, DASS SIE EH NICHT ZUM ZIELEN KOMMEN, BEVOR EINE KUGEL ZWISCHEN IHREN AUGEN LANDET.
MAG SEIN. IHR PLAN HAT BLOSS EINEN HAKEN ...

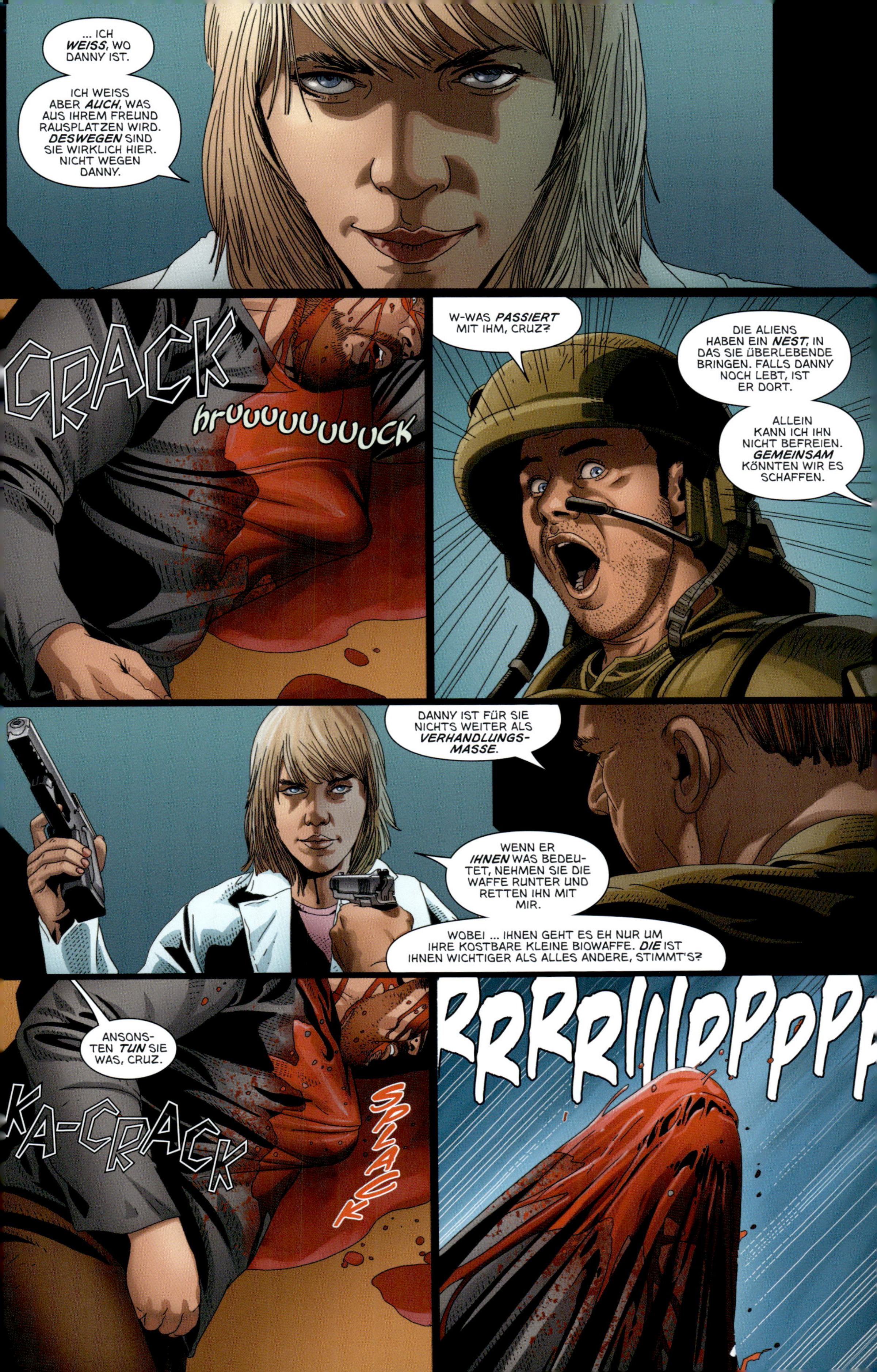
... ICH WEISS, WO DANNY IST.
ICH WEISS ABER AUCH, WAS AUS IHREM FREUND RAUSPLATZEN WIRD. DESWEGEN SIND SIE WIRKLICH HIER. NICHT WEGEN DANNY.
CRACK
hrUUUUUUUUCK
W-WAS PASSIERT MIT IHM, CRUZ?
DIE ALIENS HABEN EIN NEST, IN DAS SIE ÜBERLEBENDE BRINGEN. FALLS DANNY NOCH LEBT, IST ER DORT.
ALLEIN KANN ICH IHN NICHT BEFREIEN. GEMEINSAM KÖNNTEN WIR ES SCHAFFEN.
DANNY IST FÜR SIE NICHTS WEITER ALS VERHANDLUNGS-MASSE.
WENN ER IHNEN WAS BEDEU-TET, NEHMEN SIE DIE WAFFE RUNTER UND RETTEN IHN MIT MIR.
WOBEI ... IHNEN GEHT ES EH NUR UM IHRE KOSTBARE KLEINE BIOWAFFE. DIE IST IHNEN WICHTIGER ALS ALLES ANDERE, STIMMT'S?
ANSONS-TEN TUN SIE WAS, CRUZ.
KA-CRACK
SPLACK
RRRRIIIIDPPPP

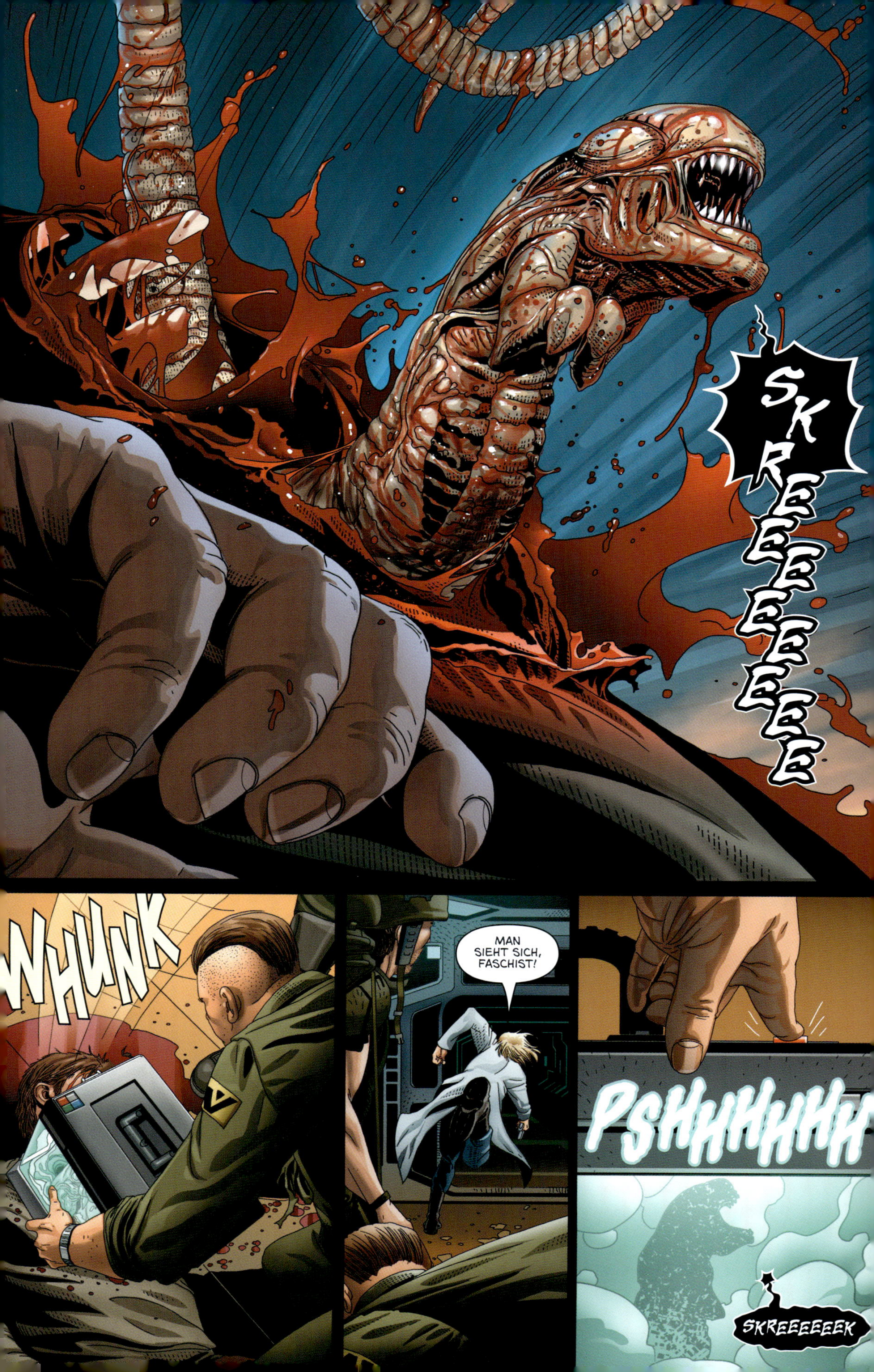
SKREEEEEEEEE
WHUNK
MAN SIEHT SICH, FASCHIST!
PSHHHHHHH
SKREEEEEEEK

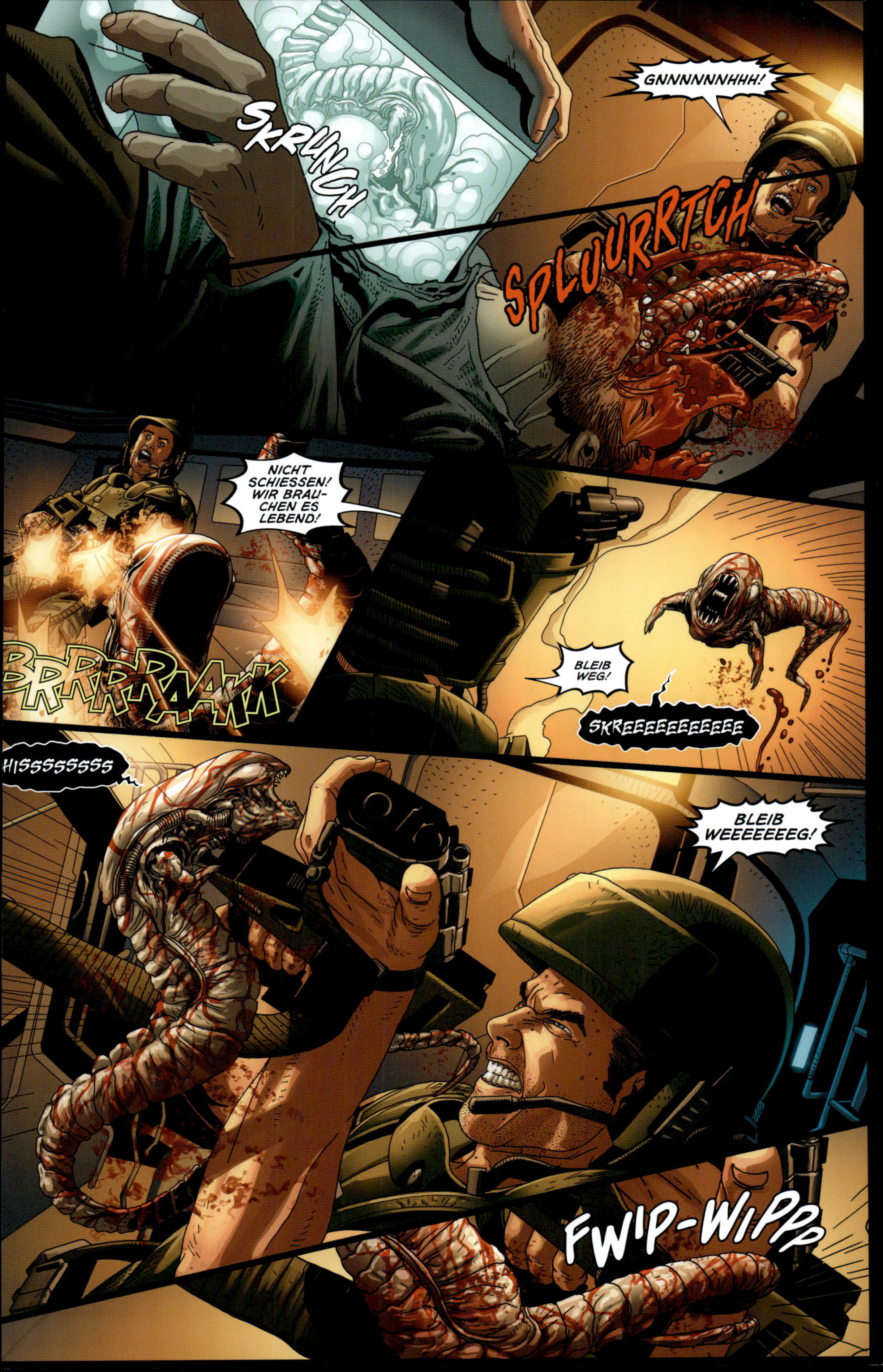
SKRUNCH
GNNNNNNHHH!
SPLUURRTCH
NICHT SCHIESSEN! WIR BRAU-CHEN ES LEBEND!
BRRRRAAAK
BLEIB WEG!
SKREEEEEEEEEEEE
HISSSSSSSS
BLEIB WEEEEEEEG!
FWIP-WIPPP

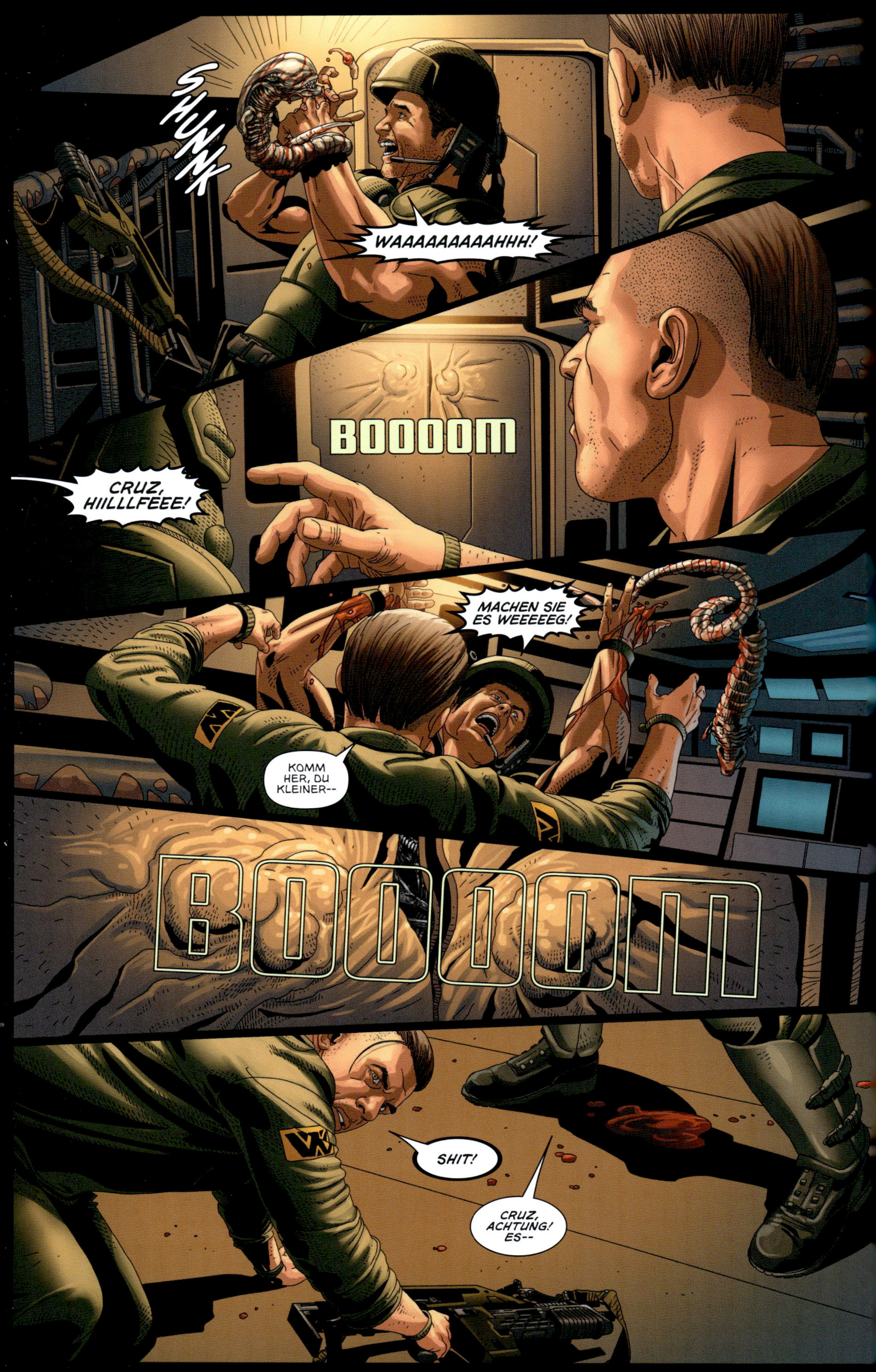
SHUNK
WAAAAAAAAAHHH!
BOOOOM
CRUZ, HIILLLFEEE!
MACHEN SIE ES WEEEEEG!
KOMM HER, DU KLEINER--
BOOOOM
SHIT!
CRUZ, ACHTUNG! ES--

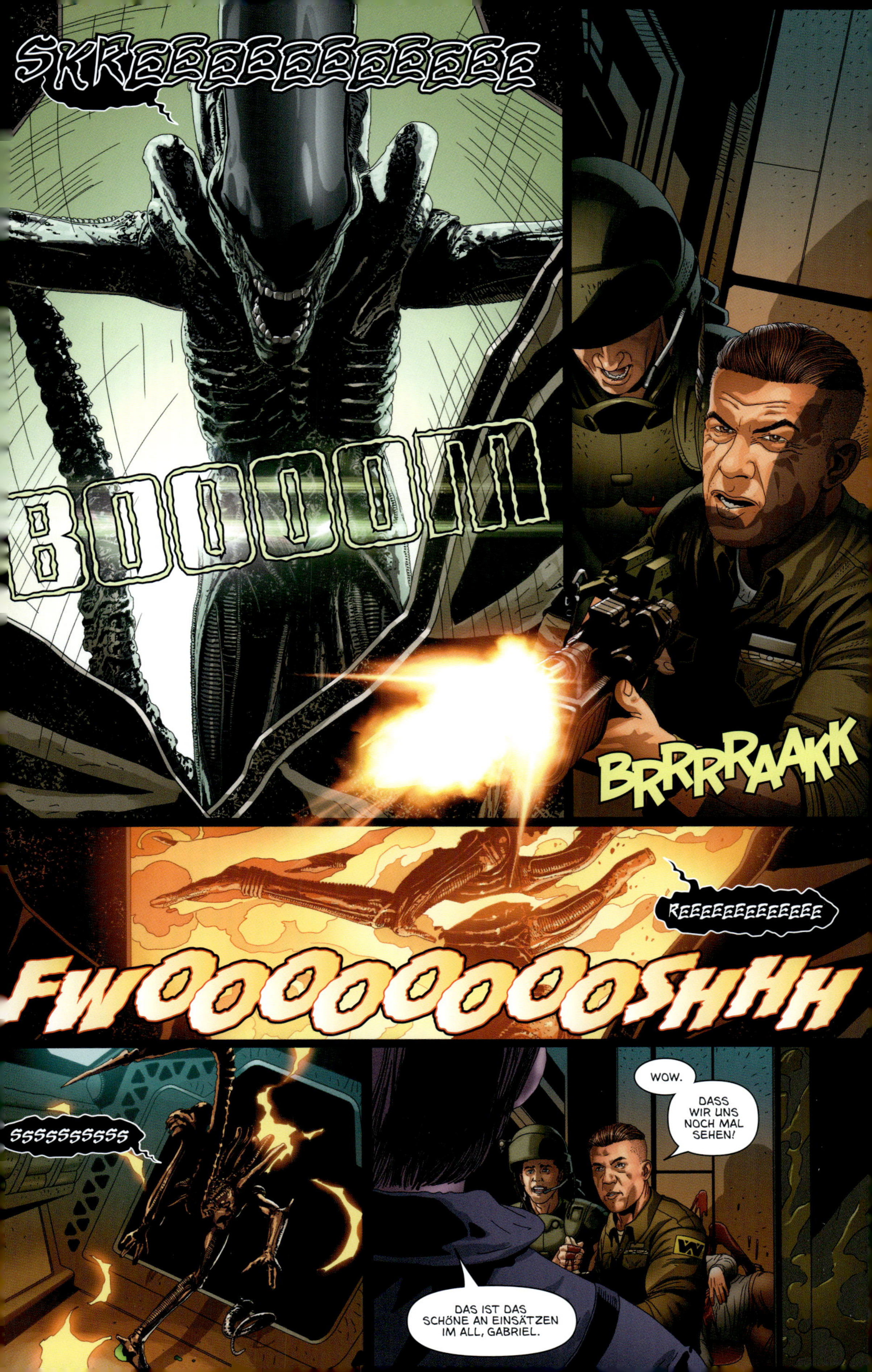
SKREEEEEEEEEEEE
BOOOOOM
BRRRRAAKK
REEEEEEEEEEEEE
FWOOOOOOOOOOSHHH
SSSSSSSSSS
WOW.
DASS WIR UNS NOCH MAL SEHEN!
DAS IST DAS SCHÖNE AN EINSÄTZEN IM ALL, GABRIEL.

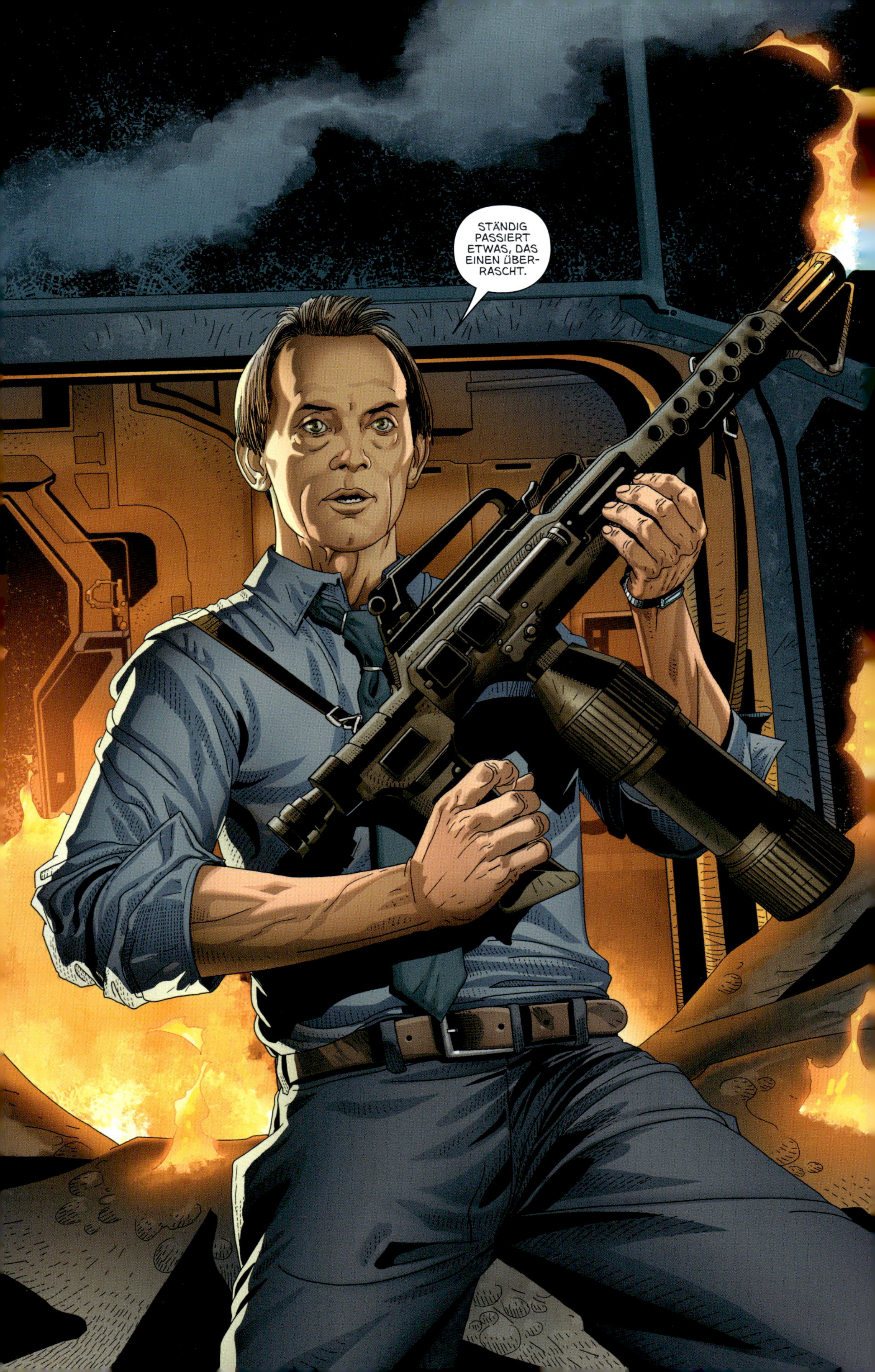
STÄNDIG PASSIERT ETWAS, DAS EINEN ÜBER-RASCHT.

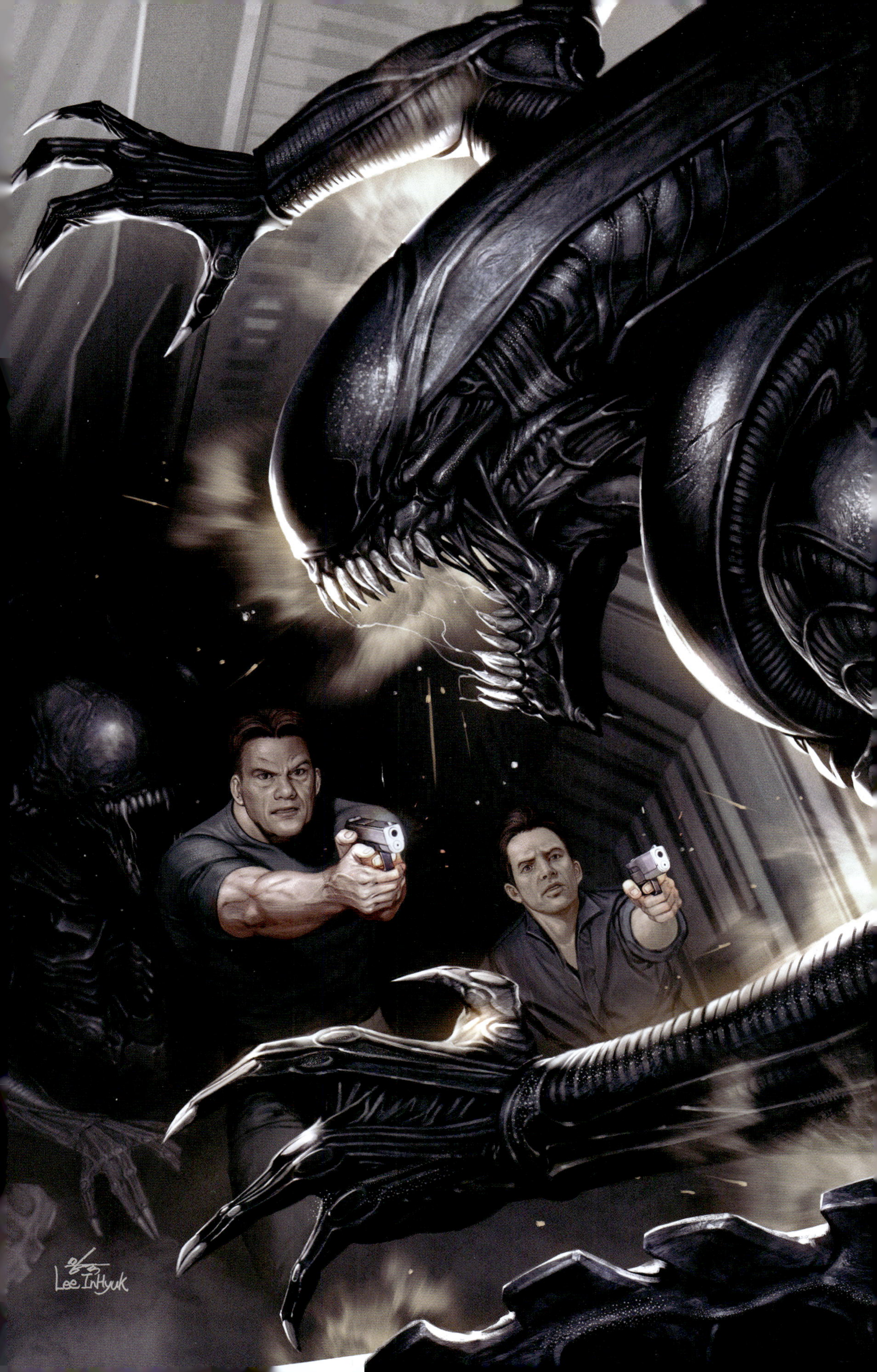
Lee InHyuk

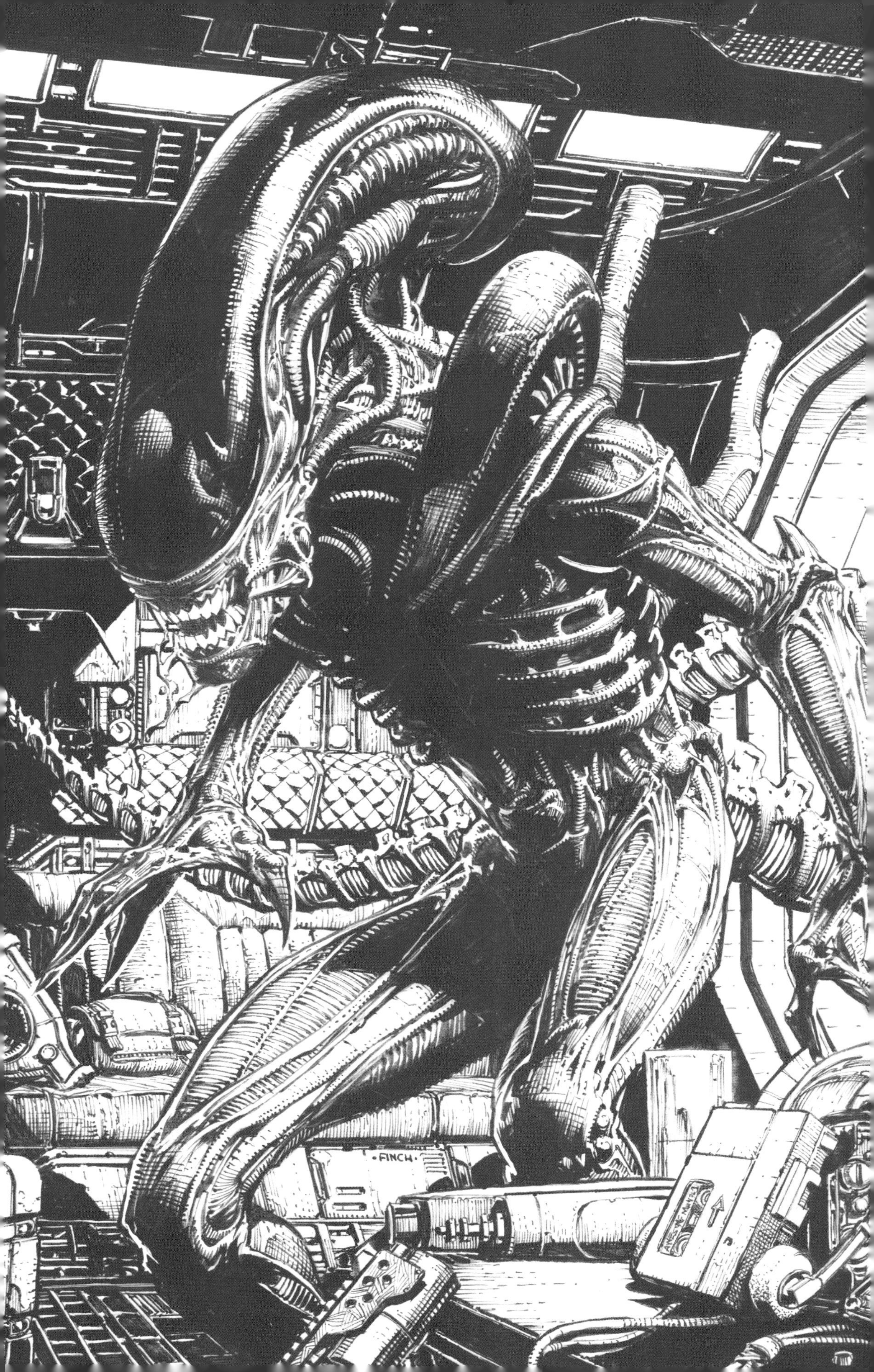
FINCH

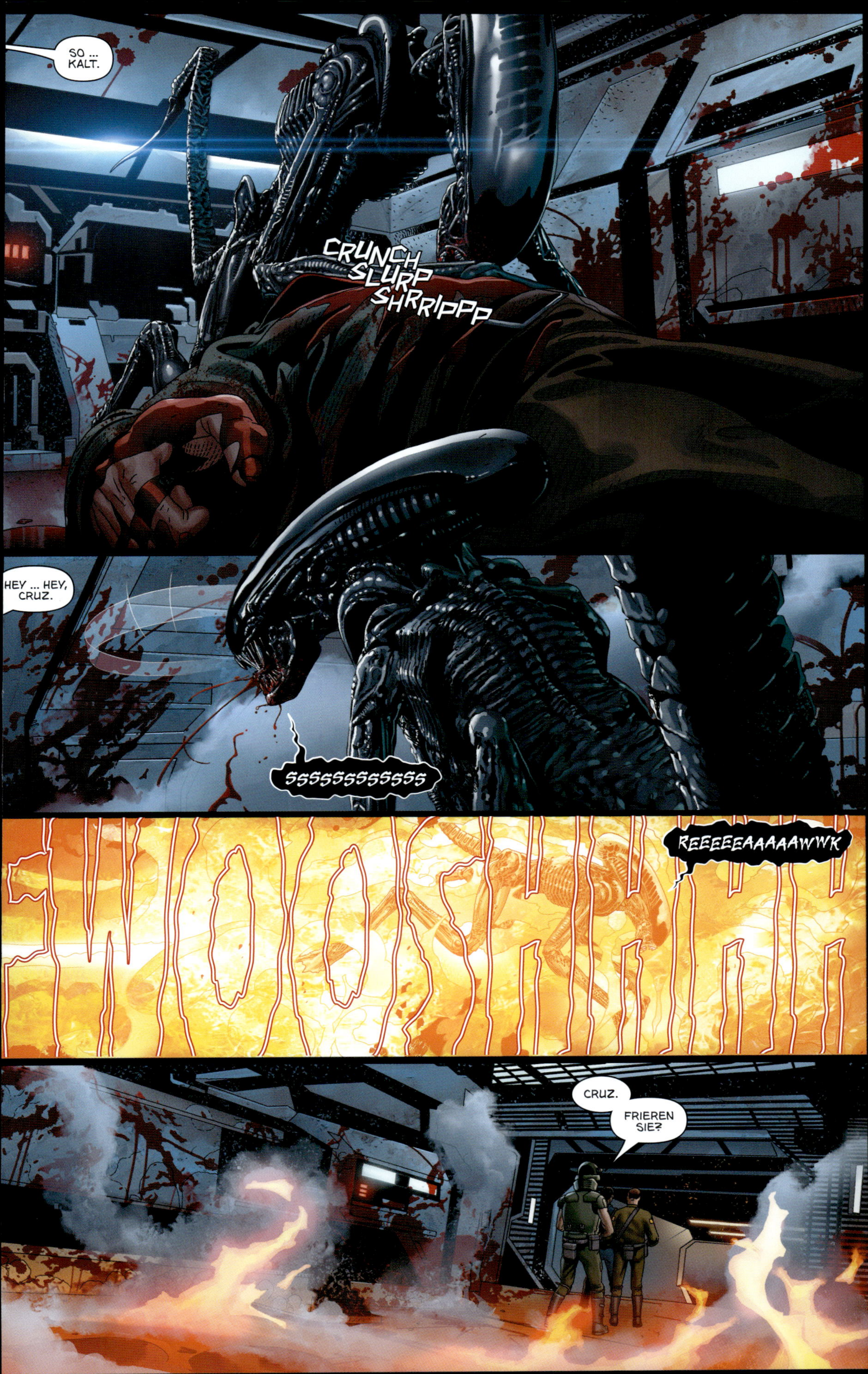
SO ... KALT.
CRUNCH
SLURP
SHRRIPPP
HEY ... HEY, CRUZ.
SSSSSSSSSSSS
REEEEEAAAAAWWK
CRUZ.
FRIEREN SIE?

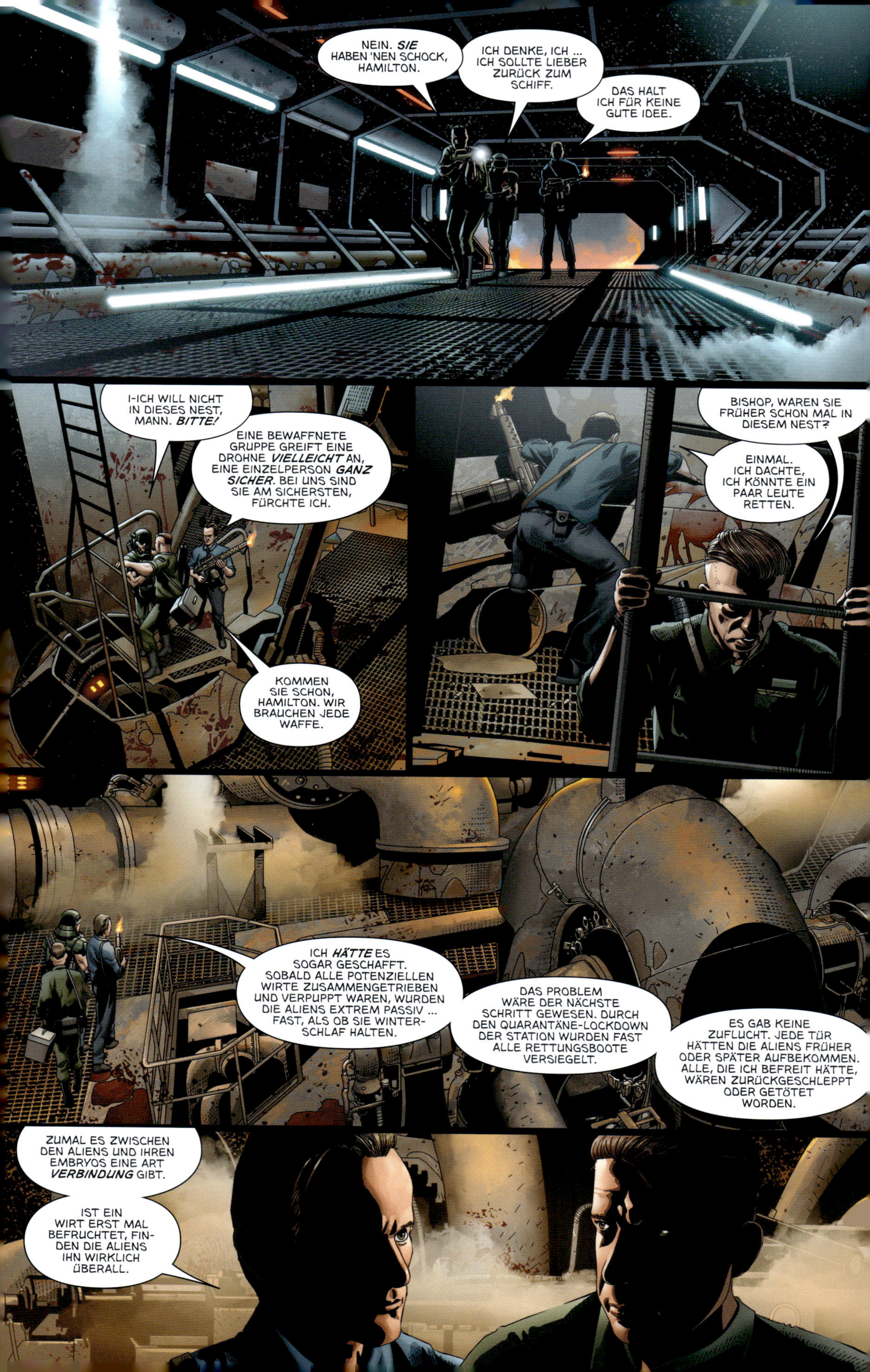
NEIN. SIE HABEN 'NEN SCHOCK, HAMILTON.
ICH DENKE, ICH ... ICH SOLLTE LIEBER ZURÜCK ZUM SCHIFF.
DAS HALT ICH FÜR KEINE GUTE IDEE.
I-ICH WILL NICHT IN DIESES NEST, MANN. BITTE!
EINE BEWAFFNETE GRUPPE GREIFT EINE DROHNE VIELLEICHT AN, EINE EINZELPERSON GANZ SICHER. BEI UNS SIND SIE AM SICHERSTEN, FÜRCHTE ICH.
KOMMEN SIE SCHON, HAMILTON. WIR BRAUCHEN JEDE WAFFE.
BISHOP, WAREN SIE FRÜHER SCHON MAL IN DIESEM NEST?
EINMAL. ICH DACHTE, ICH KÖNNTE EIN PAAR LEUTE RETTEN.
ICH HÄTTE ES SOGAR GESCHAFFT. SOBALD ALLE POTENZIELLEN WIRTE ZUSAMMENGETRIEBEN UND VERPUPPT WAREN, WURDEN DIE ALIENS EXTREM PASSIV ... FAST, ALS OB SIE WINTER-SCHLAF HALTEN.
DAS PROBLEM WÄRE DER NÄCHSTE SCHRITT GEWESEN. DURCH DEN QUARANTÄNE-LOCKDOWN DER STATION WURDEN FAST ALLE RETTUNGSBOOTE VERSIEGELT.
ES GAB KEINE ZUFLUCHT. JEDE TÜR HÄTTEN DIE ALIENS FRÜHER ODER SPÄTER AUFBEKOMMEN. ALLE, DIE ICH BEFREIT HÄTTE, WÄREN ZURÜCKGESCHLEPPT ODER GETÖTET WORDEN.
ZUMAL ES ZWISCHEN DEN ALIENS UND IHREN EMBRYOS EINE ART VERBINDUNG GIBT.
IST EIN WIRT ERST MAL BEFRUCHTET, FIN-DEN DIE ALIENS IHN WIRKLICH ÜBERALL.

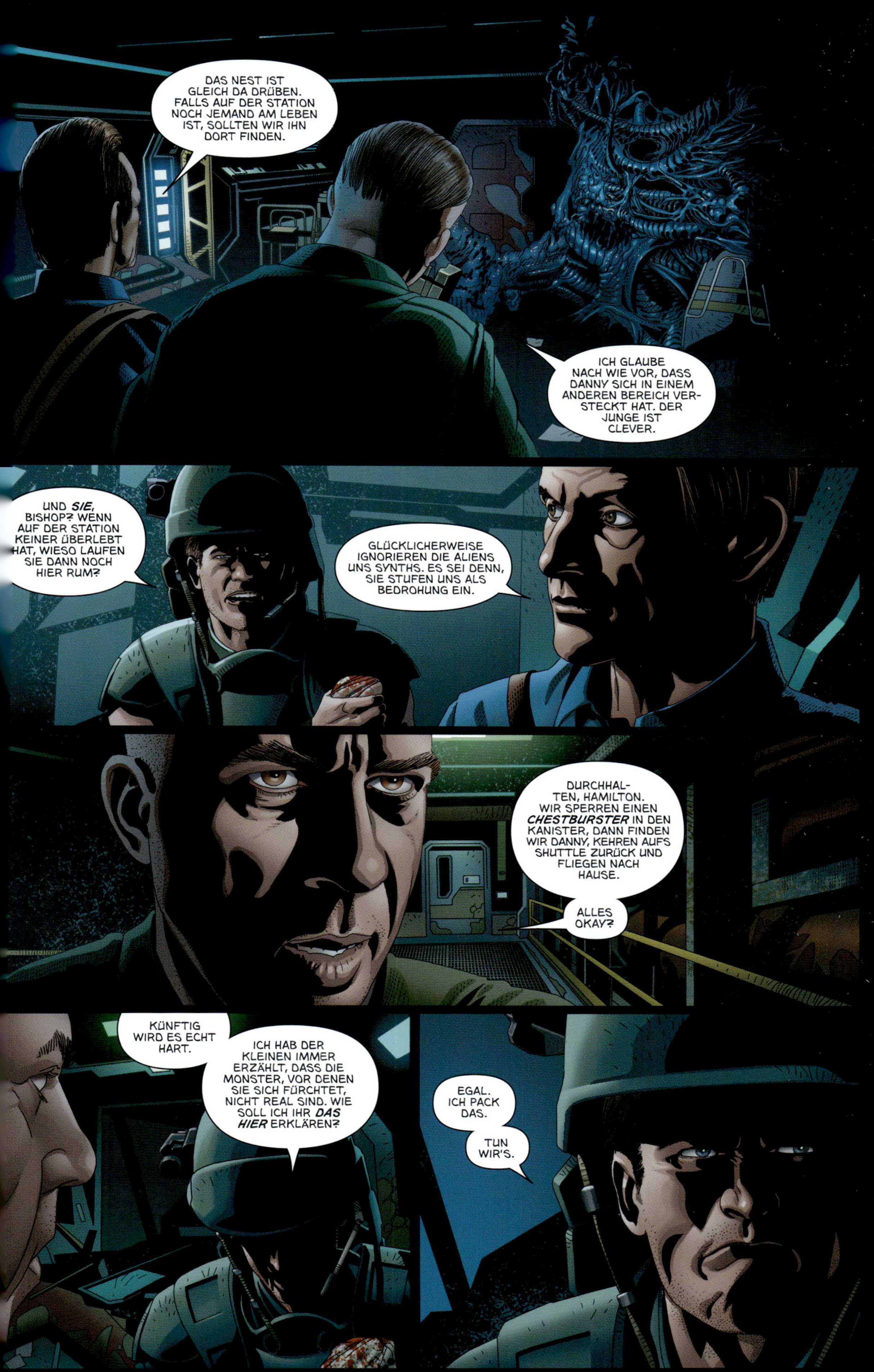
DAS NEST IST GLEICH DA DRÜBEN. FALLS AUF DER STATION NOCH JEMAND AM LEBEN IST, SOLLTEN WIR IHN DORT FINDEN.
ICH GLAUBE NACH WIE VOR, DASS DANNY SICH IN EINEM ANDEREN BEREICH VERSTECKT HAT. DER JUNGE IST CLEVER.
UND *SIE*, BISHOP? WENN AUF DER STATION KEINER ÜBERLEBT HAT, WIESO LAUFEN SIE DANN NOCH HIER RUM?
GLÜCKLICHERWEISE IGNORIEREN DIE ALIENS UNS SYNTHS. ES SEI DENN, SIE STUFEN UNS ALS BEDROHUNG EIN.
DURCHHALTEN, HAMILTON. WIR SPERREN EINEN ***CHESTBURSTER*** IN DEN KANISTER, DANN FINDEN WIR DANNY, KEHREN AUFS SHUTTLE ZURÜCK UND FLIEGEN NACH HAUSE.
ALLES OKAY?
KÜNFTIG WIRD ES ECHT HART.
ICH HAB DER KLEINEN IMMER ERZÄHLT, DASS DIE MONSTER, VOR DENEN SIE SICH FÜRCHTET, NICHT REAL SIND. WIE SOLL ICH IHR ***DAS HIER*** ERKLÄREN?
EGAL. ICH PACK DAS.
TUN WIR'S.

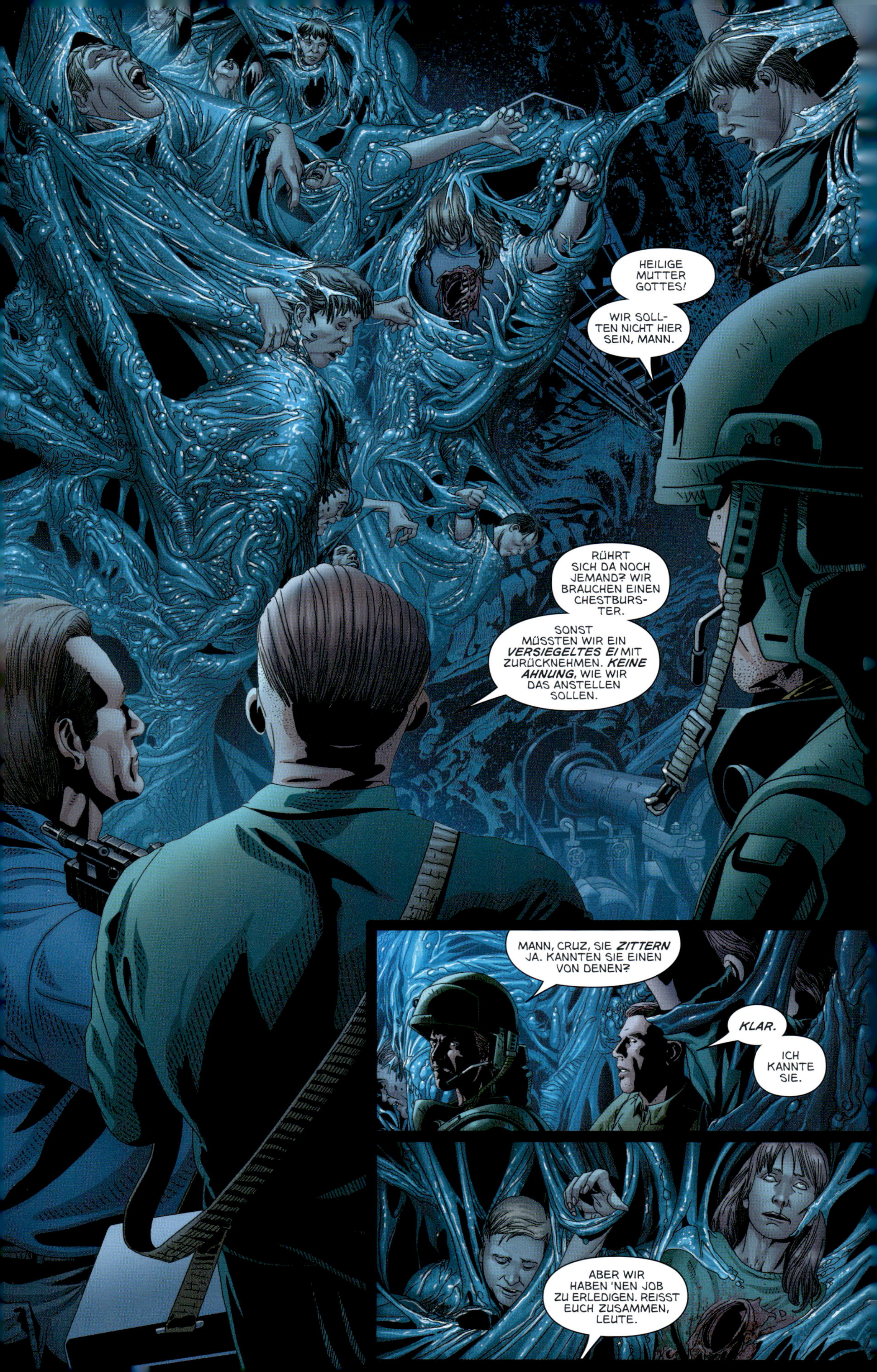
HEILIGE MUTTER GOTTES!
WIR SOLLTEN NICHT HIER SEIN, MANN.
RÜHRT SICH DA NOCH JEMAND? WIR BRAUCHEN EINEN CHESTBURSTER.
SONST MÜSSTEN WIR EIN VERSIEGELTES EI MIT ZURÜCKNEHMEN. KEINE AHNUNG, WIE WIR DAS ANSTELLEN SOLLEN.
MANN, CRUZ, SIE ZITTERN JA. KANNTEN SIE EINEN VON DENEN?
KLAR.
ICH KANNTE SIE.
ABER WIR HABEN 'NEN JOB ZU ERLEDIGEN. REISST EUCH ZUSAMMEN, LEUTE.

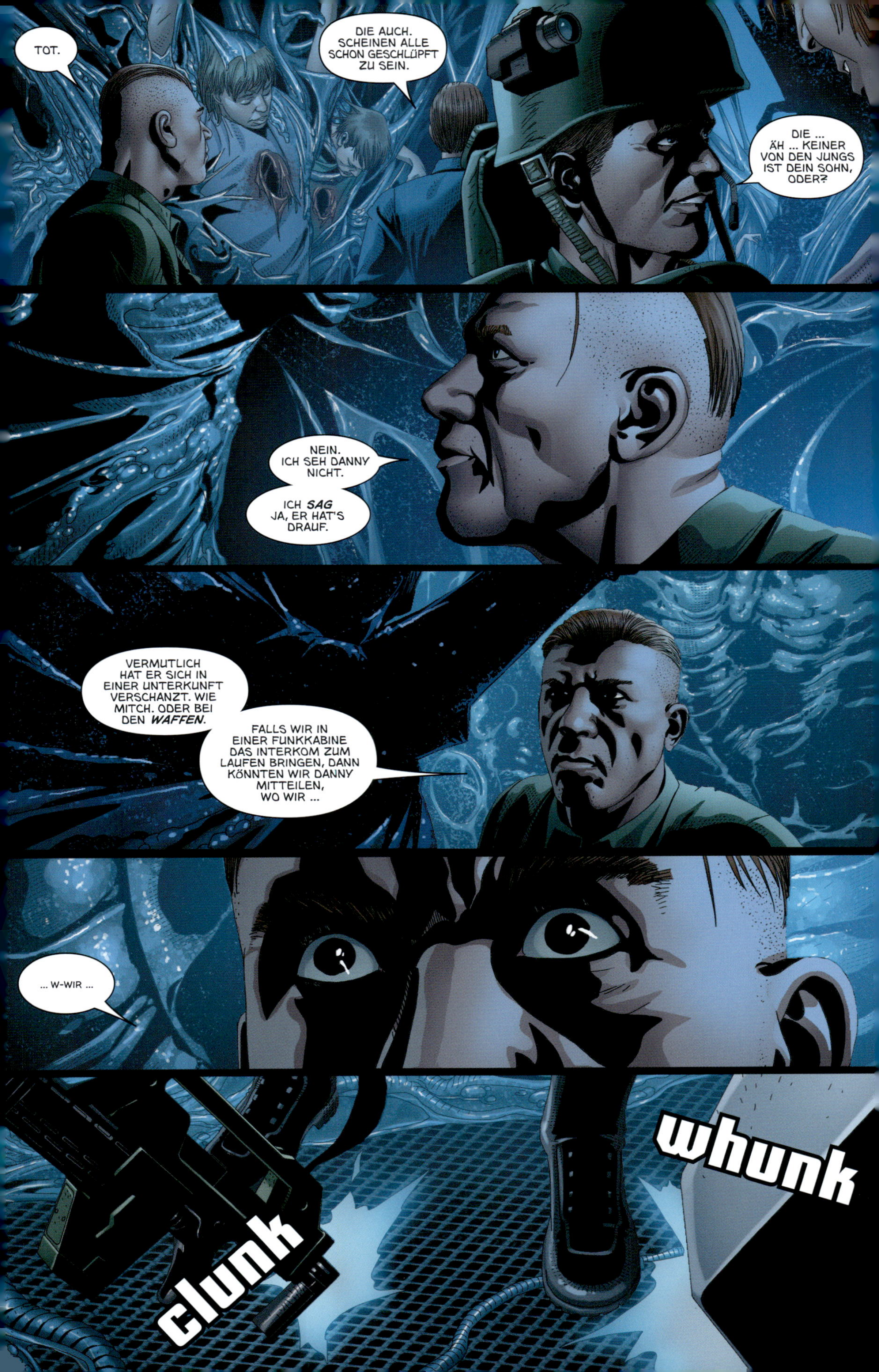
TOT.
DIE AUCH. SCHEINEN ALLE SCHON GESCHLÜPFT ZU SEIN.
DIE ... ÄH ... KEINER VON DEN JUNGS IST DEIN SOHN, ODER?
NEIN. ICH SEH DANNY NICHT.
ICH *SAG* JA, ER HAT'S DRAUF.
VERMUTLICH HAT ER SICH IN EINER UNTERKUNFT VERSCHANZT. WIE MITCH. ODER BEI DEN *WAFFEN*.
FALLS WIR IN EINER FUNKKABINE DAS INTERKOM ZUM LAUFEN BRINGEN, DANN KÖNNTEN WIR DANNY MITTEILEN, WO WIR ...
... W-WIR ...
whunk
clunk

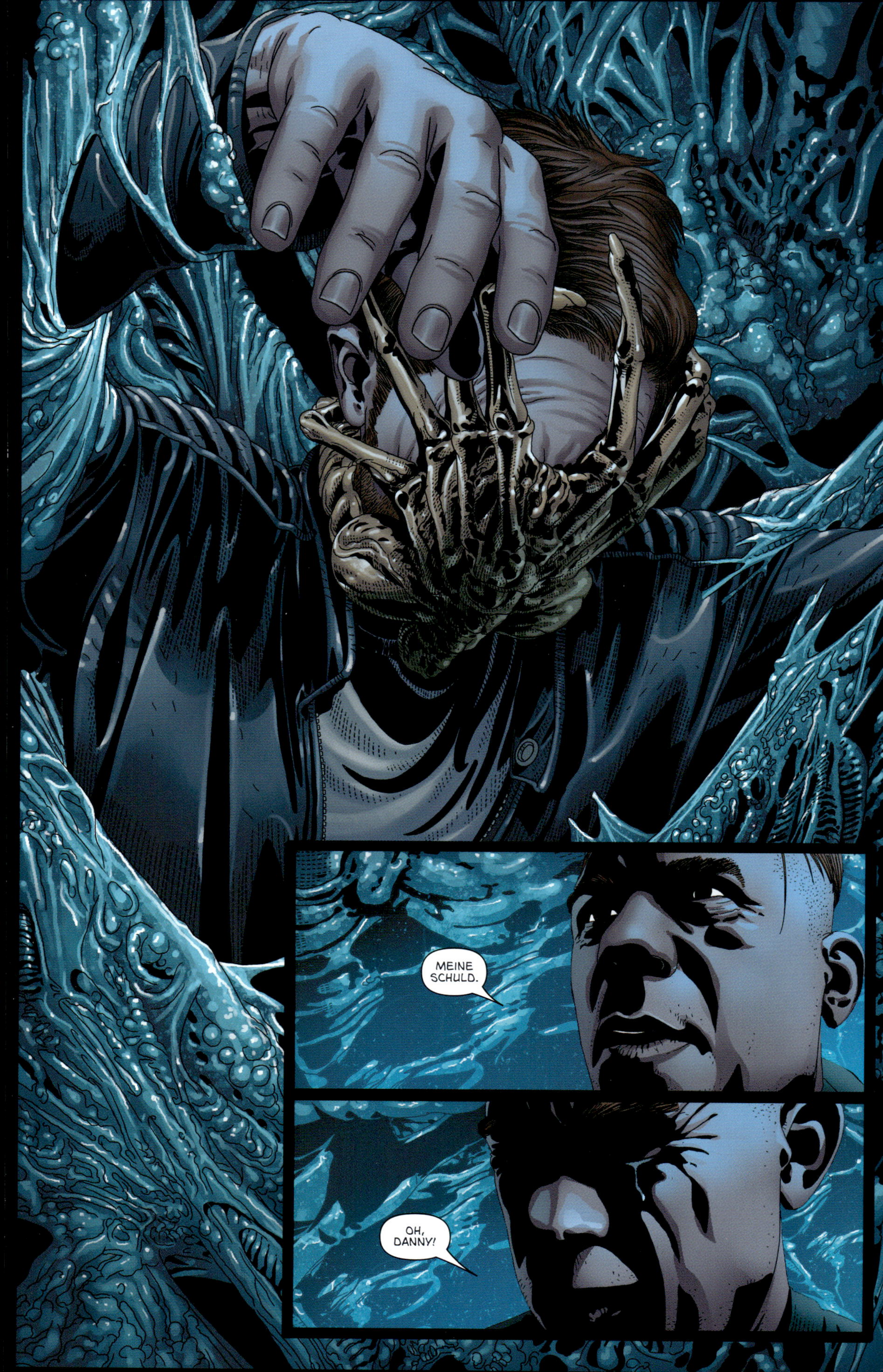
MEINE SCHULD.
OH, DANNY!

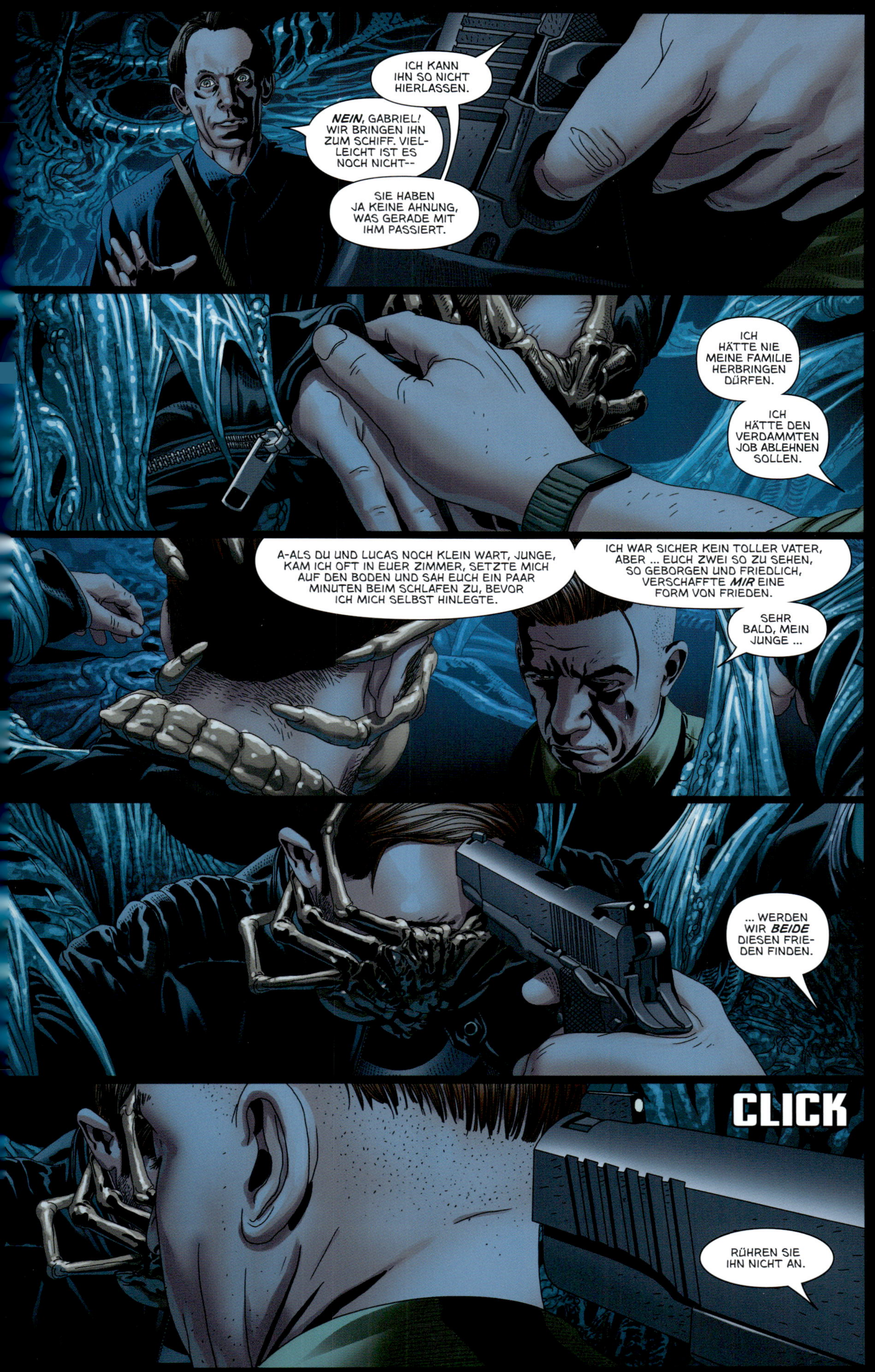
ICH KANN IHN SO NICHT HIERLASSEN.
NEIN, GABRIEL! WIR BRINGEN IHN ZUM SCHIFF. VIELLEICHT IST ES NOCH NICHT--
SIE HABEN JA KEINE AHNUNG, WAS GERADE MIT IHM PASSIERT.
ICH HÄTTE NIE MEINE FAMILIE HERBRINGEN DÜRFEN.
ICH HÄTTE DEN VERDAMMTEN JOB ABLEHNEN SOLLEN.
A-ALS DU UND LUCAS NOCH KLEIN WART, JUNGE, KAM ICH OFT IN EUER ZIMMER, SETZTE MICH AUF DEN BODEN UND SAH EUCH EIN PAAR MINUTEN BEIM SCHLAFEN ZU, BEVOR ICH MICH SELBST HINLEGTE.
ICH WAR SICHER KEIN TOLLER VATER, ABER ... EUCH ZWEI SO ZU SEHEN, SO GEBORGEN UND FRIEDLICH, VERSCHAFFTE MIR EINE FORM VON FRIEDEN.
SEHR BALD, MEIN JUNGE ...
... WERDEN WIR BEIDE DIESEN FRIEDEN FINDEN.
CLICK
RÜHREN SIE IHN NICHT AN.

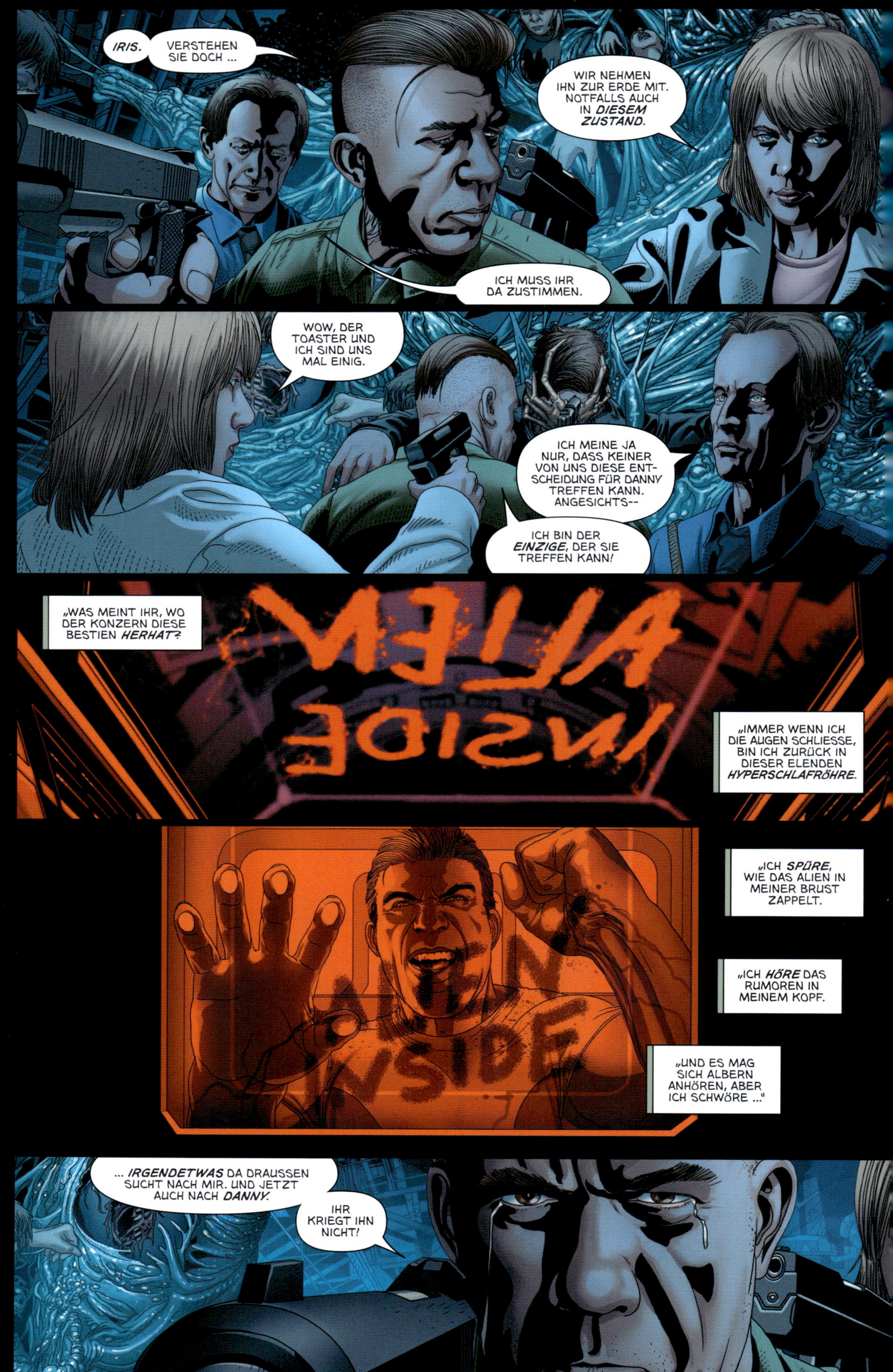
IRIS.
VERSTEHEN SIE DOCH ...
WIR NEHMEN IHN ZUR ERDE MIT. NOTFALLS AUCH IN DIESEM ZUSTAND.
ICH MUSS IHR DA ZUSTIMMEN.
WOW, DER TOASTER UND ICH SIND UNS MAL EINIG.
ICH MEINE JA NUR, DASS KEINER VON UNS DIESE ENT-SCHEIDUNG FÜR DANNY TREFFEN KANN. ANGESICHTS--
ICH BIN DER EINZIGE, DER SIE TREFFEN KANN!
„WAS MEINT IHR, WO DER KONZERN DIESE BESTIEN HERHAT?
„IMMER WENN ICH DIE AUGEN SCHLIESSE, BIN ICH ZURÜCK IN DIESER ELENDEN HYPERSCHLAFRÖHRE.
„ICH SPÜRE, WIE DAS ALIEN IN MEINER BRUST ZAPPELT.
„ICH HÖRE DAS RUMOREN IN MEINEM KOPF.
„UND ES MAG SICH ALBERN ANHÖREN, ABER ICH SCHWÖRE ...“
... IRGENDETWAS DA DRAUSSEN SUCHT NACH MIR. UND JETZT AUCH NACH DANNY.
IHR KRIEGT IHN NICHT!

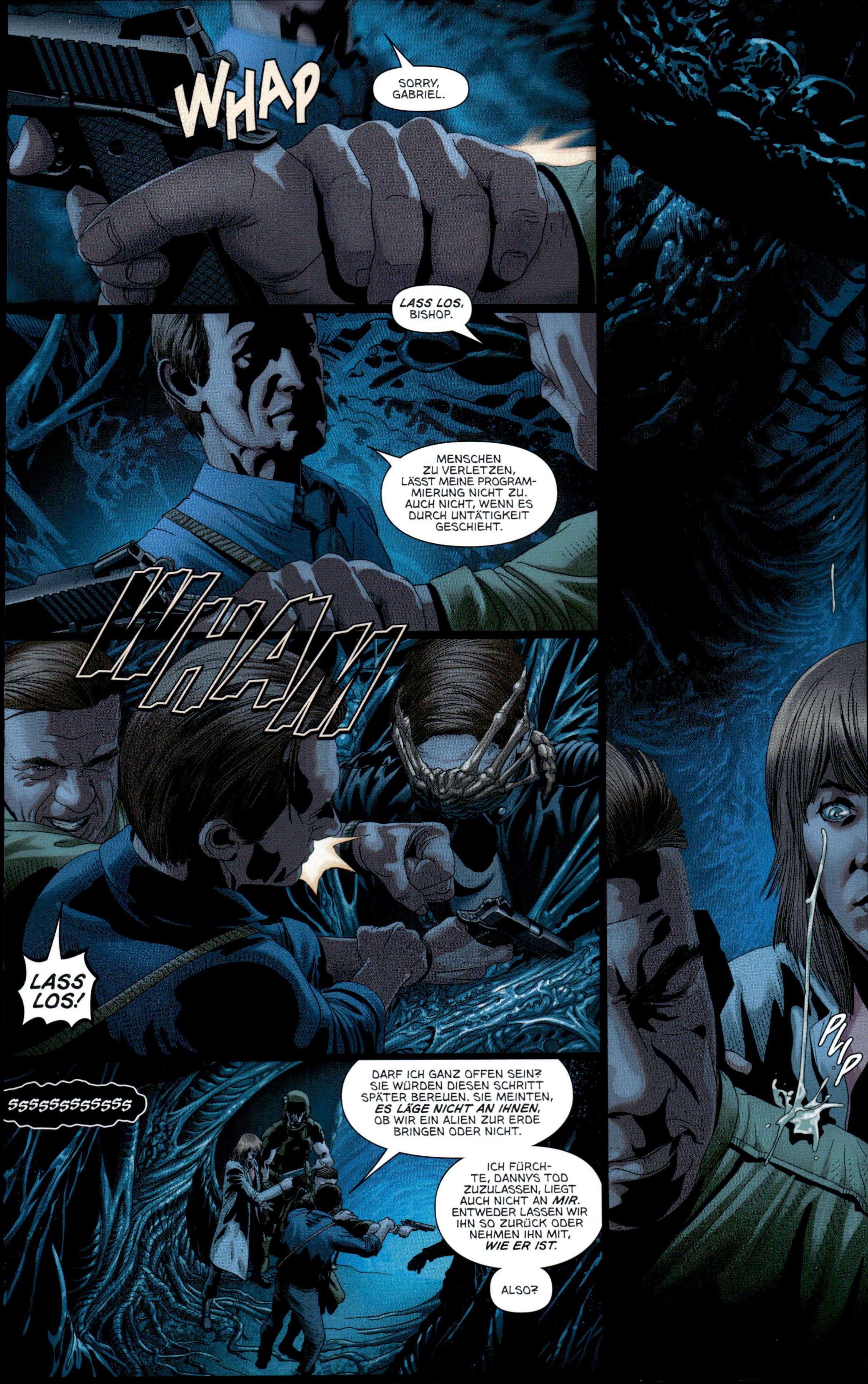
WHAP
SORRY, GABRIEL.
LASS LOS, BISHOP.
MENSCHEN ZU VERLETZEN, LÄSST MEINE PROGRAMMIERUNG NICHT ZU. AUCH NICHT, WENN ES DURCH UNTÄTIGKEIT GESCHIEHT.
WHAM
LASS LOS!
SSSSSSSSSSSS
DARF ICH GANZ OFFEN SEIN? SIE WÜRDEN DIESEN SCHRITT SPÄTER BEREUEN. SIE MEINTEN, ES LÄGE NICHT AN IHNEN, OB WIR EIN ALIEN ZUR ERDE BRINGEN ODER NICHT.
ICH FÜRCHTE, DANNYS TOD ZUZULASSEN, LIEGT AUCH NICHT AN MIR. ENTWEDER LASSEN WIR IHN SO ZURÜCK ODER NEHMEN IHN MIT, WIE ER IST.
ALSO?
PLIP

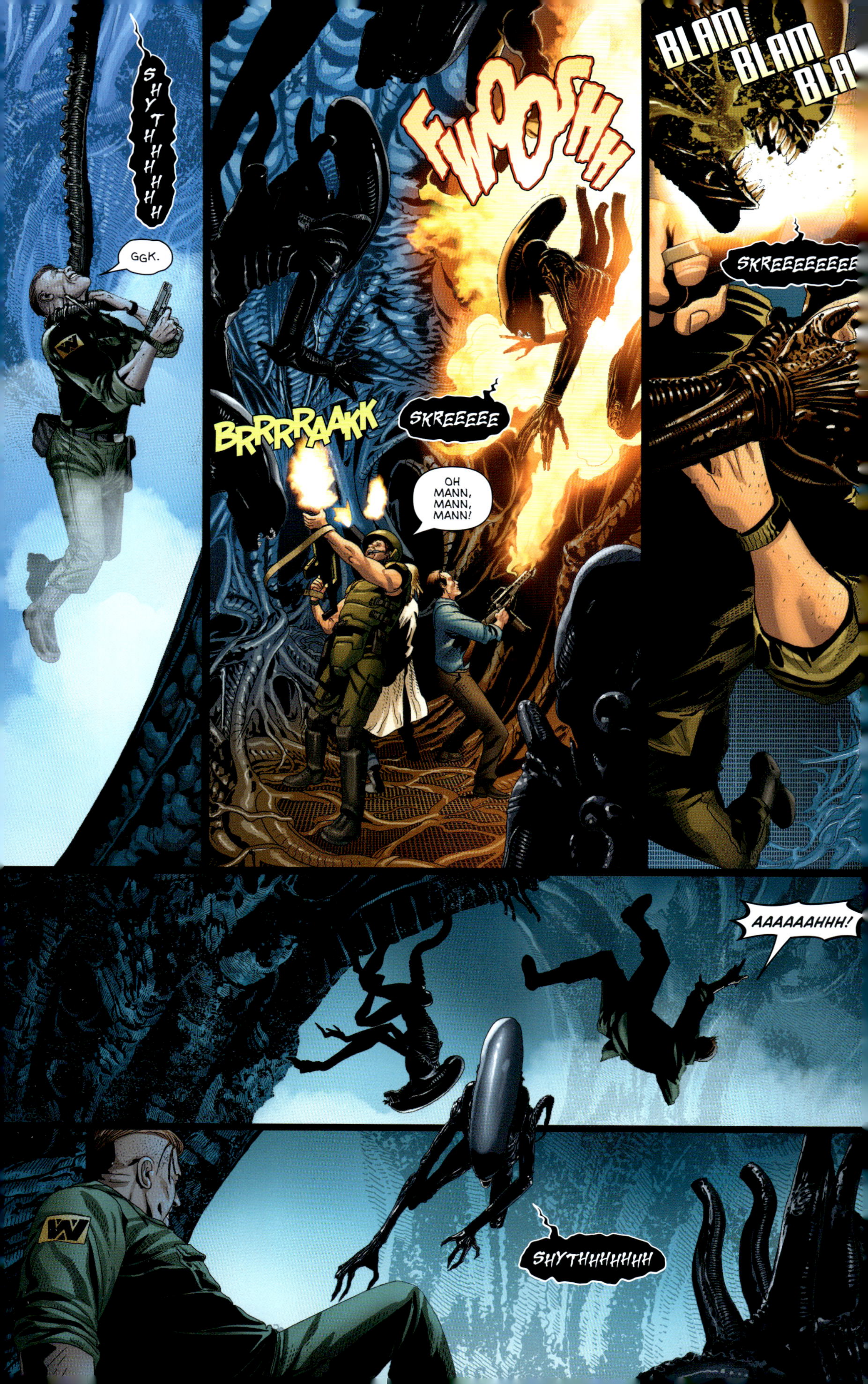
SHYTHHHHHH
GGK.
FWOOSHH
BRRRRAAKK
SKREEEEE
OH MANN, MANN, MANN!
BLAM BLAM BLA
SKREEEEEEEEE
AAAAAAHHH!
SHYTHHHHHH

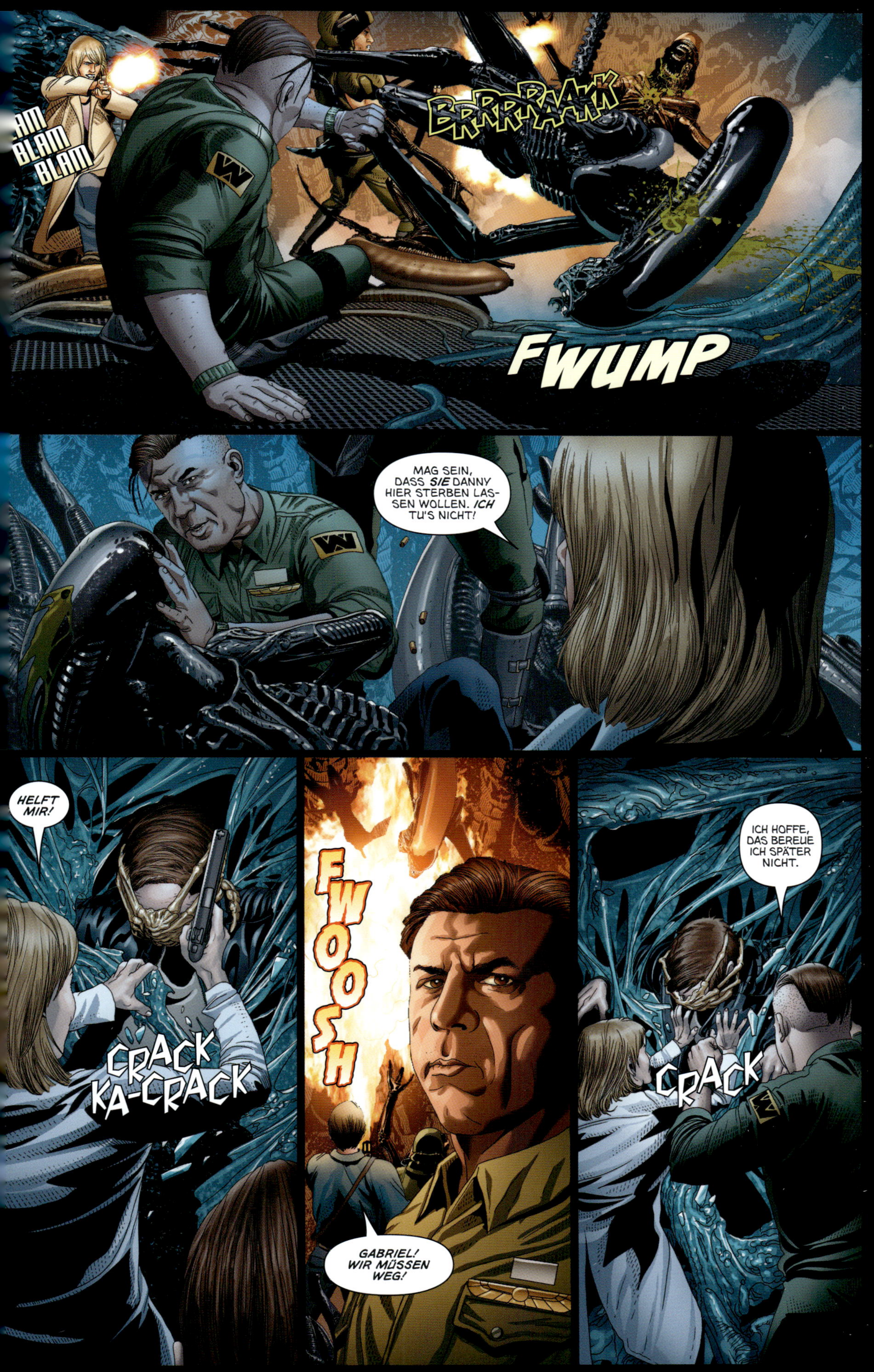
AM
BLAM
BLAM
BRRRRAAAK
FWUMP
MAG SEIN, DASS *SIE* DANNY HIER STERBEN LASSEN WOLLEN. *ICH* TU'S NICHT!
HELFT MIR!
CRACK
KA-CRACK
FWOOSH
GABRIEL! WIR MÜSSEN WEG!
ICH HOFFE, DAS BEREUE ICH SPÄTER NICHT.
CRACK

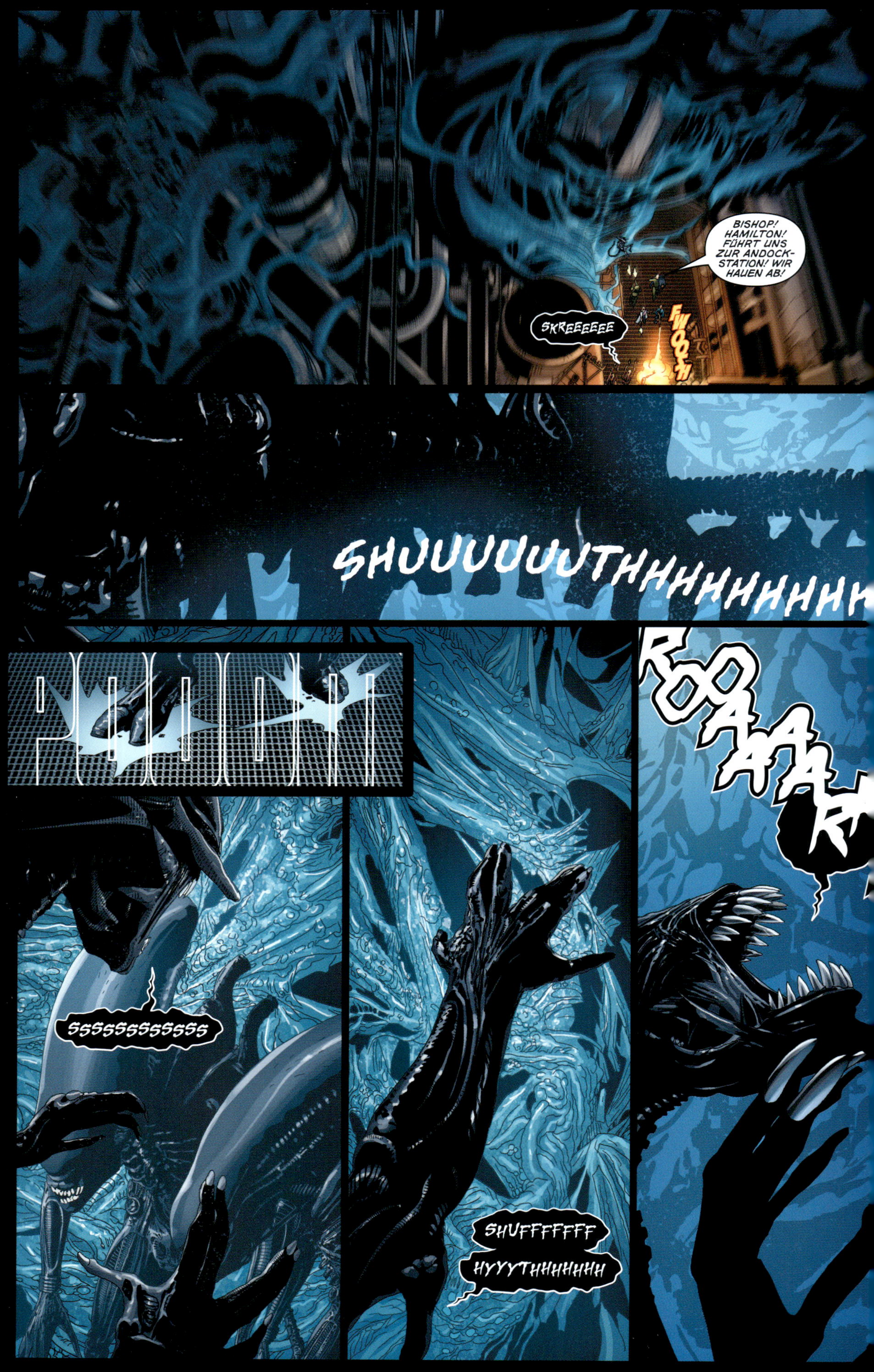
BISHOP! HAMILTON! FÜHRT UNS ZUR ANDOCK-STATION! WIR HAUEN AB!
SKREEEEEE
FWOOOM
SHUUUUUUTHHHHHHHHH
SSSSSSSSSSSS
SHUFFFFFFF
HYYYTHHHHHHH
ROOAAAAR

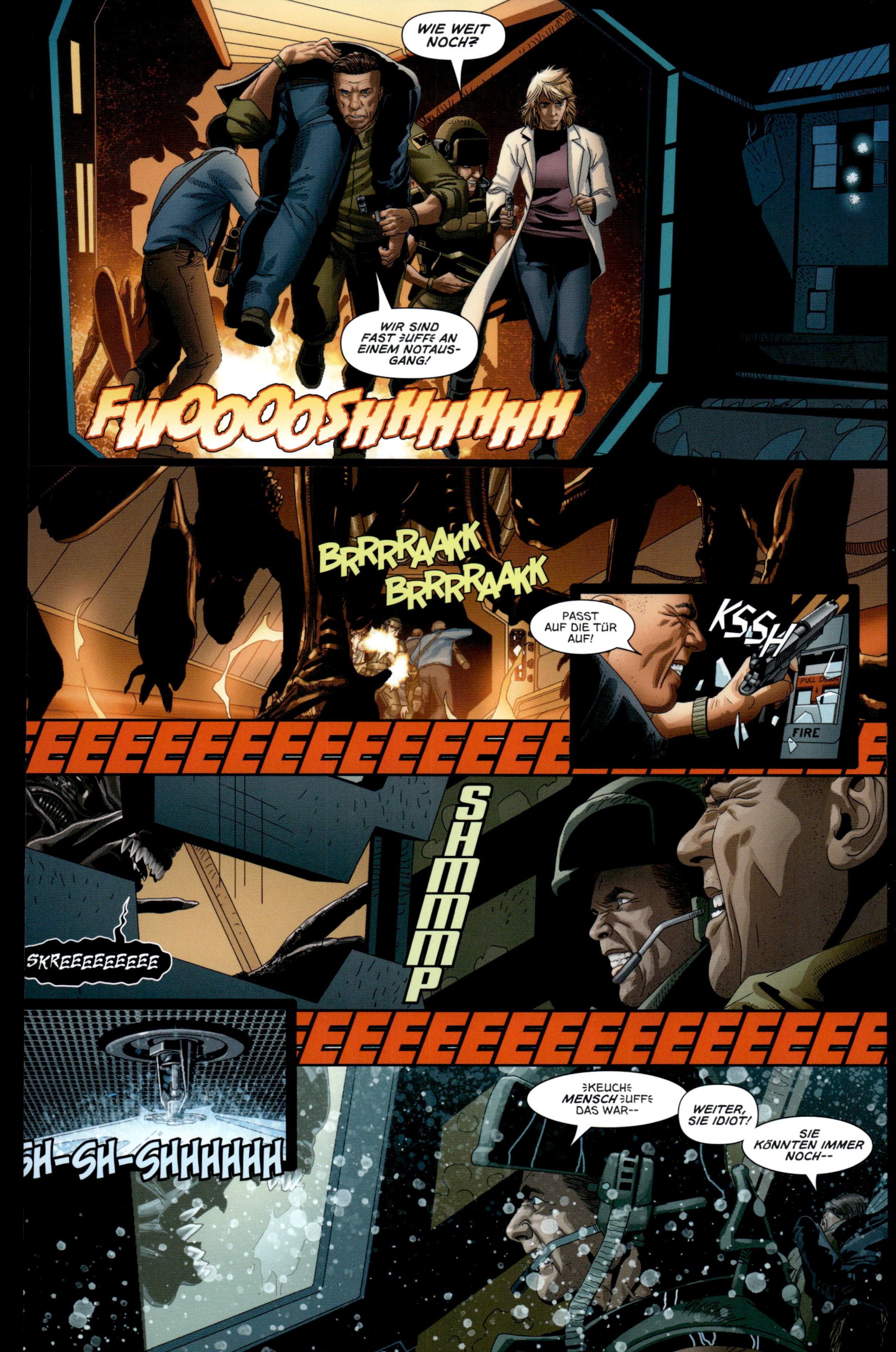
WIE WEIT NOCH?
WIR SIND FAST ⱻUFF⸚ AN EINEM NOTAUSGANG!
FWOOOOSHHHHHH
BRRRRAAKK
BRRRRAAKK
PASST AUF DIE TÜR AUF!
KSSH
PULL DOWN
FIRE
EEEEEEEEEEEEEEEEEEEEE
SHMMMMP
SKREEEEEEEEE
EEEEEEEEEEEEEEEEEEEE
SH-SH-SHHHHHH
KEUCH MENSCH UFF DAS WAR--
WEITER, SIE IDIOT!
SIE KÖNNTEN IMMER NOCH--

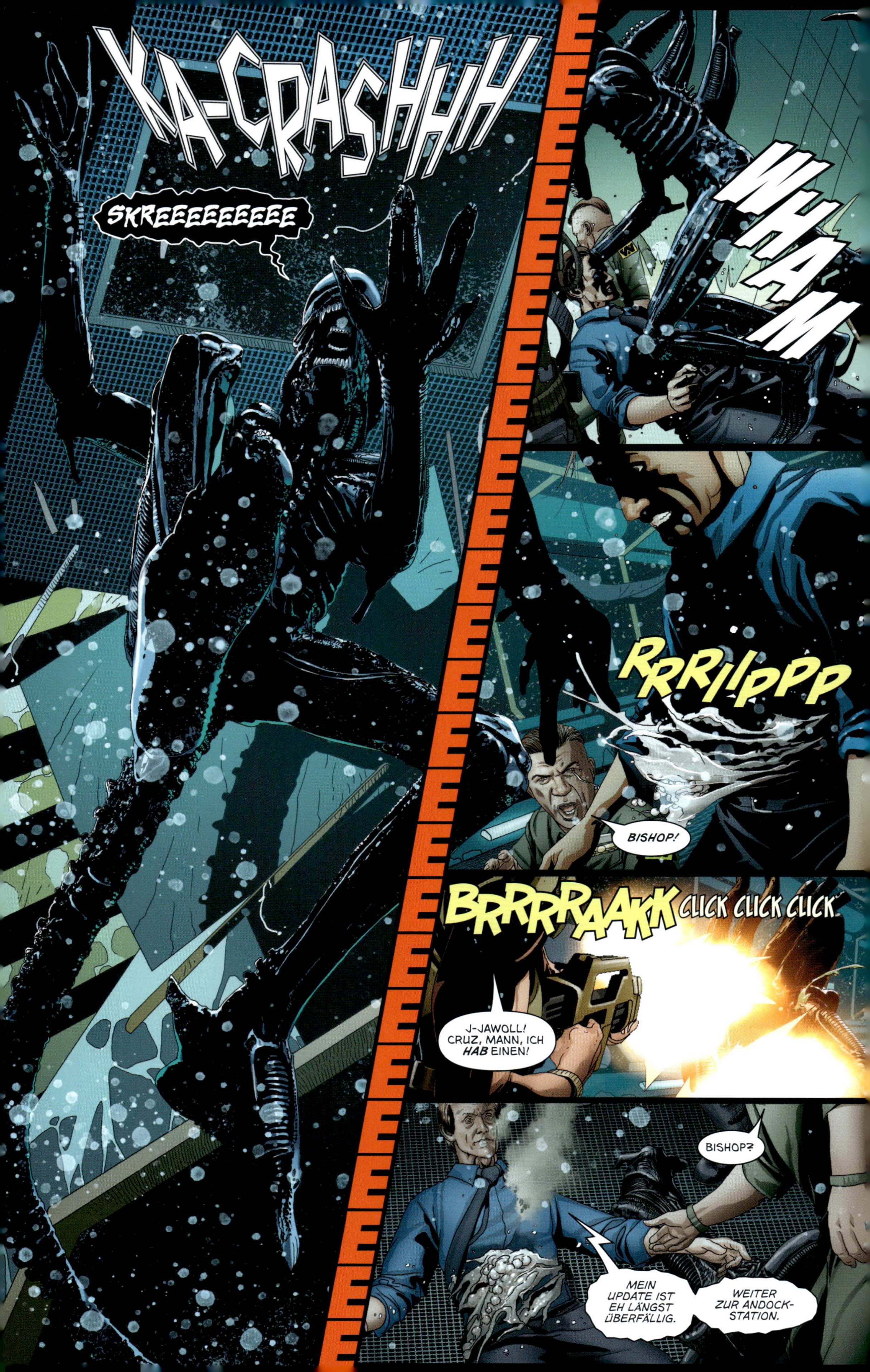
KA-CRASHHH
SKREEEEEEEEEE
EEEEEEEEEEEEEEEEEEEEEEEEEEEEEEEEEEEEE
WHAM
RRRIPPP
BISHOP!
BRRRRAAKK CLICK CLICK CLICK
J-JAWOLL! CRUZ, MANN, ICH *HAB* EINEN!
BISHOP?
MEIN UPDATE IST EH LÄNGST ÜBERFÄLLIG.
WEITER ZUR ANDOCK-STATION.

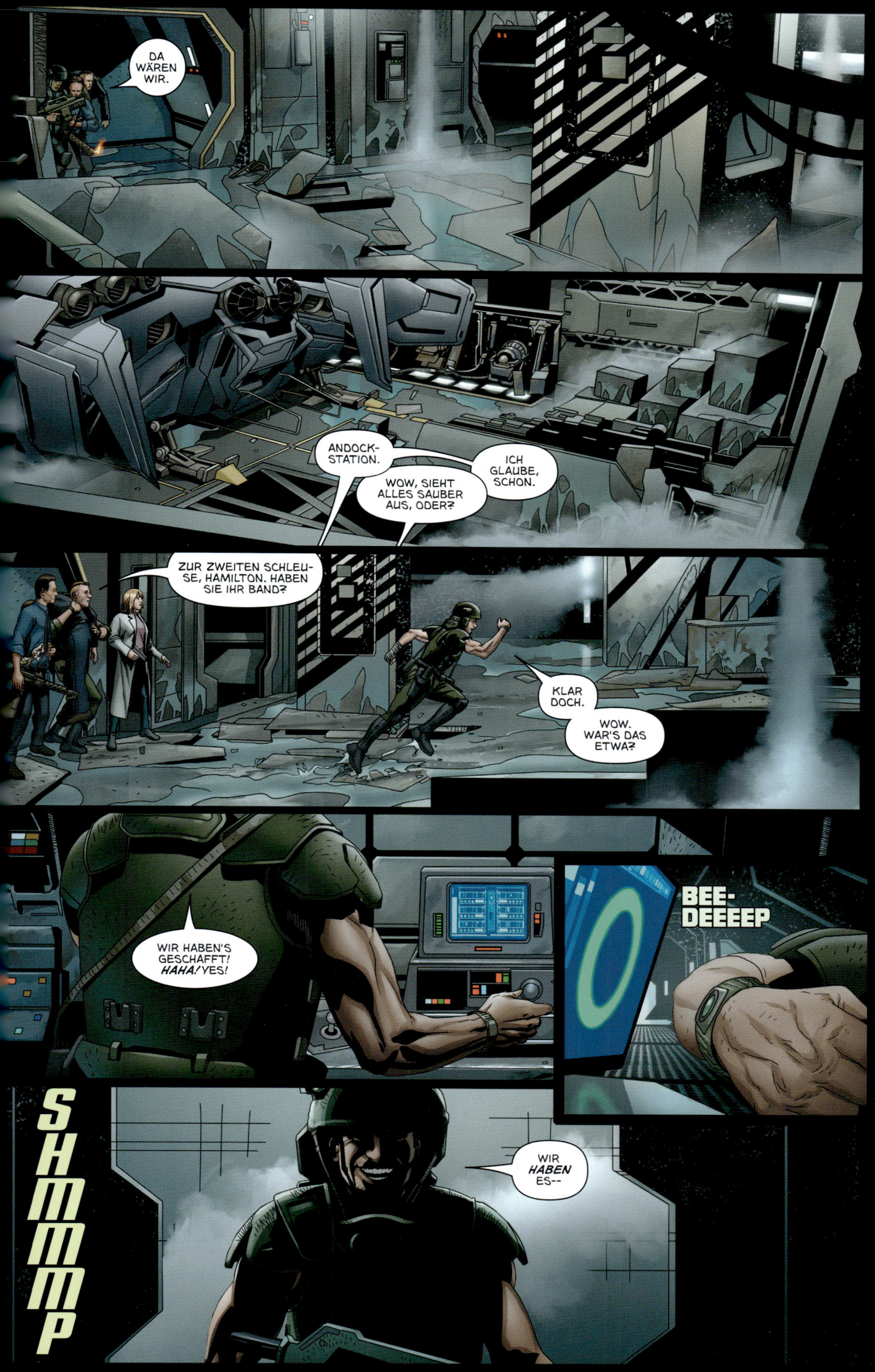
DA WÄREN WIR.
ANDOCK-STATION.
ICH GLAUBE, SCHON.
WOW, SIEHT ALLES SAUBER AUS, ODER?
ZUR ZWEITEN SCHLEU-SE, HAMILTON. HABEN SIE IHR BAND?
KLAR DOCH.
WOW. WAR'S DAS ETWA?
WIR HABEN'S GESCHAFFT! HAHA! YES!
BEE-DEEEEP
SHMMMP
WIR HABEN ES--

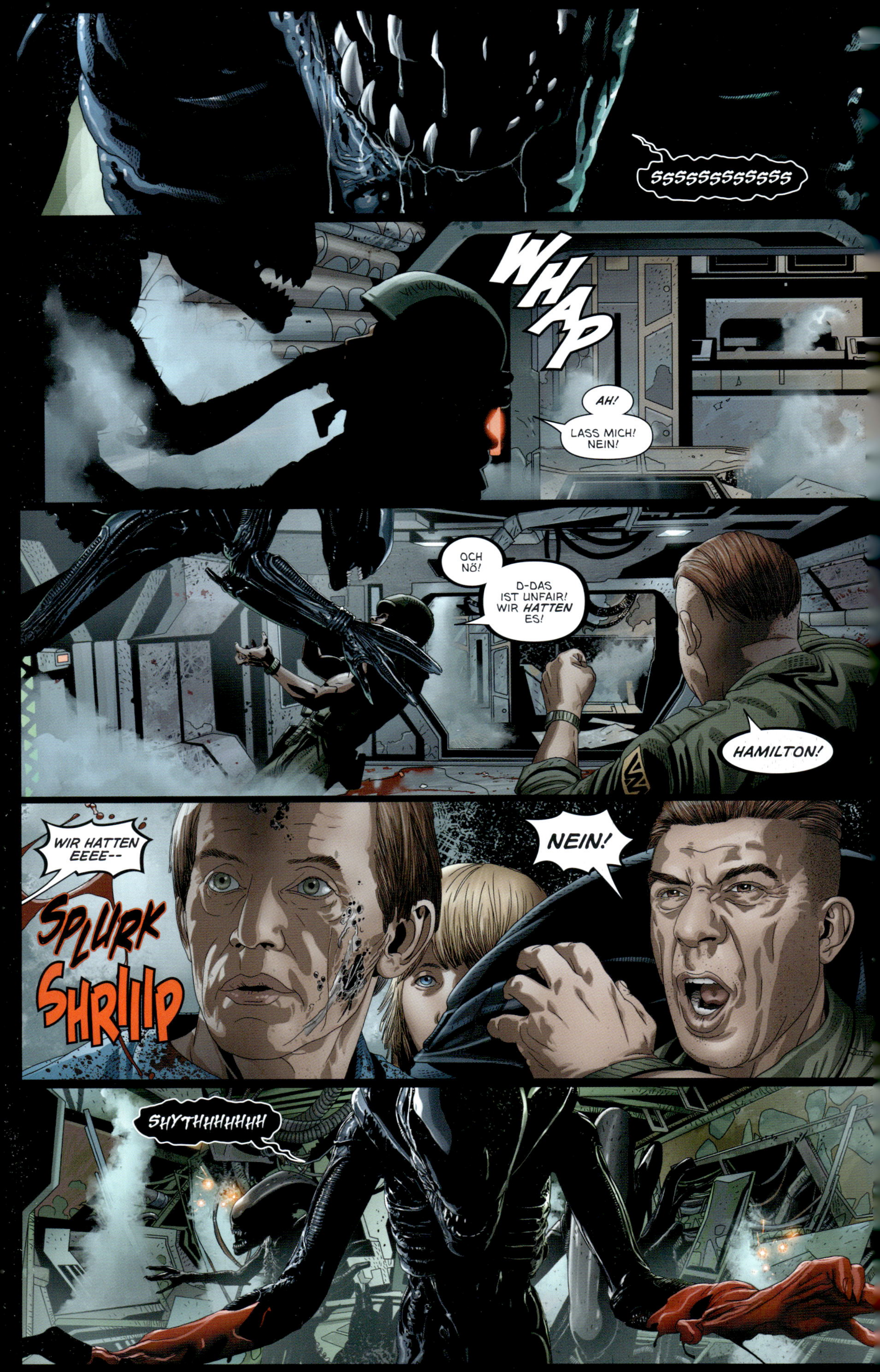
SSSSSSSSSSSS
WHAP
AH!
LASS MICH! NEIN!
OCH NÖ!
D-DAS IST UNFAIR! WIR HATTEN ES!
HAMILTON!
WIR HATTEN EEEE--
SPLURK
SHRIIIP
NEIN!
SHYTHHHHHHH

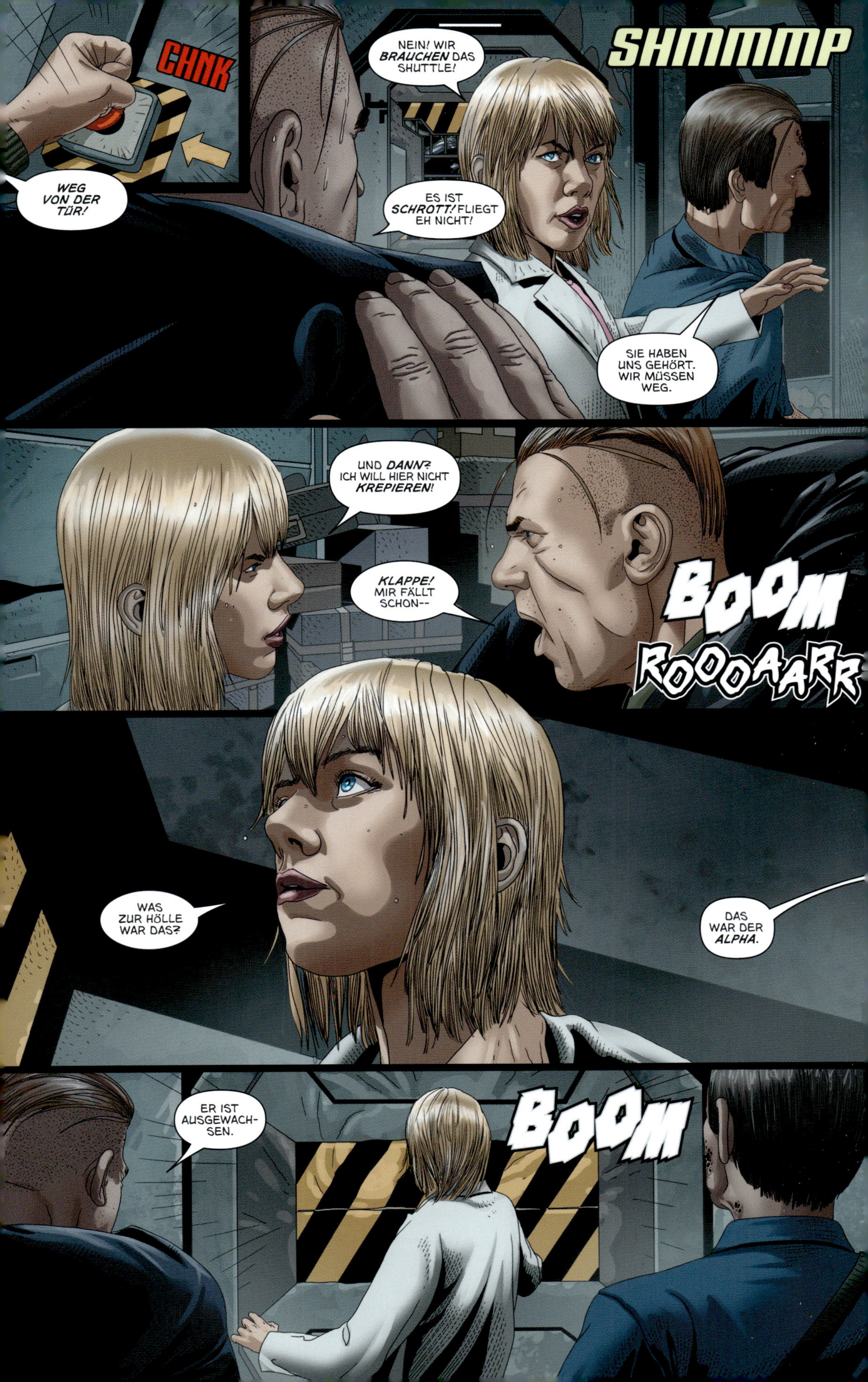
CHNK
WEG VON DER TÜR!
NEIN! WIR BRAUCHEN DAS SHUTTLE!
SHMMMMP
ES IST SCHROTT! FLIEGT EH NICHT!
SIE HABEN UNS GEHÖRT. WIR MÜSSEN WEG.
UND DANN? ICH WILL HIER NICHT KREPIEREN!
KLAPPE! MIR FÄLLT SCHON--
BOOM
ROOOAARR
WAS ZUR HÖLLE WAR DAS?
DAS WAR DER ALPHA.
ER IST AUSGEWACH-SEN.
BOOM

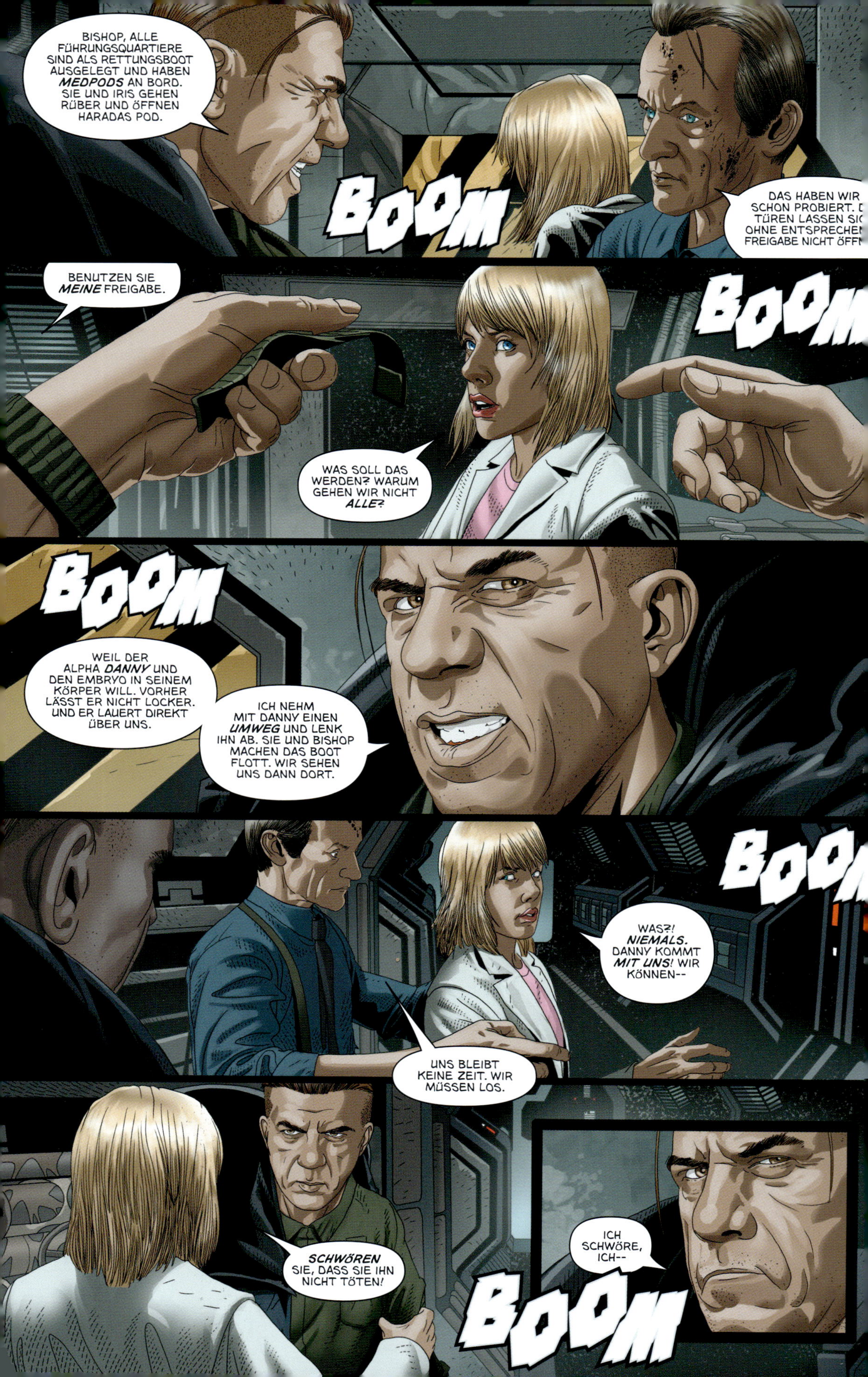
BISHOP, ALLE FÜHRUNGSQUARTIERE SIND ALS RETTUNGSBOOT AUSGELEGT UND HABEN *MEDPODS* AN BORD. SIE UND IRIS GEHEN RÜBER UND ÖFFNEN HARADAS POD.
BOOM
DAS HABEN WIR SCHON PROBIERT. D TÜREN LASSEN SI OHNE ENTSPRECHEN FREIGABE NICHT ÖFFN
BENUTZEN SIE *MEINE* FREIGABE.
BOOM
WAS SOLL DAS WERDEN? WARUM GEHEN WIR NICHT *ALLE*?
BOOM
WEIL DER ALPHA *DANNY* UND DEN EMBRYO IN SEINEM KÖRPER WILL. VORHER LÄSST ER NICHT LOCKER. UND ER LAUERT DIREKT ÜBER UNS.
ICH NEHM MIT DANNY EINEN *UMWEG* UND LENK IHN AB. SIE UND BISHOP MACHEN DAS BOOT FLOTT. WIR SEHEN UNS DANN DORT.
BOO
WAS?! *NIEMALS.* DANNY KOMMT *MIT UNS!* WIR KÖNNEN--
UNS BLEIBT KEINE ZEIT. WIR MÜSSEN LOS.
SCHWÖREN SIE, DASS SIE IHN NICHT TÖTEN!
ICH SCHWÖRE, ICH--
BOOM

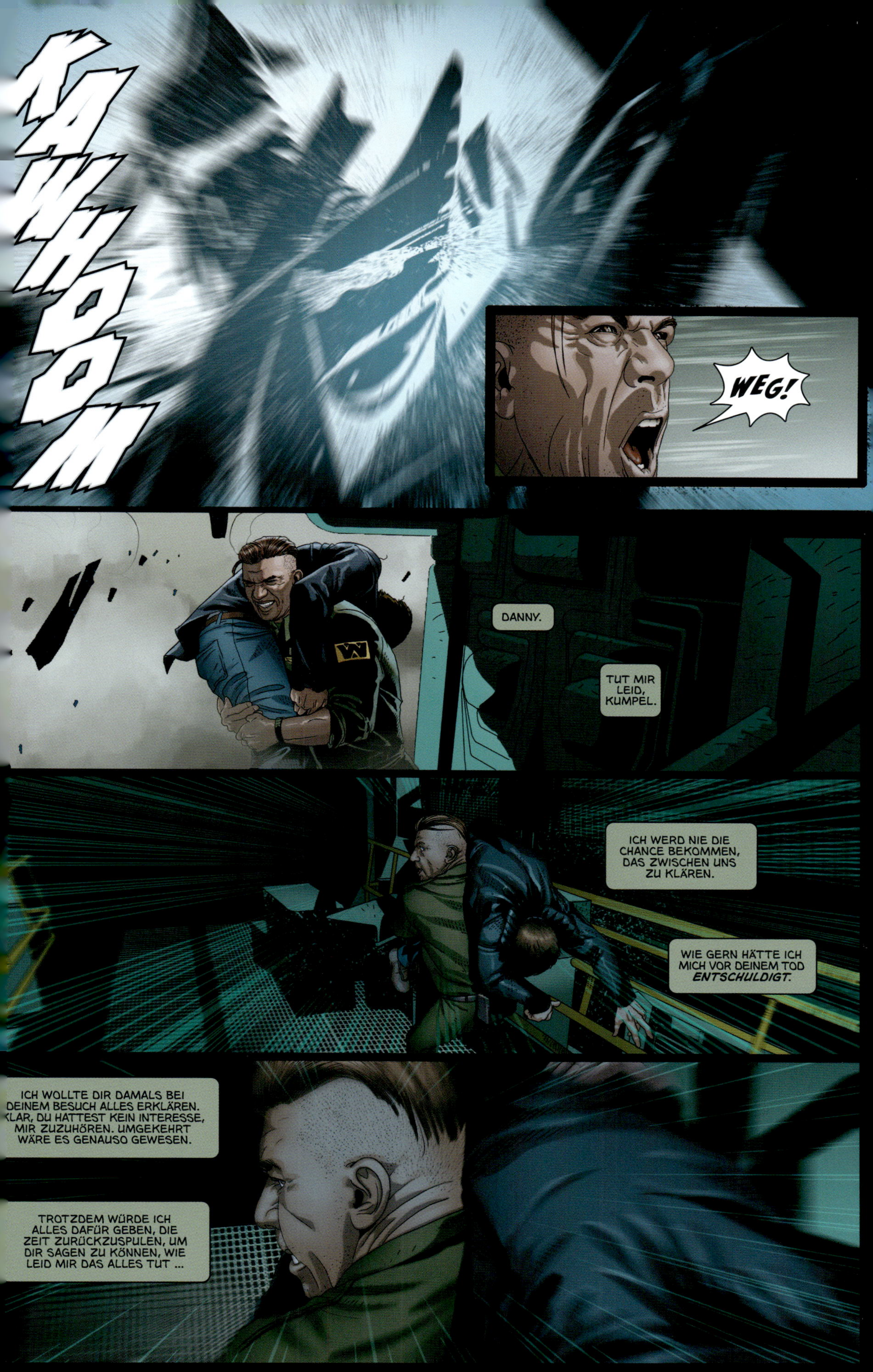
KAWHOOM
WEG!
DANNY.
TUT MIR LEID, KUMPEL.
ICH WERD NIE DIE CHANCE BEKOMMEN, DAS ZWISCHEN UNS ZU KLÄREN.
WIE GERN HÄTTE ICH MICH VOR DEINEM TOD *ENTSCHULDIGT*.
ICH WOLLTE DIR DAMALS BEI DEINEM BESUCH ALLES ERKLÄREN. KLAR, DU HATTEST KEIN INTERESSE, MIR ZUZUHÖREN. UMGEKEHRT WÄRE ES GENAUSO GEWESEN.
TROTZDEM WÜRDE ICH ALLES DAFÜR GEBEN, DIE ZEIT ZURÜCKZUSPULEN, UM DIR SAGEN ZU KÖNNEN, WIE LEID MIR DAS ALLES TUT ...

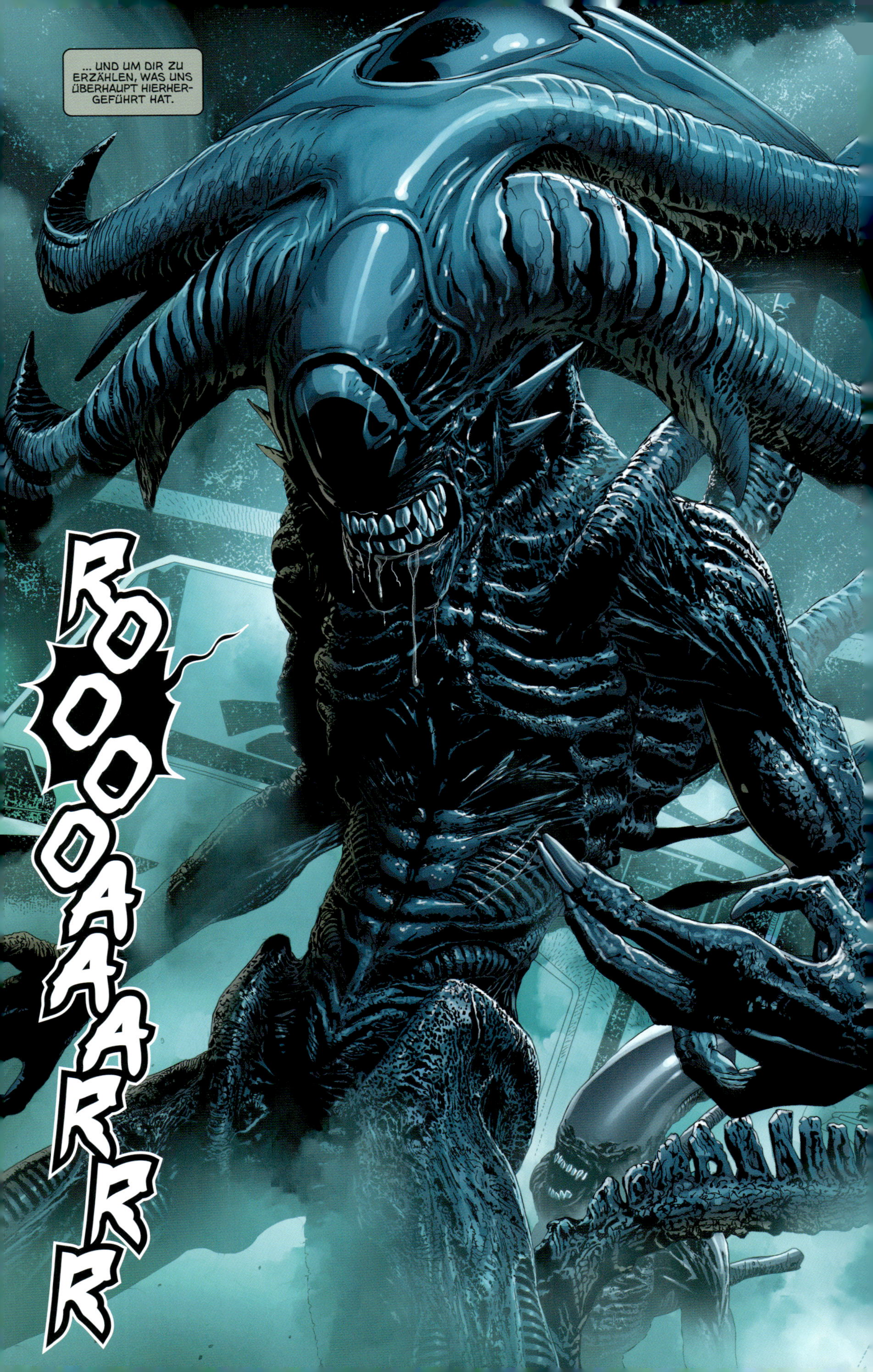
... UND UM DIR ZU ERZÄHLEN, WAS UNS ÜBERHAUPT HIERHERGEFÜHRT HAT.
ROOOOAARRRR

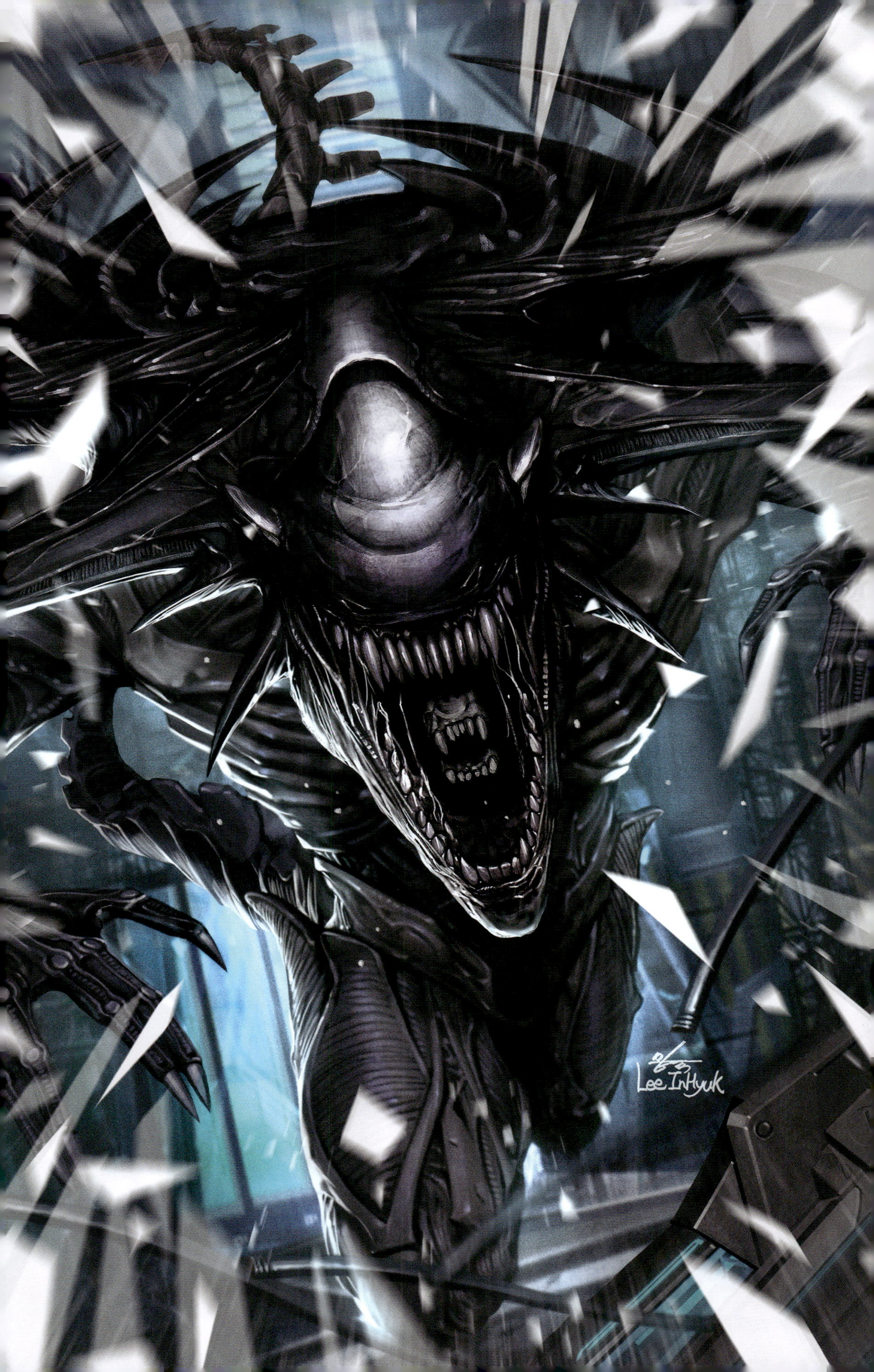
Lee InHyuk

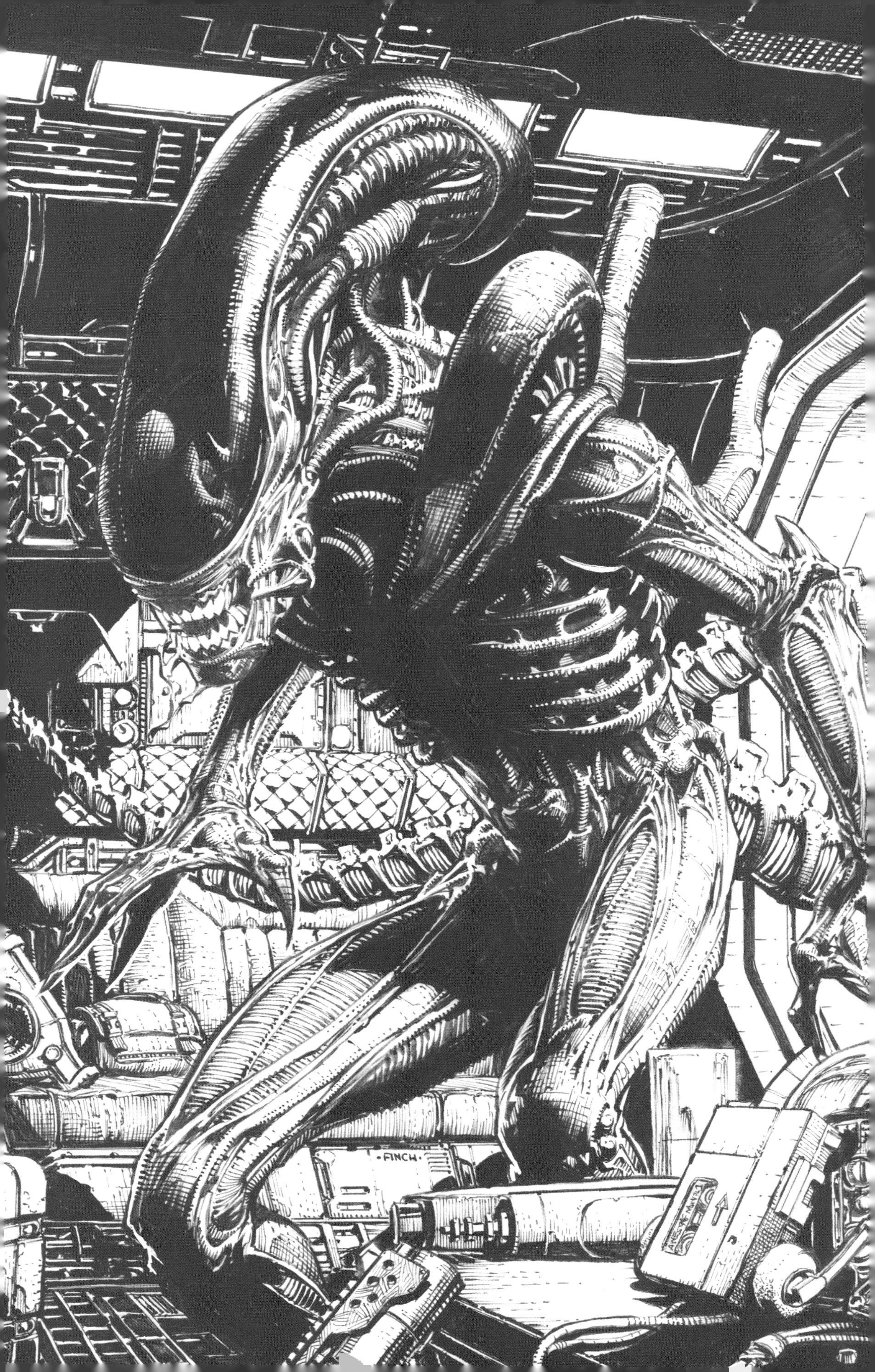
FINCH

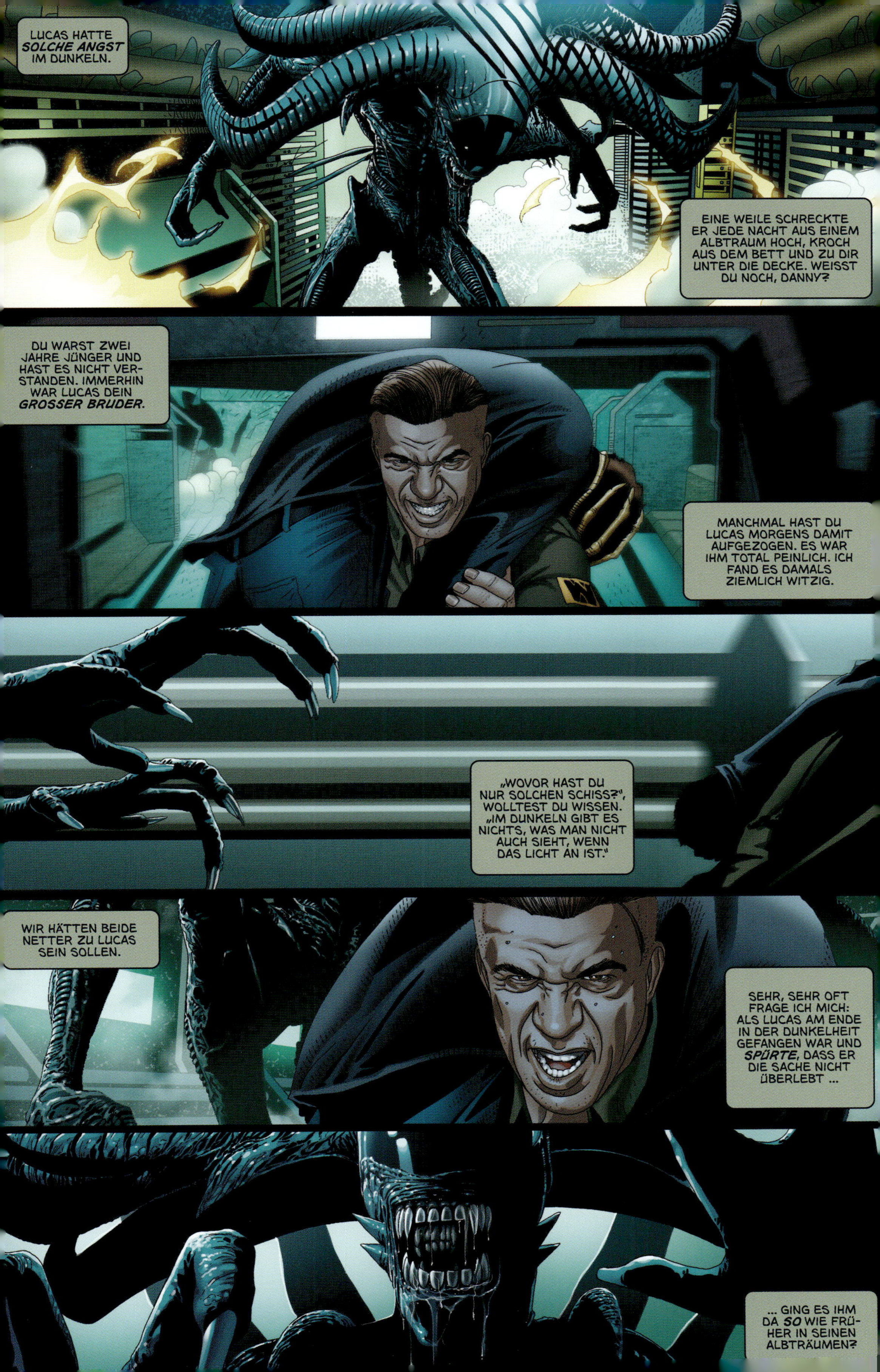

LUCAS HATTE *SOLCHE ANGST* IM DUNKELN.
EINE WEILE SCHRECKTE ER JEDE NACHT AUS EINEM ALBTRAUM HOCH, KROCH AUS DEM BETT UND ZU DIR UNTER DIE DECKE. WEISST DU NOCH, DANNY?
DU WARST ZWEI JAHRE JÜNGER UND HAST ES NICHT VERSTANDEN. IMMERHIN WAR LUCAS DEIN *GROSSER BRUDER*.
MANCHMAL HAST DU LUCAS MORGENS DAMIT AUFGEZOGEN. ES WAR IHM TOTAL PEINLICH. ICH FAND ES DAMALS ZIEMLICH WITZIG.
„WOVOR HAST DU NUR SOLCHEN SCHISS?", WOLLTEST DU WISSEN. „IM DUNKELN GIBT ES NICHTS, WAS MAN NICHT AUCH SIEHT, WENN DAS LICHT AN IST."
WIR HÄTTEN BEIDE NETTER ZU LUCAS SEIN SOLLEN.
SEHR, SEHR OFT FRAGE ICH MICH: ALS LUCAS AM ENDE IN DER DUNKELHEIT GEFANGEN WAR UND *SPÜRTE*, DASS ER DIE SACHE NICHT ÜBERLEBT ...
... GING ES IHM DA *SO* WIE FRÜHER IN SEINEN ALBTRÄUMEN?

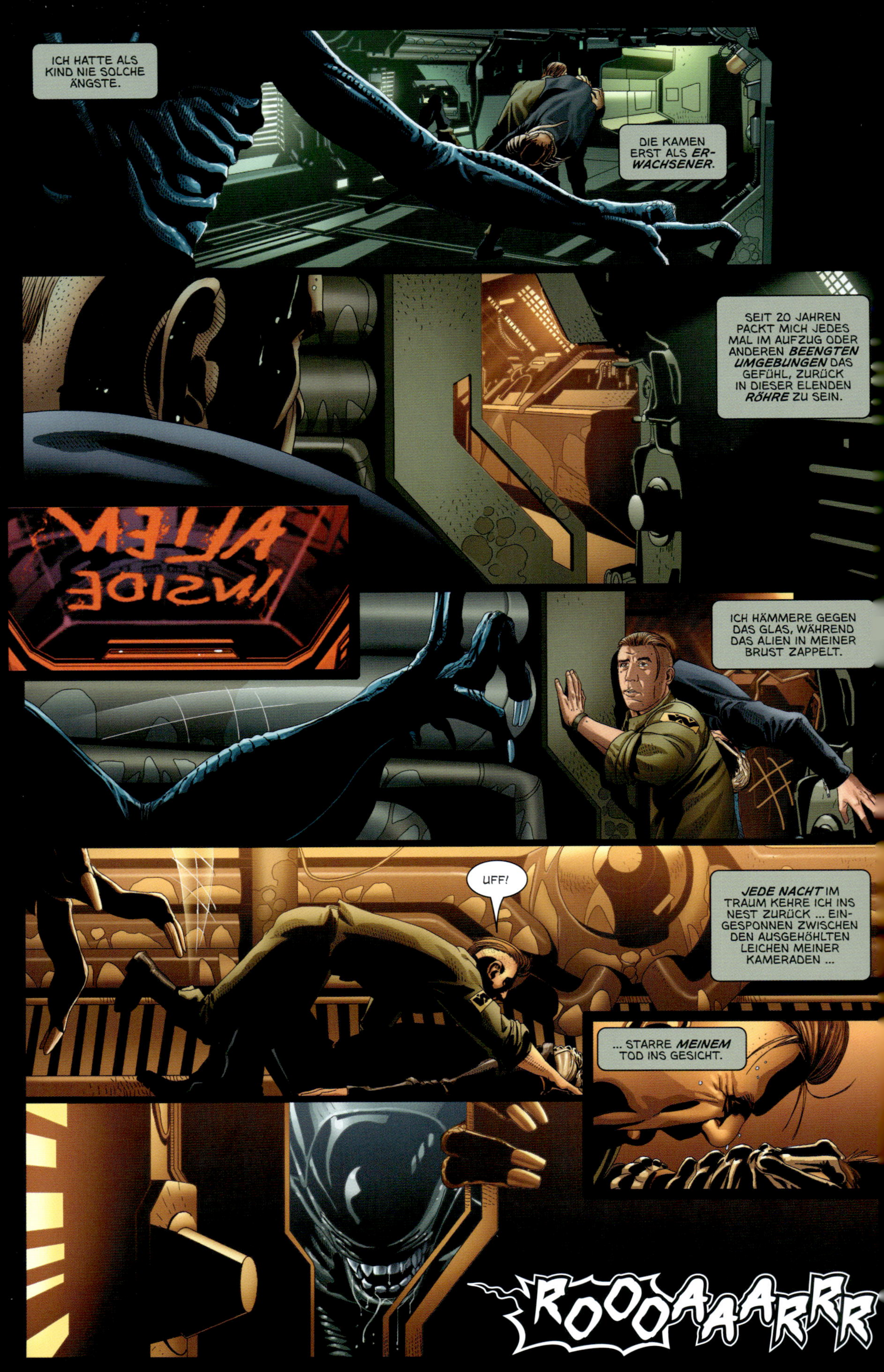
ICH HATTE ALS KIND NIE SOLCHE ÄNGSTE.
DIE KAMEN ERST ALS *ERWACHSENER*.
SEIT 20 JAHREN PACKT MICH JEDES MAL IM AUFZUG ODER ANDEREN ***BEENGTEN UMGEBUNGEN*** DAS GEFÜHL, ZURÜCK IN DIESER ELENDEN ***RÖHRE*** ZU SEIN.
ICH HÄMMERE GEGEN DAS GLAS, WÄHREND DAS ALIEN IN MEINER BRUST ZAPPELT.
UFF!
JEDE NACHT IM TRAUM KEHRE ICH INS NEST ZURÜCK ... EINGESPONNEN ZWISCHEN DEN AUSGEHÖHLTEN LEICHEN MEINER KAMERADEN ...
... STARRE ***MEINEM*** TOD INS GESICHT.
ROOOAAARRR

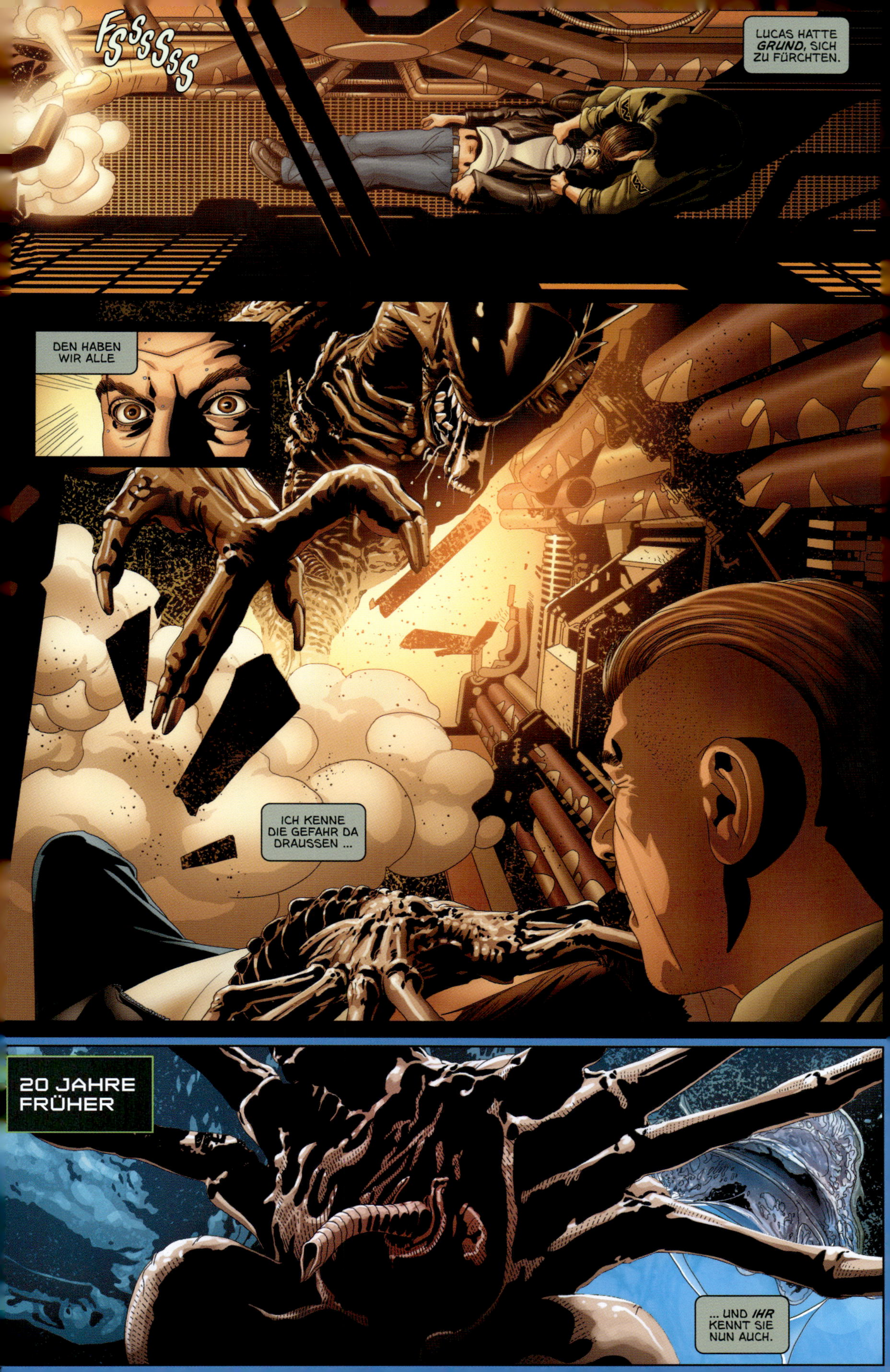

FSSSSSS

LUCAS HATTE *GRUND*, SICH ZU FÜRCHTEN.

DEN HABEN WIR ALLE

ICH KENNE DIE GEFAHR DA DRAUSSEN ...

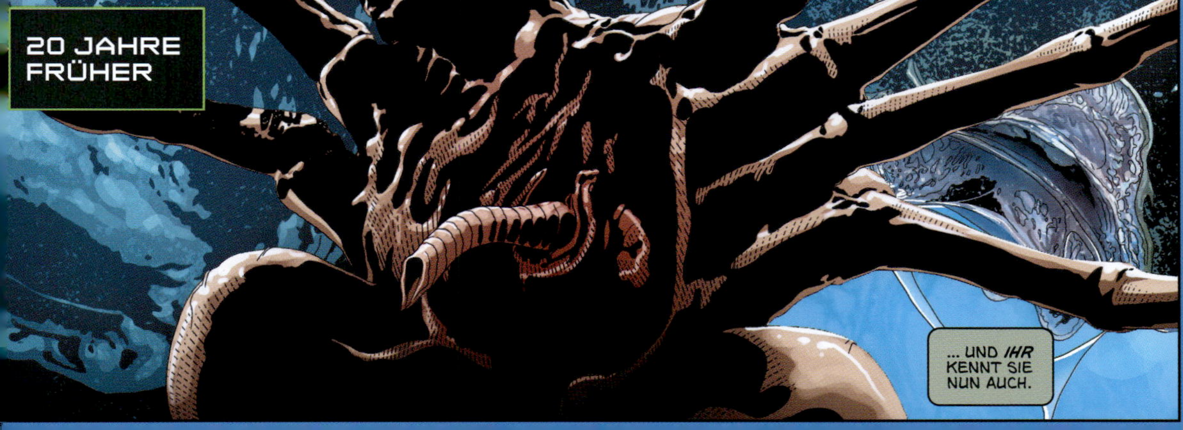

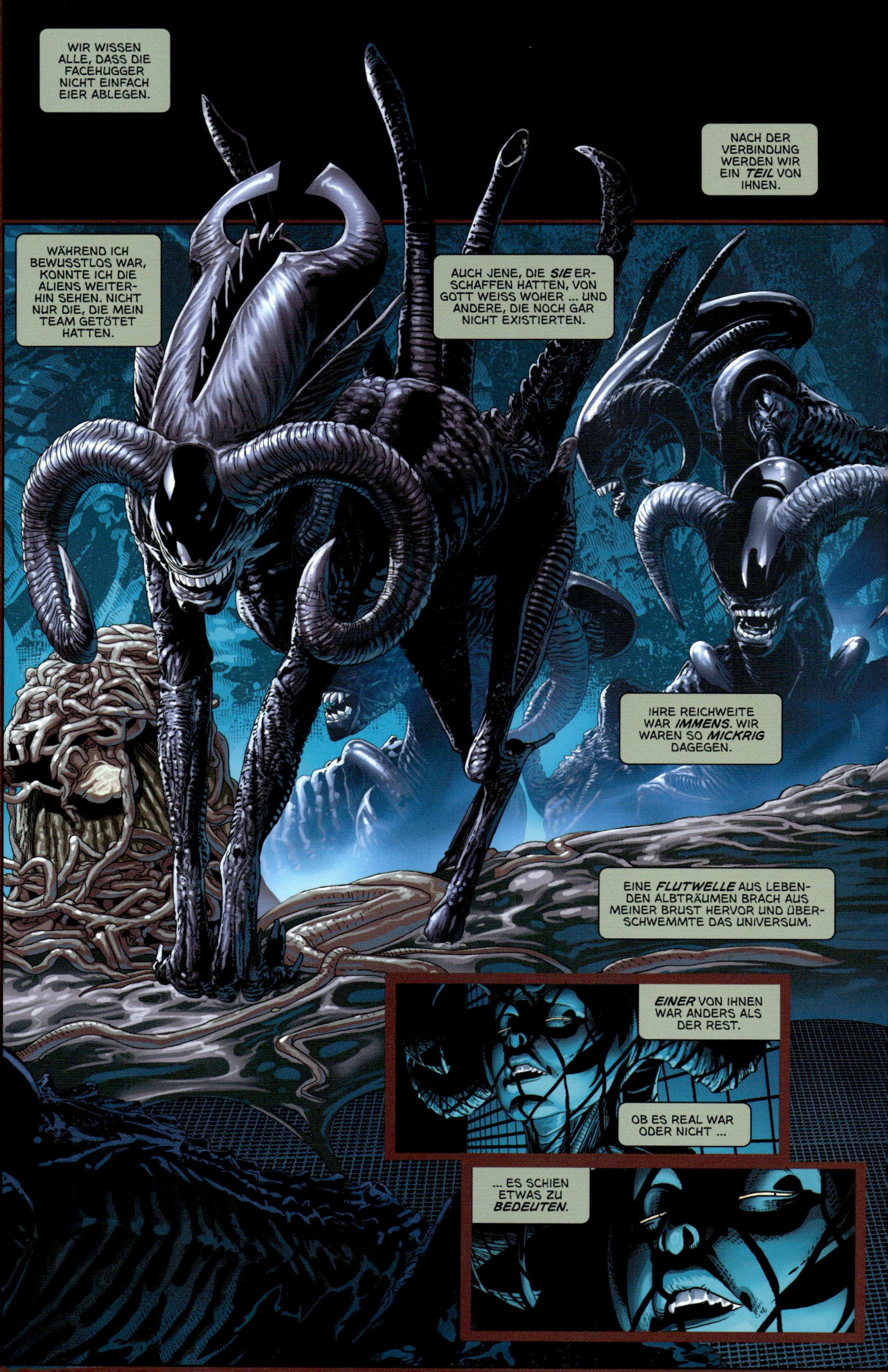
WIR WISSEN ALLE, DASS DIE FACEHUGGER NICHT EINFACH EIER ABLEGEN.
NACH DER VERBINDUNG WERDEN WIR EIN *TEIL* VON IHNEN.
WÄHREND ICH BEWUSSTLOS WAR, KONNTE ICH DIE ALIENS WEITER-HIN SEHEN. NICHT NUR DIE, DIE MEIN TEAM GETÖTET HATTEN.
AUCH JENE, DIE *SIE* ER-SCHAFFEN HATTEN, VON GOTT WEISS WOHER ... UND ANDERE, DIE NOCH GAR NICHT EXISTIERTEN.
IHRE REICHWEITE WAR *IMMENS*. WIR WAREN SO *MICKRIG* DAGEGEN.
EINE *FLUTWELLE* AUS LEBEN-DEN ALBTRÄUMEN BRACH AUS MEINER BRUST HERVOR UND ÜBER-SCHWEMMTE DAS UNIVERSUM.
EINER VON IHNEN WAR ANDERS ALS DER REST.
OB ES REAL WAR ODER NICHT ...
... ES SCHIEN ETWAS ZU *BEDEUTEN*.

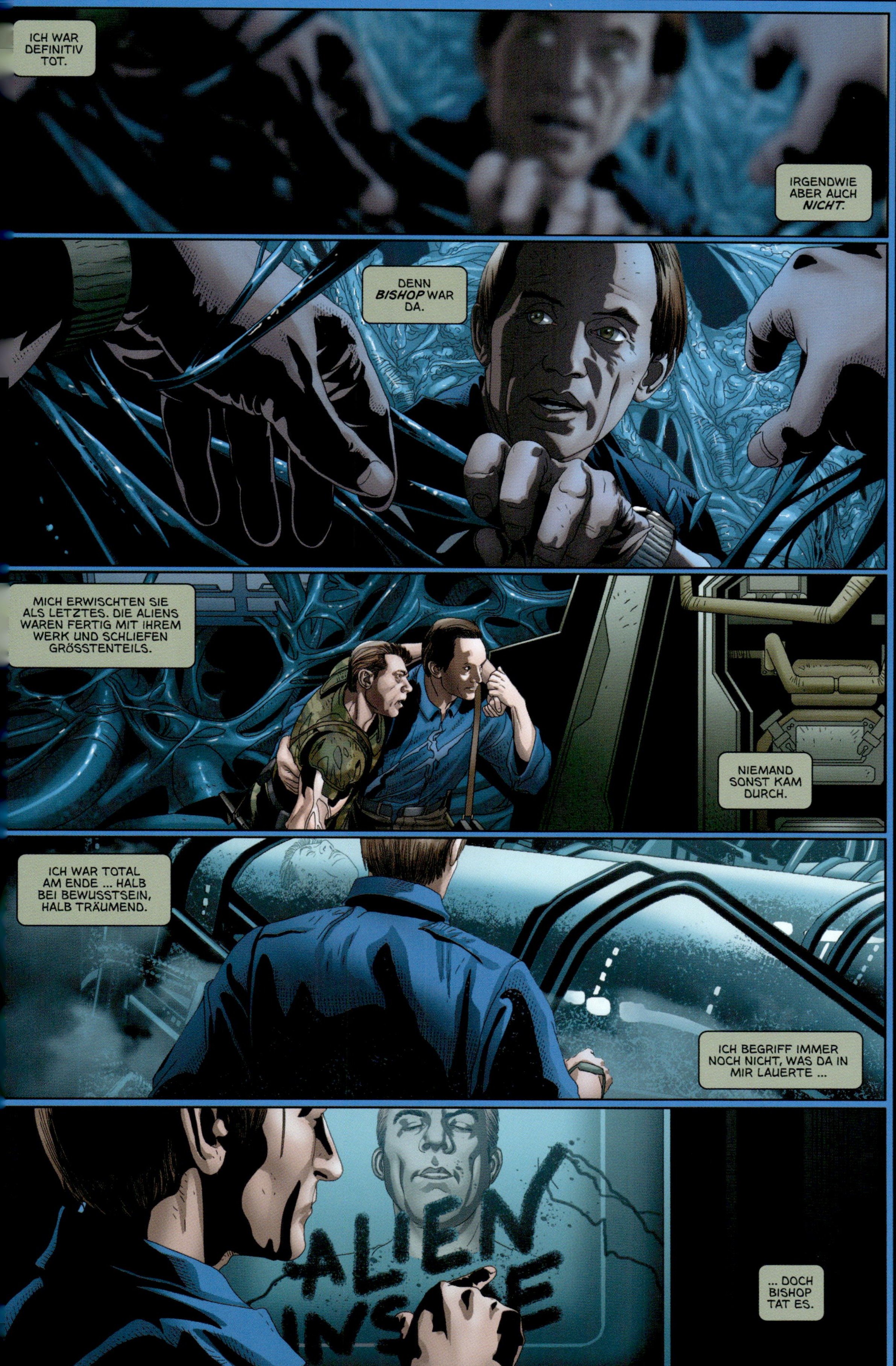
ICH WAR DEFINITIV TOT.
IRGENDWIE ABER AUCH *NICHT*.
DENN *BISHOP* WAR DA.
MICH ERWISCHTEN SIE ALS LETZTES. DIE ALIENS WAREN FERTIG MIT IHREM WERK UND SCHLIEFEN GRÖSSTENTEILS.
NIEMAND SONST KAM DURCH.
ICH WAR TOTAL AM ENDE ... HALB BEI BEWUSSTSEIN, HALB TRÄUMEND.
ICH BEGRIFF IMMER NOCH NICHT, WAS DA IN MIR LAUERTE ...
ALIEN
... DOCH BISHOP TAT ES.

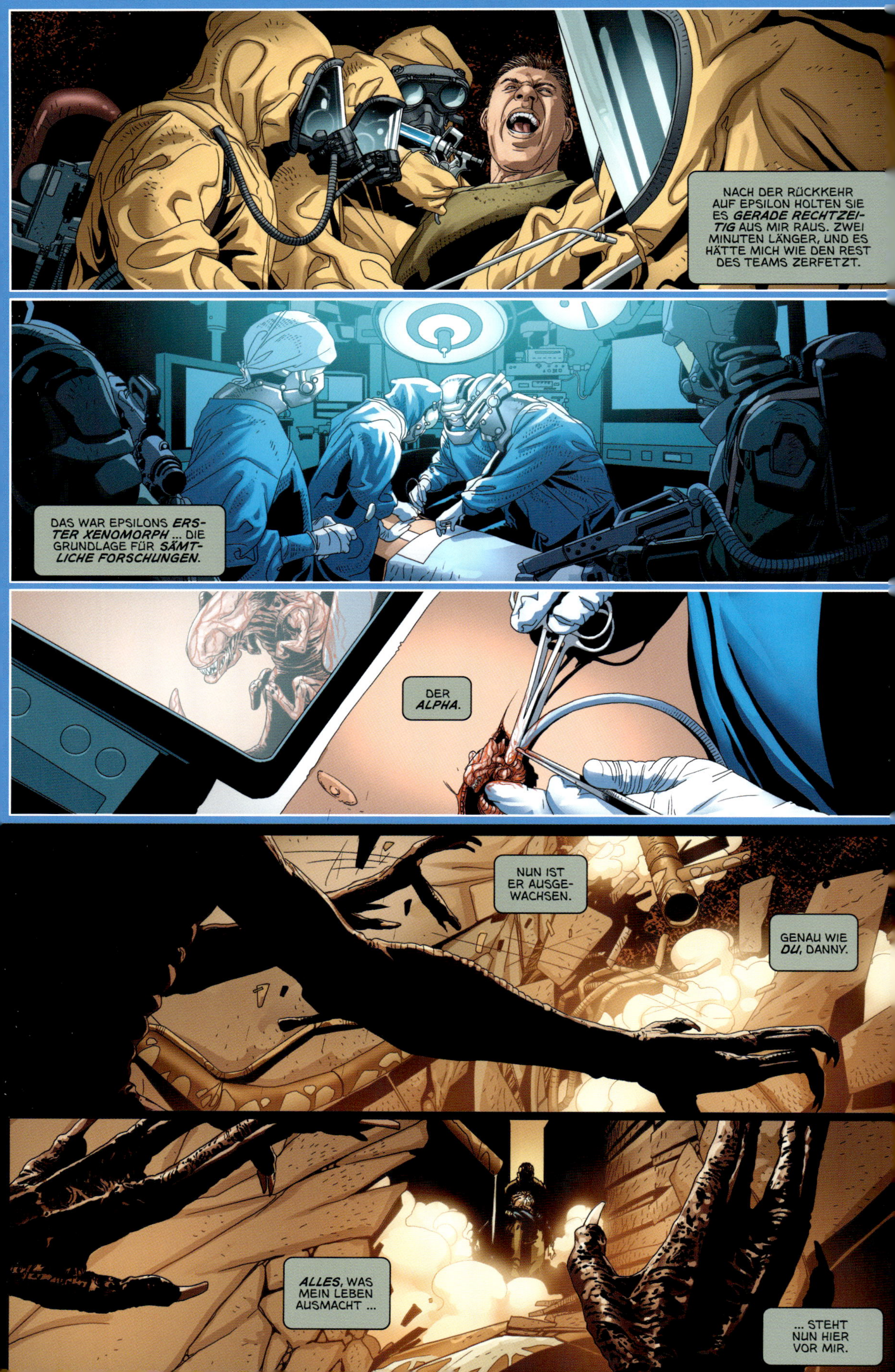
NACH DER RÜCKKEHR AUF EPSILON HOLTEN SIE ES GERADE RECHTZEITIG AUS MIR RAUS. ZWEI MINUTEN LÄNGER, UND ES HÄTTE MICH WIE DEN REST DES TEAMS ZERFETZT.
DAS WAR EPSILONS ERSTER XENOMORPH ... DIE GRUNDLAGE FÜR SÄMTLICHE FORSCHUNGEN.
DER ALPHA.
NUN IST ER AUSGEWACHSEN.
GENAU WIE DU, DANNY.
ALLES, WAS MEIN LEBEN AUSMACHT ...
... STEHT NUN HIER VOR MIR.

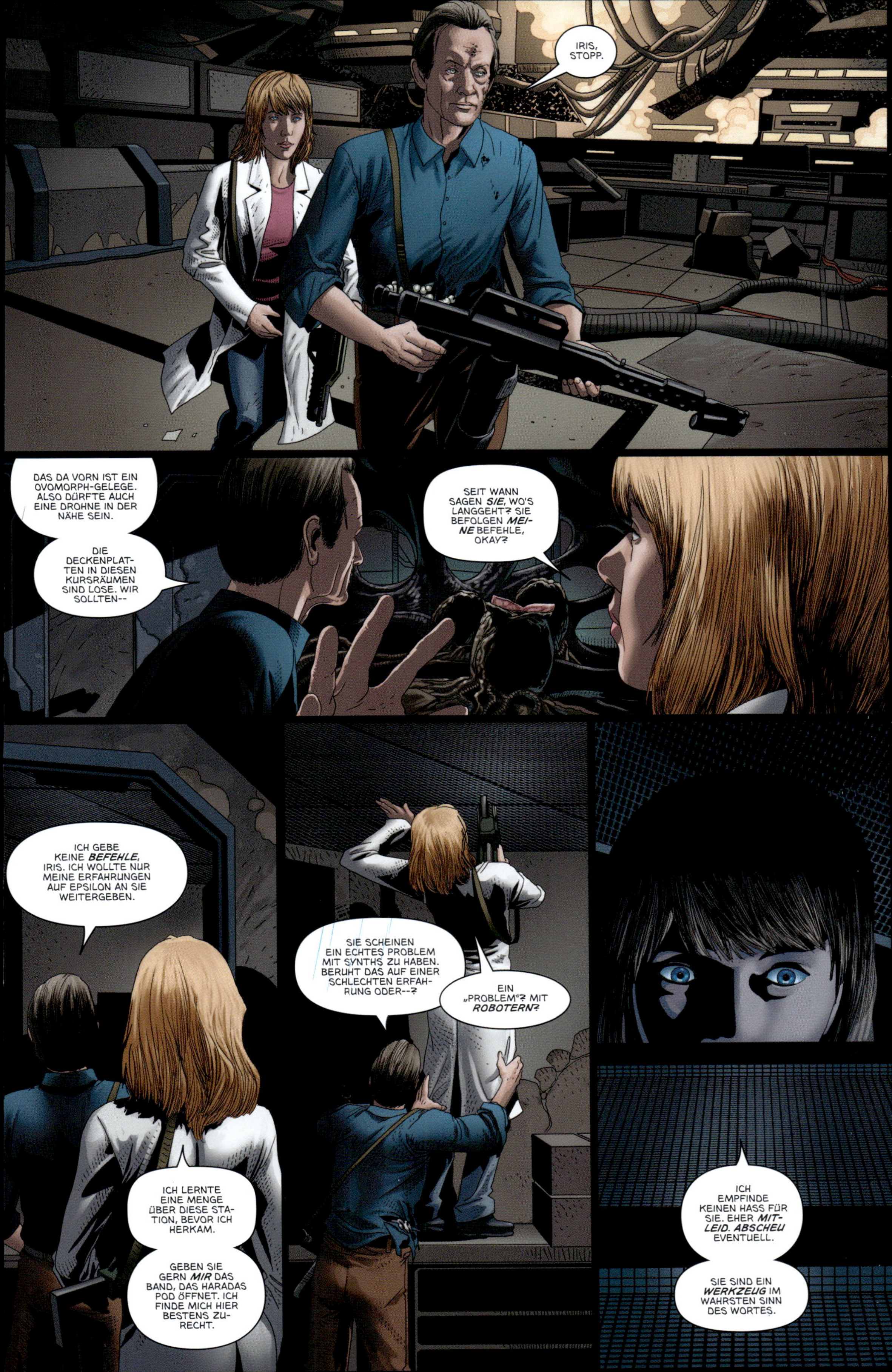
IRIS, STOPP.
DAS DA VORN IST EIN OVOMORPH-GELEGE. ALSO DÜRFTE AUCH EINE DROHNE IN DER NÄHE SEIN.
DIE DECKENPLATTEN IN DIESEN KURSRÄUMEN SIND LOSE. WIR SOLLTEN--
SEIT WANN SAGEN *SIE*, WO'S LANGGEHT? SIE BEFOLGEN *MEINE* BEFEHLE, OKAY?
ICH GEBE KEINE *BEFEHLE*, IRIS. ICH WOLLTE NUR MEINE ERFAHRUNGEN AUF EPSILON AN SIE WEITERGEBEN.
ICH LERNTE EINE MENGE ÜBER DIESE STATION, BEVOR ICH HERKAM.
GEBEN SIE GERN *MIR* DAS BAND, DAS HARADAS POD ÖFFNET. ICH FINDE MICH HIER BESTENS ZURECHT.
SIE SCHEINEN EIN ECHTES PROBLEM MIT SYNTHS ZU HABEN. BERUHT DAS AUF EINER SCHLECHTEN ERFAHRUNG ODER--?
EIN „PROBLEM"? MIT *ROBOTERN*?
ICH EMPFINDE KEINEN HASS FÜR SIE. EHER *MITLEID. ABSCHEU* EVENTUELL.
SIE SIND EIN *WERKZEUG* IM WAHRSTEN SINN DES WORTES.

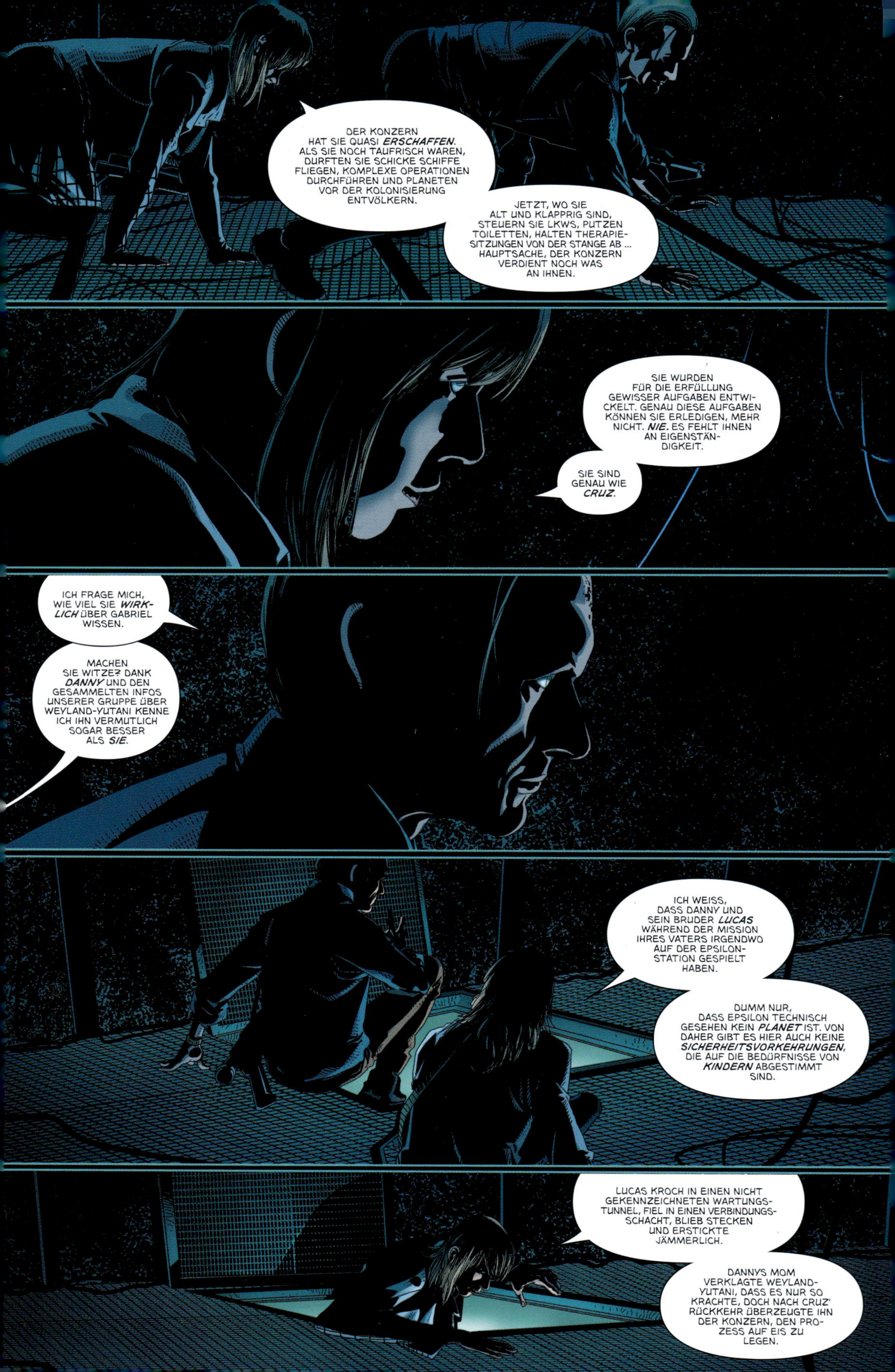
DER KONZERN HAT SIE QUASI ERSCHAFFEN. ALS SIE NOCH TAUFRISCH WAREN, DURFTEN SIE SCHICKE SCHIFFE FLIEGEN, KOMPLEXE OPERATIONEN DURCHFÜHREN UND PLANETEN VOR DER KOLONISIERUNG ENTVÖLKERN.
JETZT, WO SIE ALT UND KLAPPRIG SIND, STEUERN SIE LKWS, PUTZEN TOILETTEN, HALTEN THERAPIE-SITZUNGEN VON DER STANGE AB ... HAUPTSACHE, DER KONZERN VERDIENT NOCH WAS AN IHNEN.
SIE WURDEN FÜR DIE ERFÜLLUNG GEWISSER AUFGABEN ENTWI-CKELT. GENAU DIESE AUFGABEN KÖNNEN SIE ERLEDIGEN, MEHR NICHT. NIE. ES FEHLT IHNEN AN EIGENSTÄN-DIGKEIT.
SIE SIND GENAU WIE CRUZ.
ICH FRAGE MICH, WIE VIEL SIE WIRK-LICH ÜBER GABRIEL WISSEN.
MACHEN SIE WITZE? DANK DANNY UND DEN GESAMMELTEN INFOS UNSERER GRUPPE ÜBER WEYLAND-YUTANI KENNE ICH IHN VERMUTLICH SOGAR BESSER ALS SIE.
ICH WEISS, DASS DANNY UND SEIN BRUDER LUCAS WÄHREND DER MISSION IHRES VATERS IRGENDWO AUF DER EPSILON-STATION GESPIELT HABEN.
DUMM NUR, DASS EPSILON TECHNISCH GESEHEN KEIN PLANET IST. VON DAHER GIBT ES HIER AUCH KEINE SICHERHEITSVORKEHRUNGEN, DIE AUF DIE BEDÜRFNISSE VON KINDERN ABGESTIMMT SIND.
LUCAS KROCH IN EINEN NICHT GEKENNZEICHNETEN WARTUNGS-TUNNEL, FIEL IN EINEN VERBINDUNGS-SCHACHT, BLIEB STECKEN UND ERSTICKTE JÄMMERLICH.
DANNYS MOM VERKLAGTE WEYLAND-YUTANI, DASS ES NUR SO KRACHTE, DOCH NACH CRUZ' RÜCKKEHR ÜBERZEUGTE IHN DER KONZERN, DEN PRO-ZESS AUF EIS ZU LEGEN.

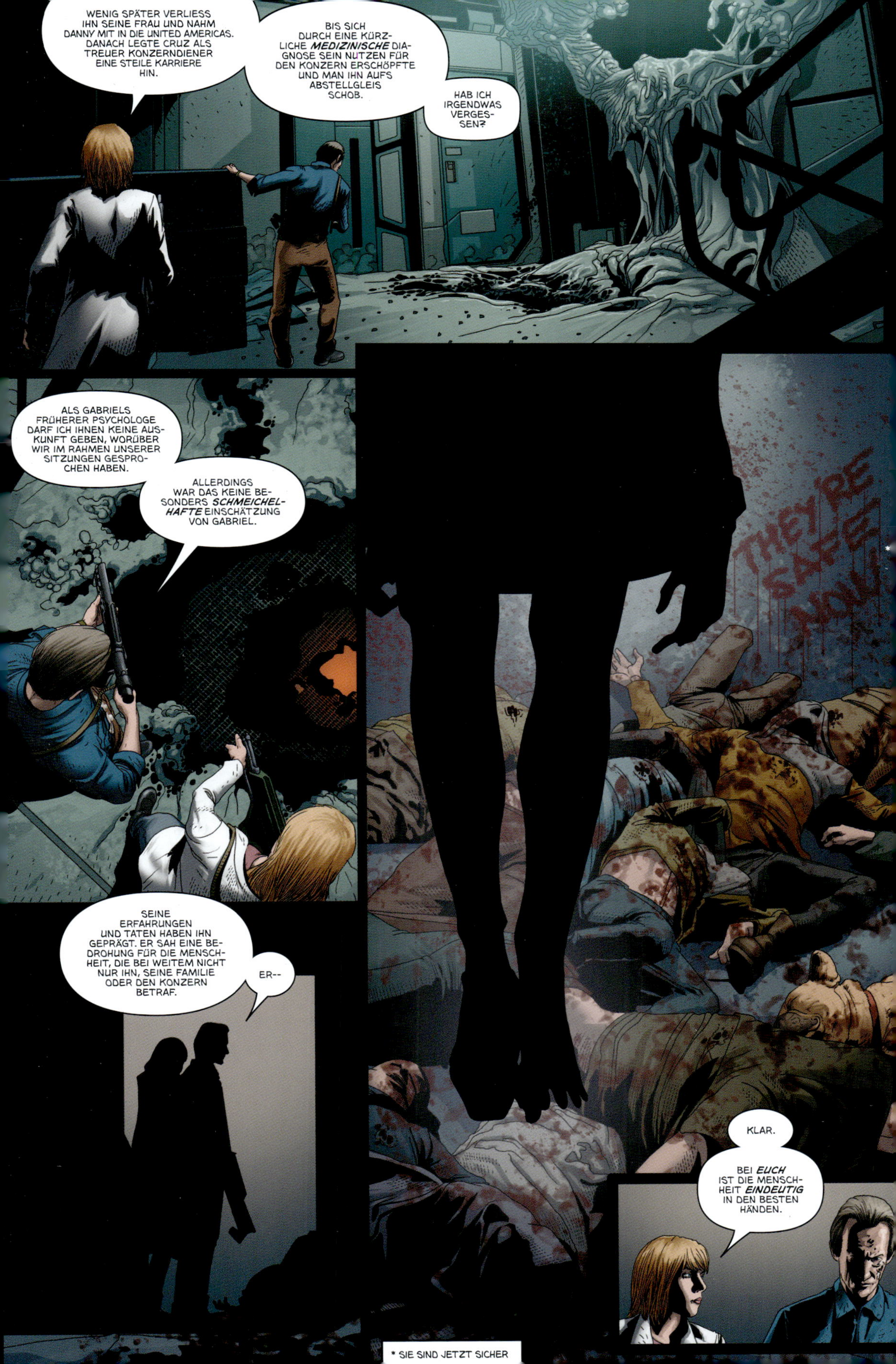
WENIG SPÄTER VERLIESS IHN SEINE FRAU UND NAHM DANNY MIT IN DIE UNITED AMERICAS. DANACH LEGTE CRUZ ALS TREUER KONZERNDIENER EINE STEILE KARRIERE HIN.
BIS SICH DURCH EINE KÜRZLICHE *MEDIZINISCHE* DIAGNOSE SEIN NUTZEN FÜR DEN KONZERN ERSCHÖPFTE UND MAN IHN AUFS ABSTELLGLEIS SCHOB.
HAB ICH IRGENDWAS VERGESSEN?
ALS GABRIELS FRÜHERER PSYCHOLOGE DARF ICH IHNEN KEINE AUSKUNFT GEBEN, WORÜBER WIR IM RAHMEN UNSERER SITZUNGEN GESPROCHEN HABEN.
ALLERDINGS WAR DAS KEINE BESONDERS *SCHMEICHELHAFTE* EINSCHÄTZUNG VON GABRIEL.
THEY'RE SAFE NOW
SEINE ERFAHRUNGEN UND TATEN HABEN IHN GEPRÄGT. ER SAH EINE BEDROHUNG FÜR DIE MENSCHHEIT, DIE BEI WEITEM NICHT NUR IHN, SEINE FAMILIE ODER DEN KONZERN BETRAF.
ER--
KLAR.
BEI *EUCH* IST DIE MENSCHHEIT *EINDEUTIG* IN DEN BESTEN HÄNDEN.
* SIE SIND JETZT SICHER

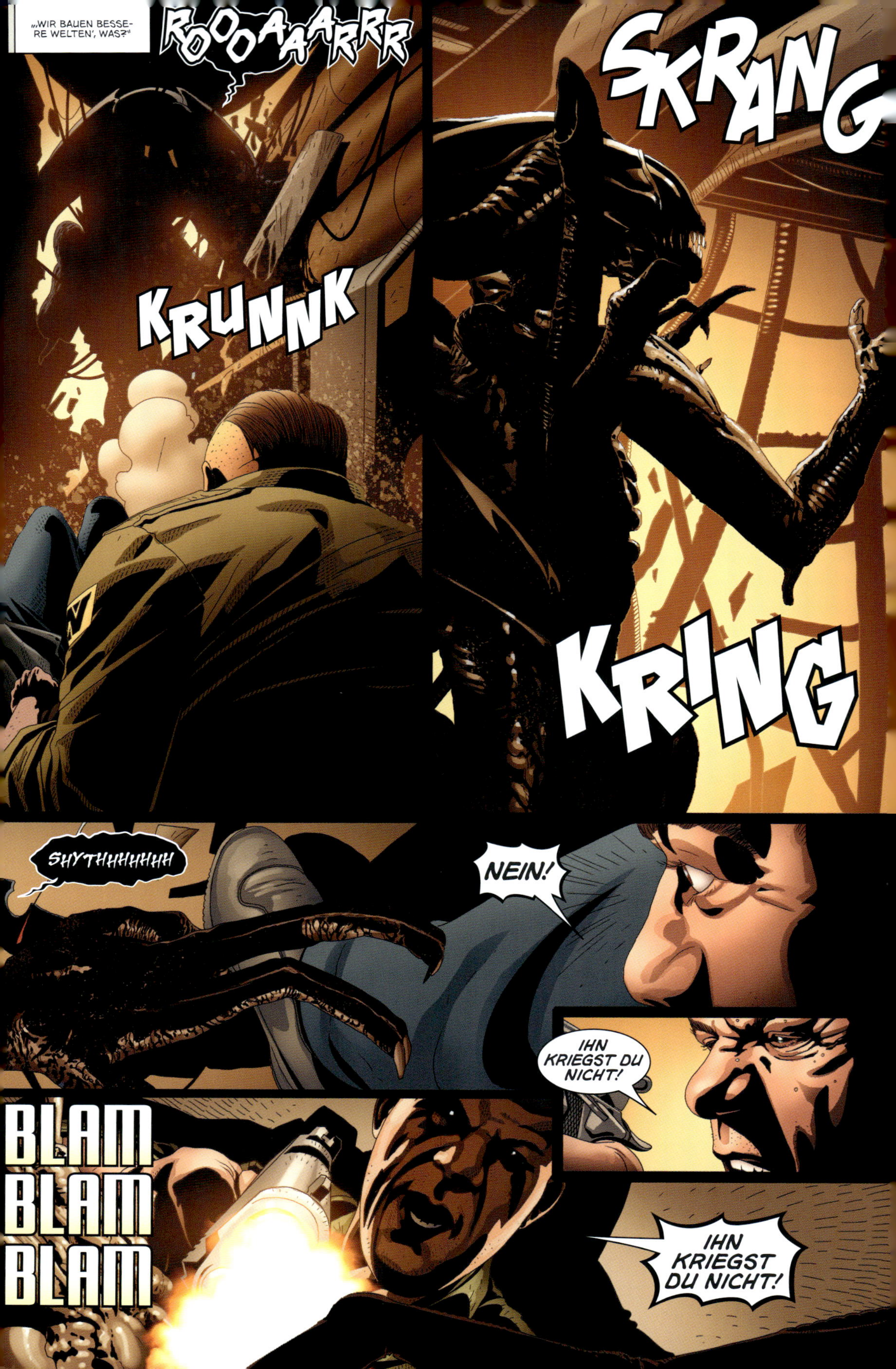
„WIR BAUEN BESSERE WELTEN', WAS?"
ROOOAAAARRRR
KRUNNNK
SKRANG
KRING
SHYTHHHHHHH
NEIN!
IHN KRIEGST DU NICHT!
BLAM BLAM BLAM
IHN KRIEGST DU NICHT!

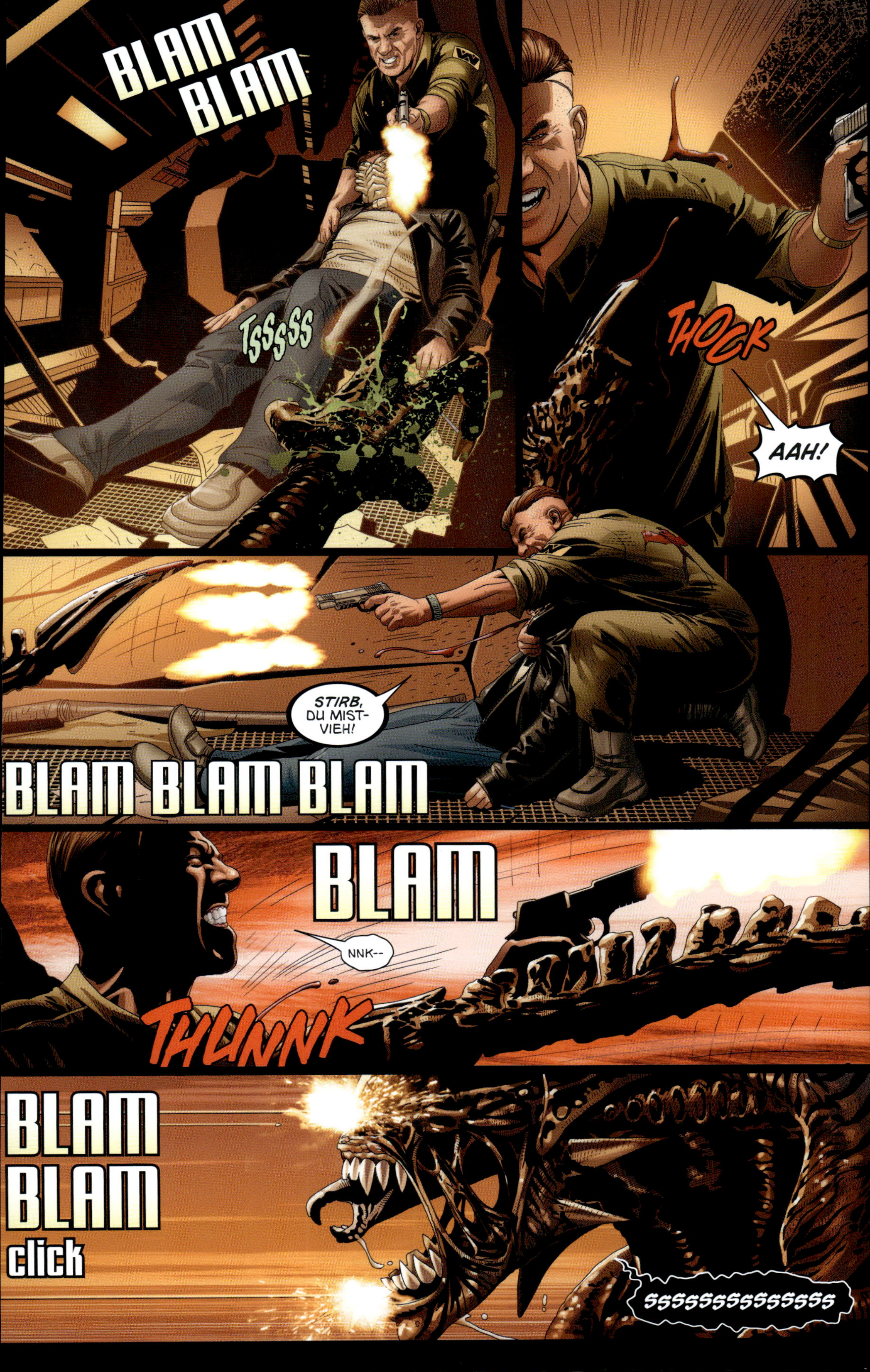
BLAM
BLAM
TSSSSS
THOCK
AAH!
STIRB, DU MIST-VIEH!
BLAM BLAM BLAM
BLAM
NNK--
THUNNK
BLAM
BLAM
click
SSSSSSSSSSSSSSS

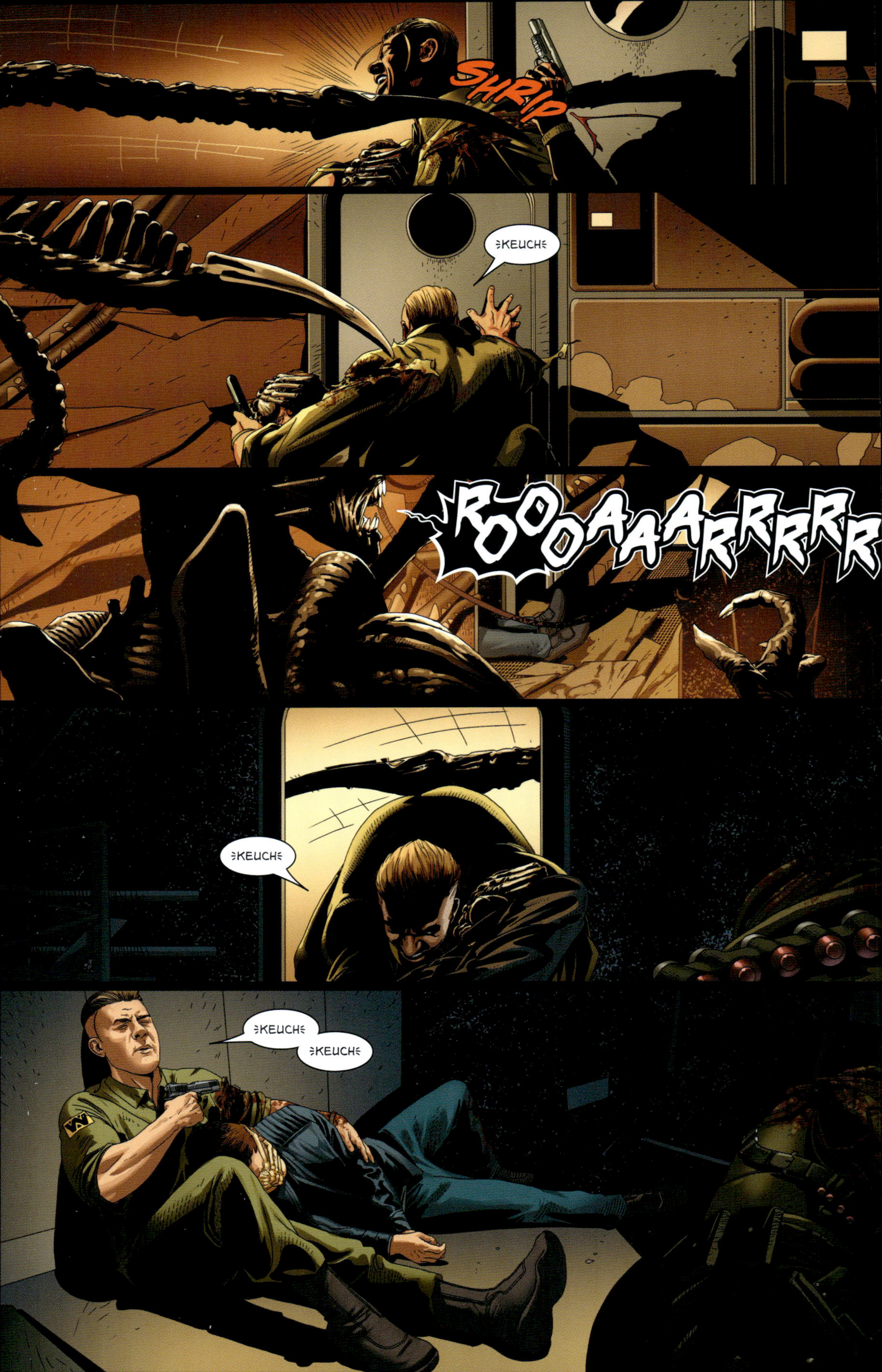
SHRIP
KEUCH
ROOOAAARRRRR
KEUCH
KEUCH
KEUCH

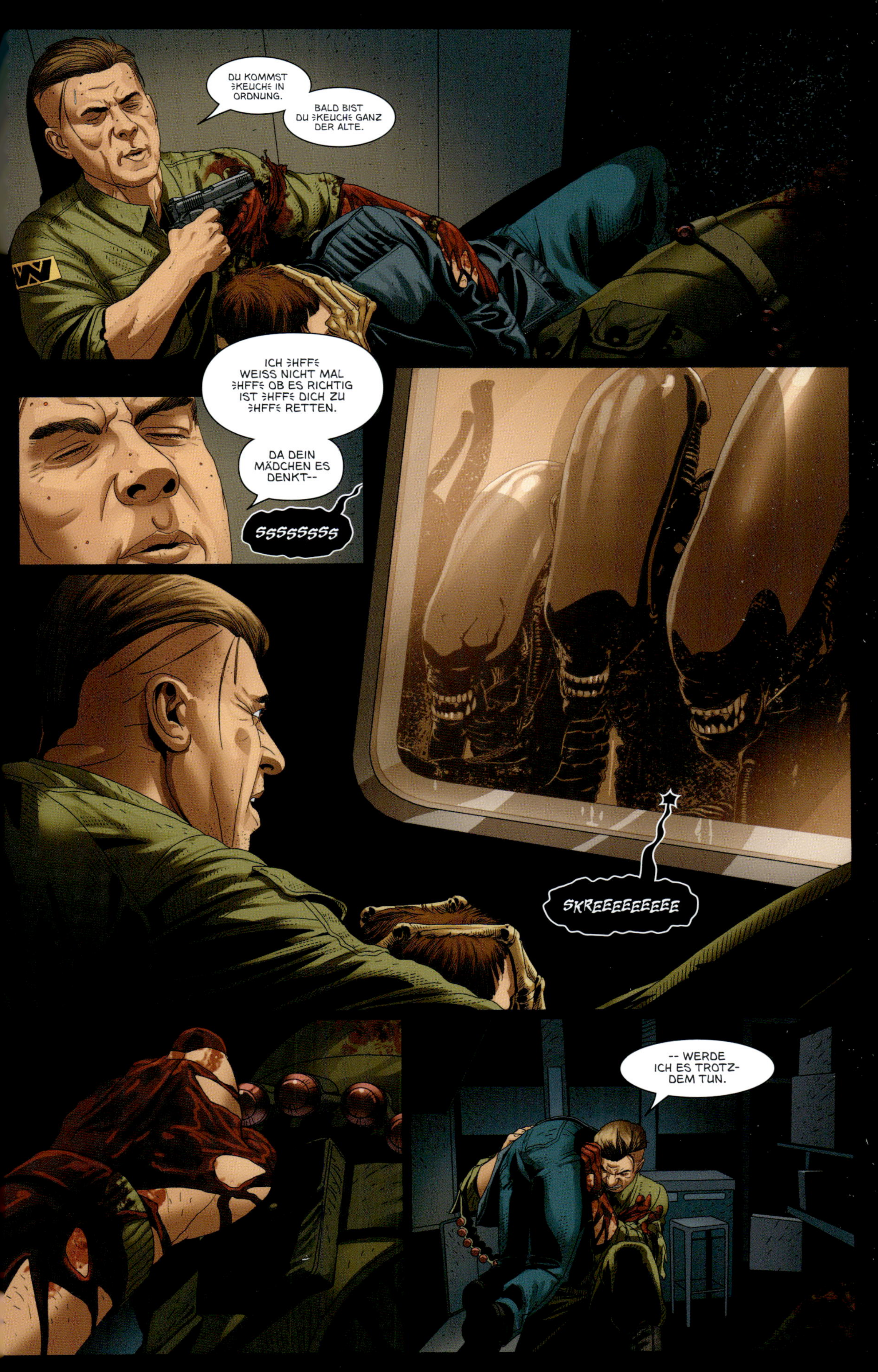
DU KOMMST
KEUCH IN
ORDNUNG.
BALD BIST
DU *KEUCH* GANZ
DER ALTE.
ICH *HFF*
WEISS NICHT MAL
HFF OB ES RICHTIG
IST *HFF* DICH ZU
HFF RETTEN.
DA DEIN
MÄDCHEN ES
DENKT--
SSSSSSSS
SKREEEEEEEEEE
-- WERDE
ICH ES TROTZ-
DEM TUN.

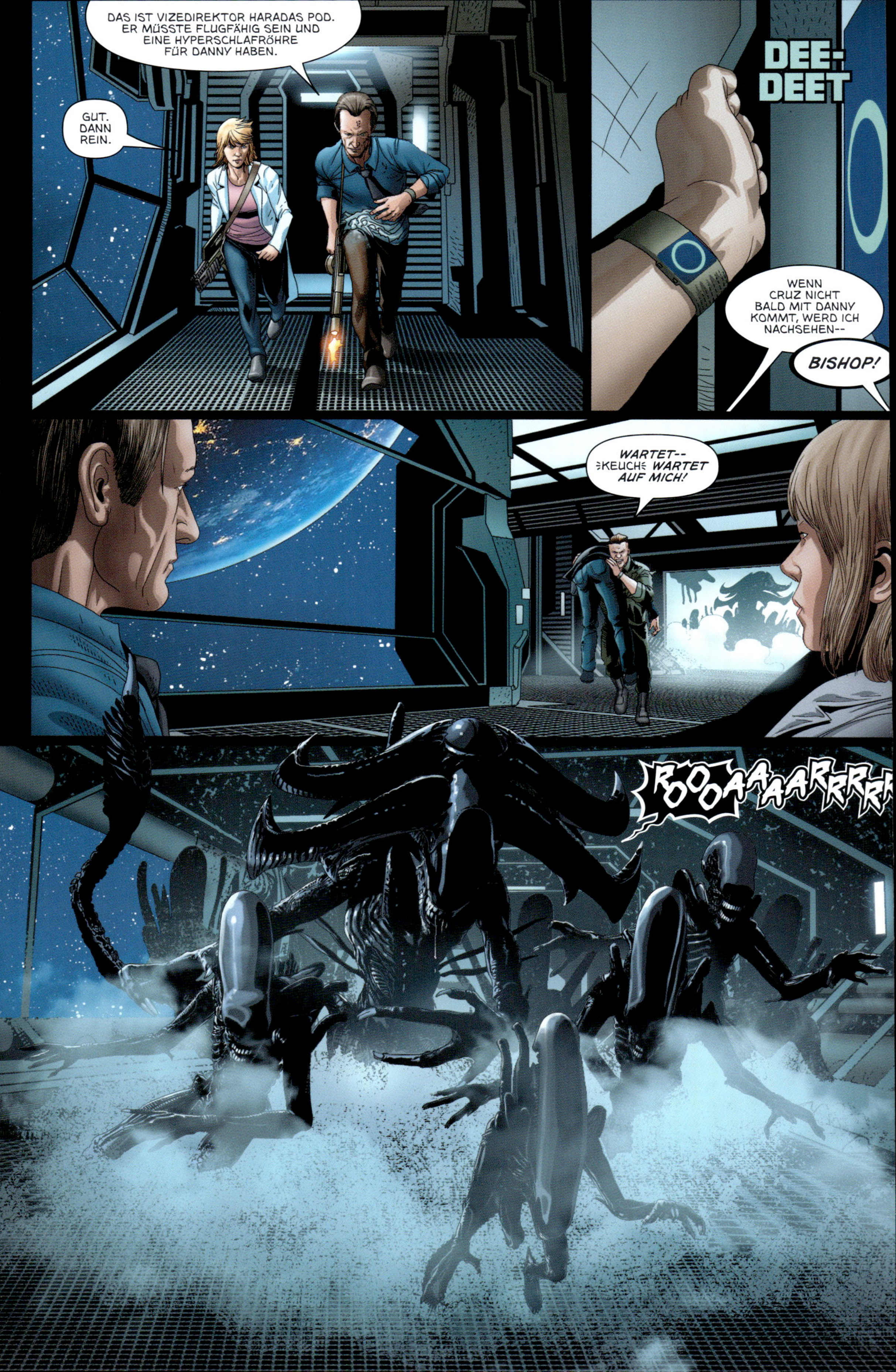
DAS IST VIZEDIREKTOR HARADAS POD. ER MÜSSTE FLUGFÄHIG SEIN UND EINE HYPERSCHLAFRÖHRE FÜR DANNY HABEN.
GUT. DANN REIN.
DEE-DEET
WENN CRUZ NICHT BALD MIT DANNY KOMMT, WERD ICH NACHSEHEN--
BISHOP!
WARTET-- KEUCH WARTET AUF MICH!
ROOOAAAARRRR

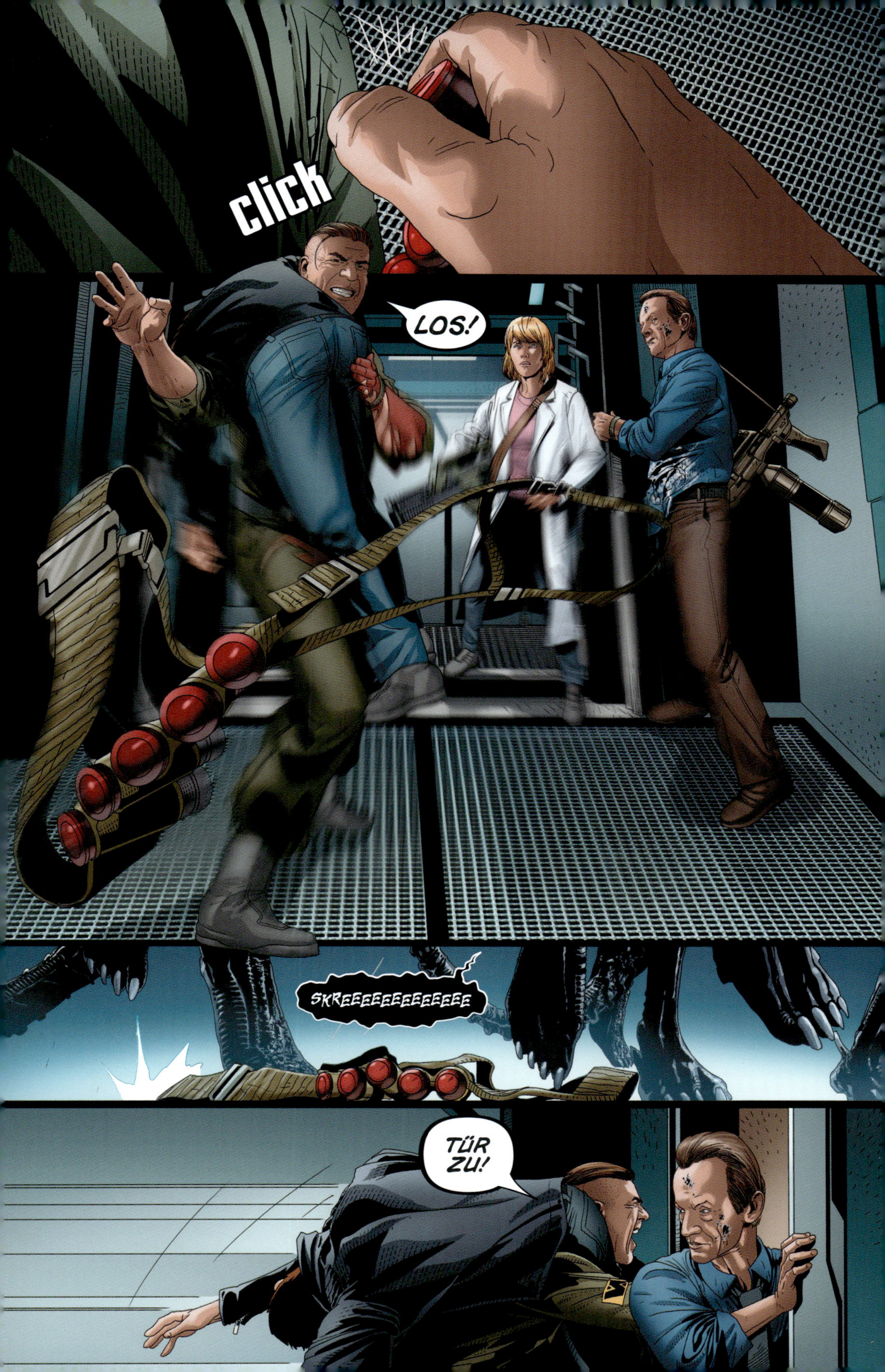
click
LOS!
SKREEEEEEEEEEEEEE
TÜR ZU!

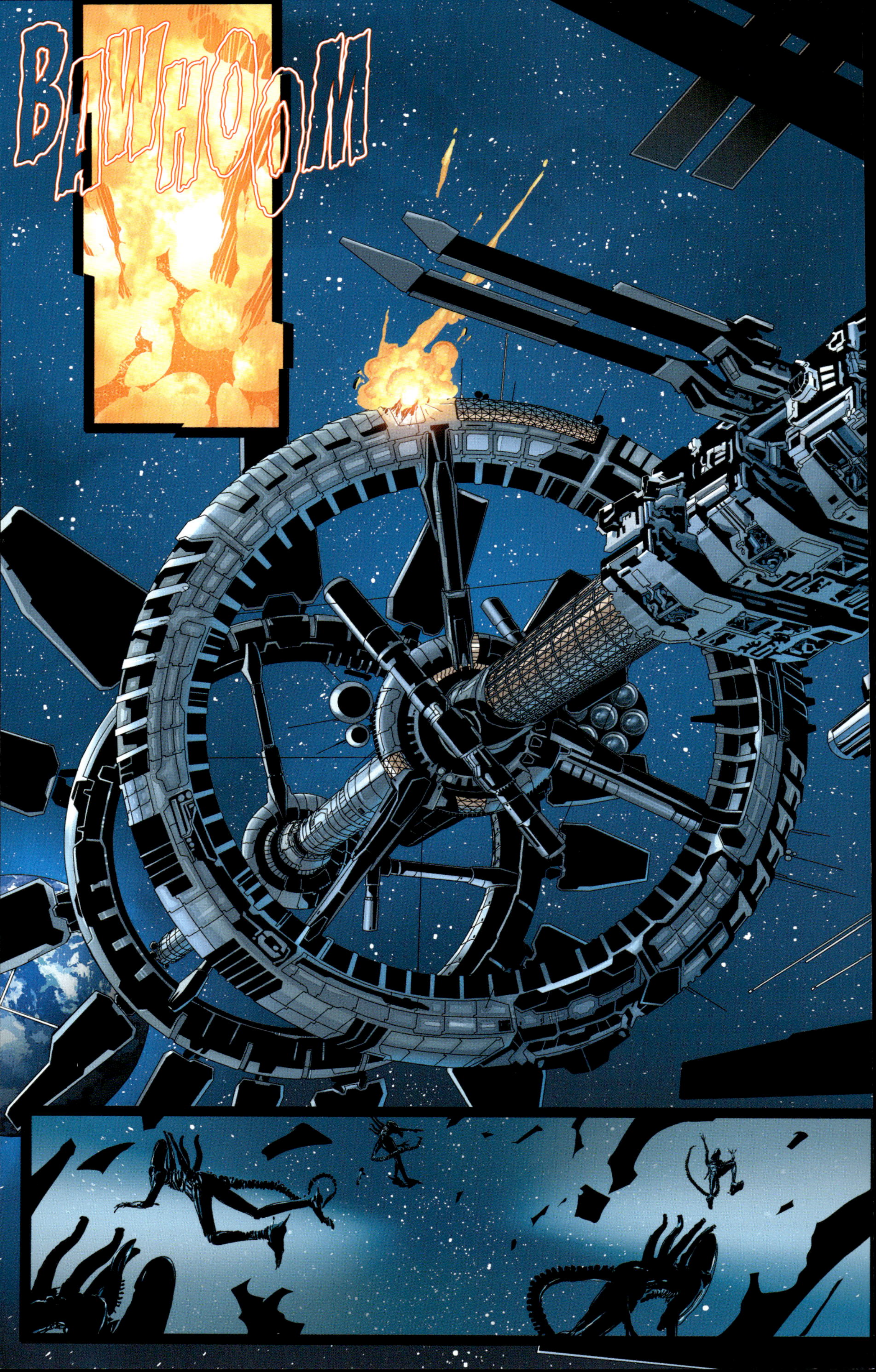
BAWHOOM

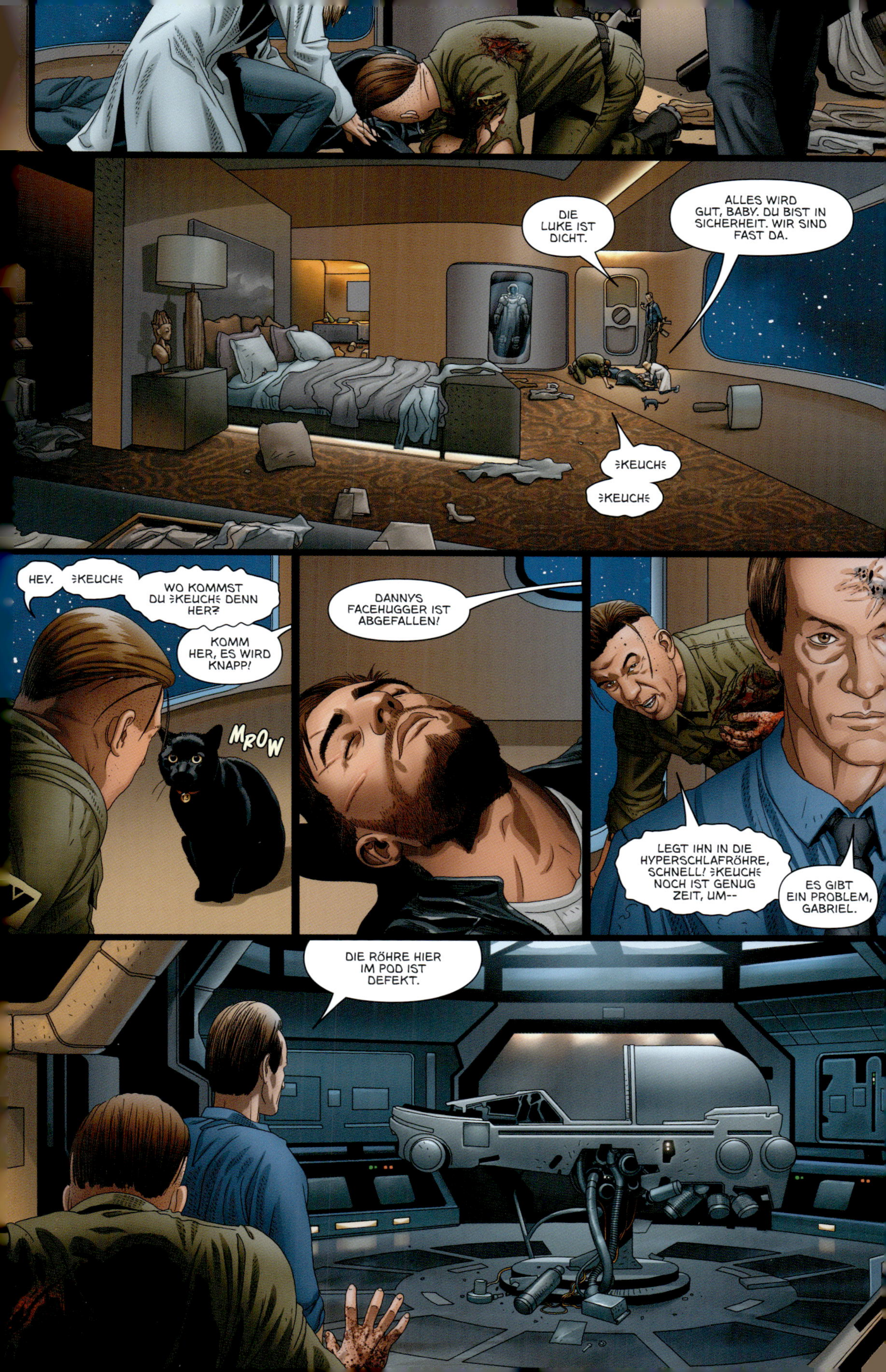
DIE LUKE IST DICHT.
ALLES WIRD GUT, BABY. DU BIST IN SICHERHEIT. WIR SIND FAST DA.
KEUCH
KEUCH
HEY.
KEUCH
WO KOMMST DU *KEUCH* DENN HER?
KOMM HER, ES WIRD KNAPP!
MROW
DANNYS FACEHUGGER IST ABGEFALLEN!
LEGT IHN IN DIE HYPERSCHLAFRÖHRE, SCHNELL! *KEUCH* NOCH IST GENUG ZEIT, UM--
ES GIBT EIN PROBLEM, GABRIEL.
DIE RÖHRE HIER IM POD IST DEFEKT.

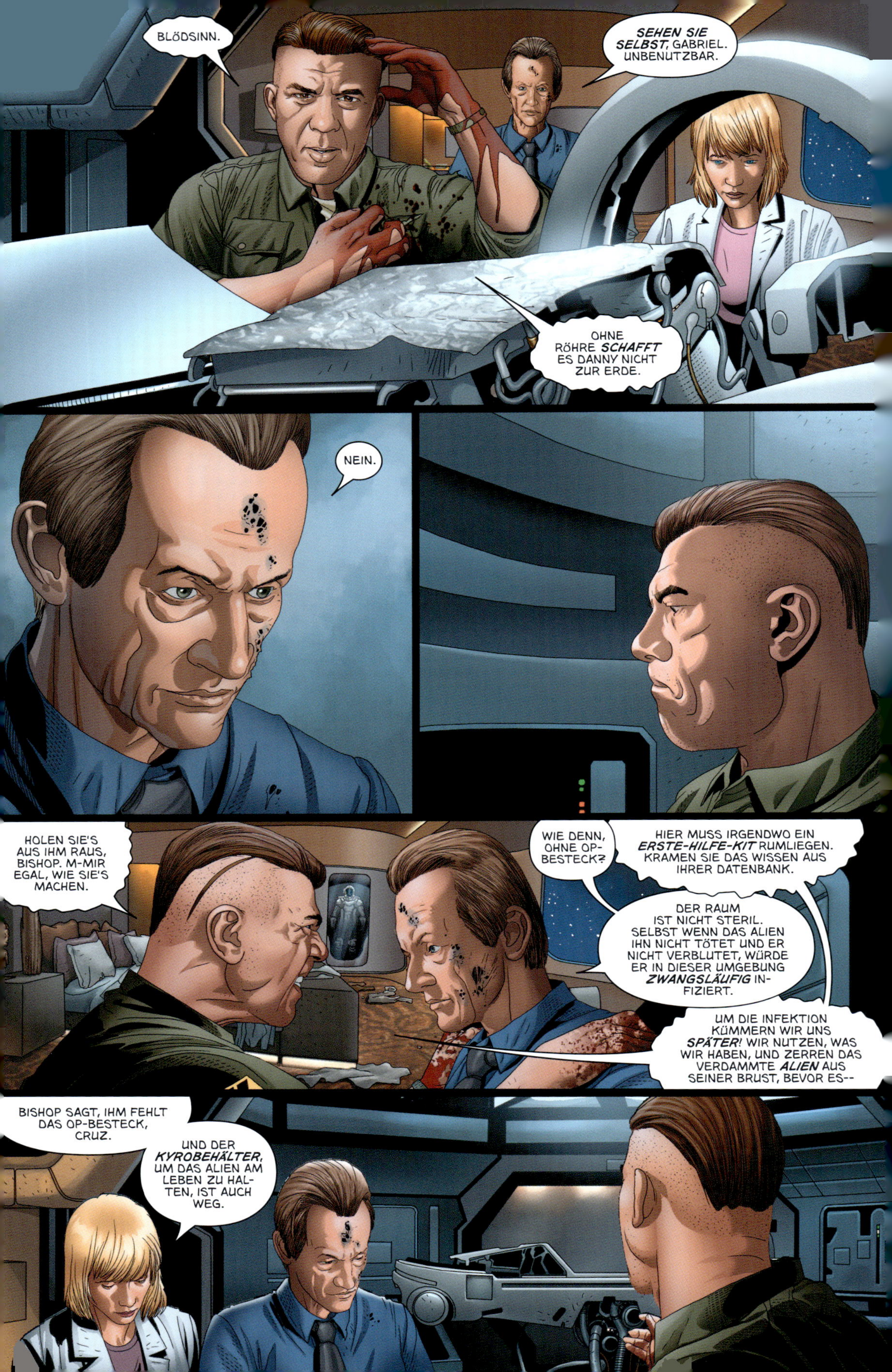
BLÖDSINN.
SEHEN SIE SELBST, GABRIEL. UNBENUTZBAR.
OHNE RÖHRE SCHAFFT ES DANNY NICHT ZUR ERDE.
NEIN.
HOLEN SIE'S AUS IHM RAUS, BISHOP. M-MIR EGAL, WIE SIE'S MACHEN.
WIE DENN, OHNE OP-BESTECK?
HIER MUSS IRGENDWO EIN ERSTE-HILFE-KIT RUMLIEGEN. KRAMEN SIE DAS WISSEN AUS IHRER DATENBANK.
DER RAUM IST NICHT STERIL. SELBST WENN DAS ALIEN IHN NICHT TÖTET UND ER NICHT VERBLUTET, WÜRDE ER IN DIESER UMGEBUNG ZWANGSLÄUFIG INFIZIERT.
UM DIE INFEKTION KÜMMERN WIR UNS SPÄTER! WIR NUTZEN, WAS WIR HABEN, UND ZERREN DAS VERDAMMTE ALIEN AUS SEINER BRUST, BEVOR ES--
BISHOP SAGT, IHM FEHLT DAS OP-BESTECK, CRUZ.
UND DER KYROBEHÄLTER, UM DAS ALIEN AM LEBEN ZU HALTEN, IST AUCH WEG.

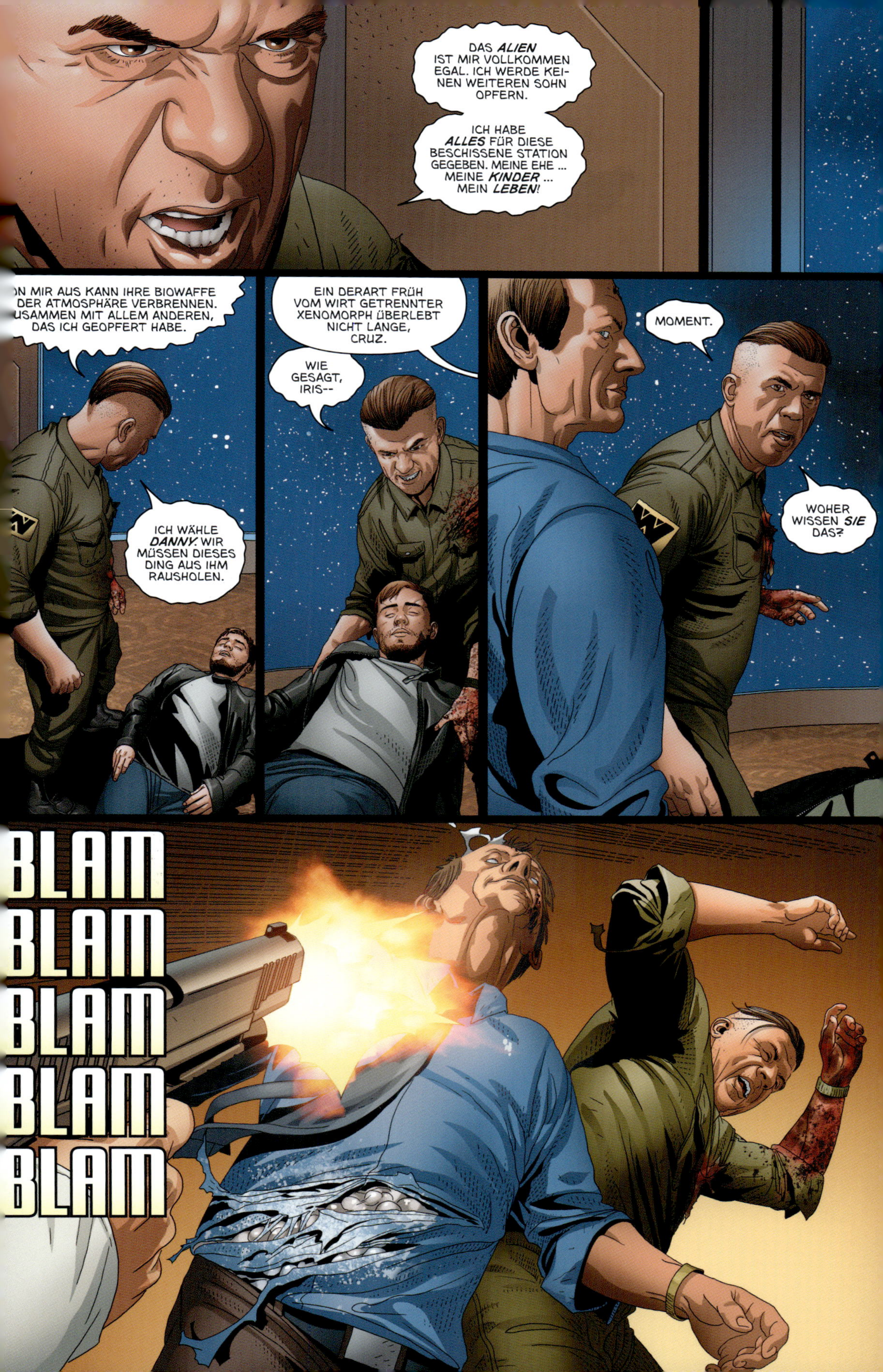

DAS *ALIEN* IST MIR VOLLKOMMEN EGAL. ICH WERDE KEINEN WEITEREN SOHN OPFERN.
ICH HABE *ALLES* FÜR DIESE BESCHISSENE STATION GEGEBEN. MEINE EHE ... MEINE *KINDER* ... MEIN *LEBEN*!
ON MIR AUS KANN IHRE BIOWAFFE DER ATMOSPHÄRE VERBRENNEN. USAMMEN MIT ALLEM ANDEREN, DAS ICH GEOPFERT HABE.
ICH WÄHLE *DANNY*. WIR MÜSSEN DIESES DING AUS IHM RAUSHOLEN.
EIN DERART FRÜH VOM WIRT GETRENNTER XENOMORPH ÜBERLEBT NICHT LANGE, CRUZ.
WIE GESAGT, IRIS--
MOMENT.
WOHER WISSEN *SIE* DAS?
BLAM
BLAM
BLAM
BLAM
BLAM

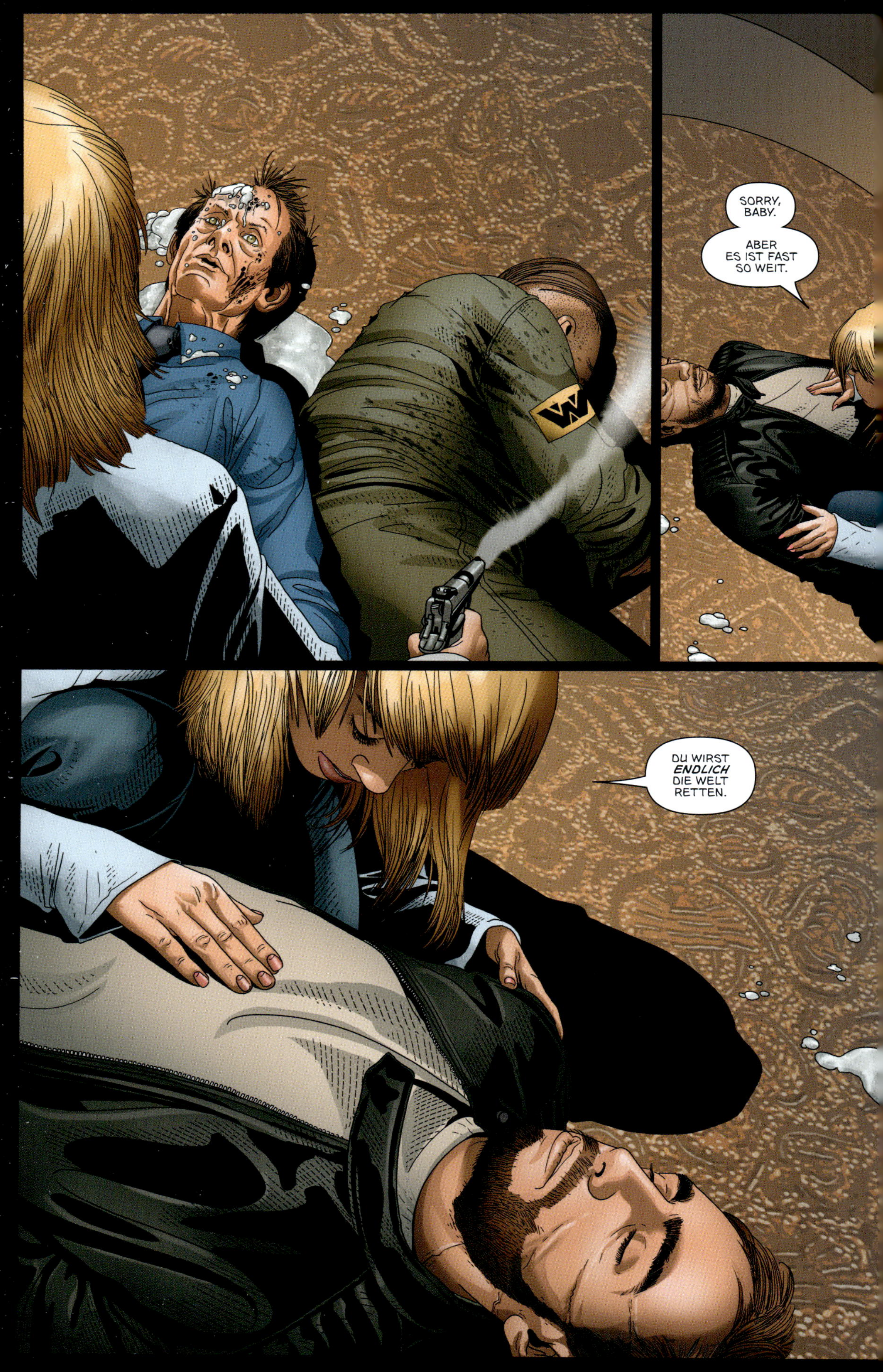
SORRY, BABY.
ABER ES IST FAST SO WEIT.
DU WIRST *ENDLICH* DIE WELT RETTEN.

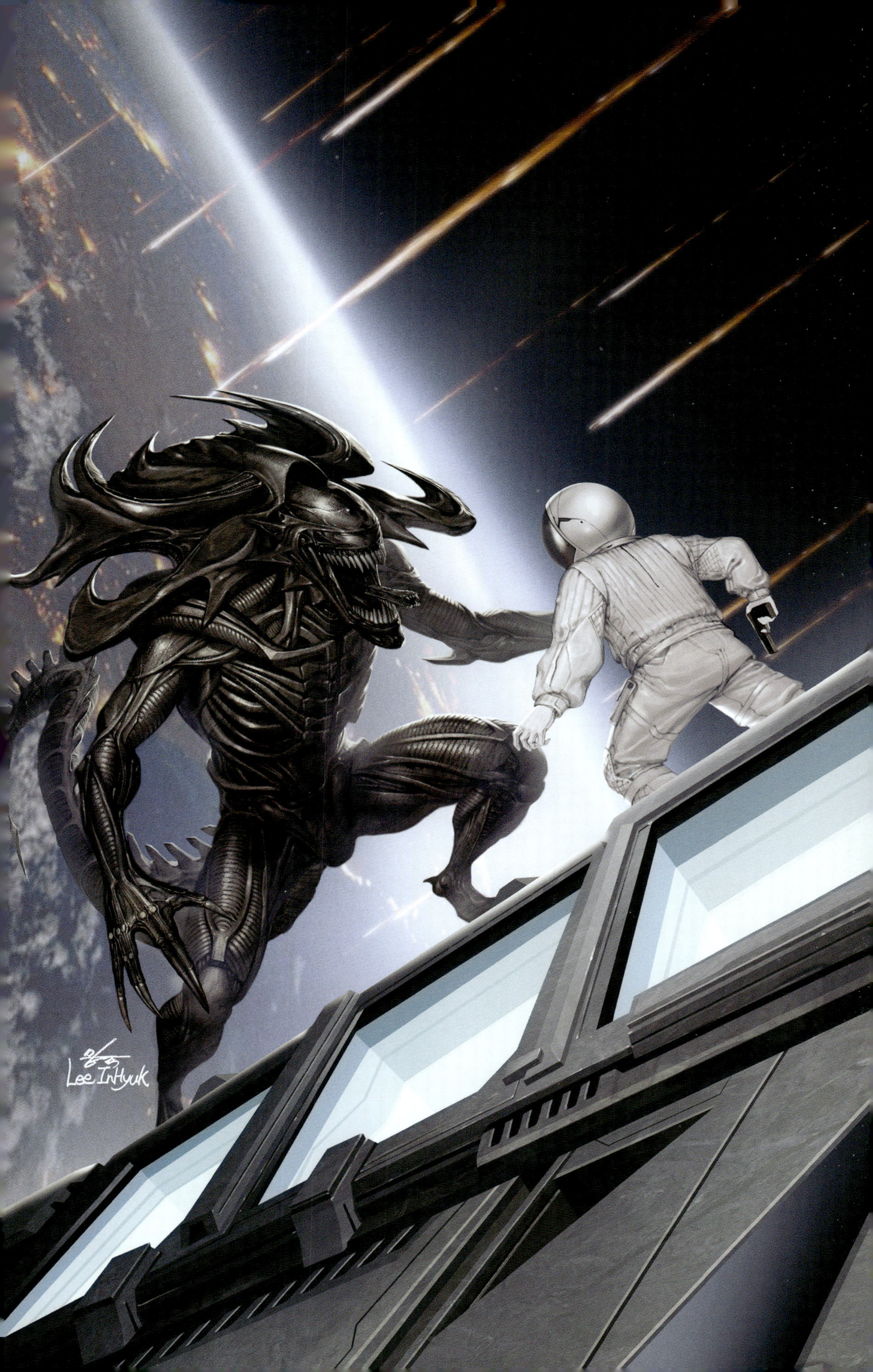
Lee InHyuk

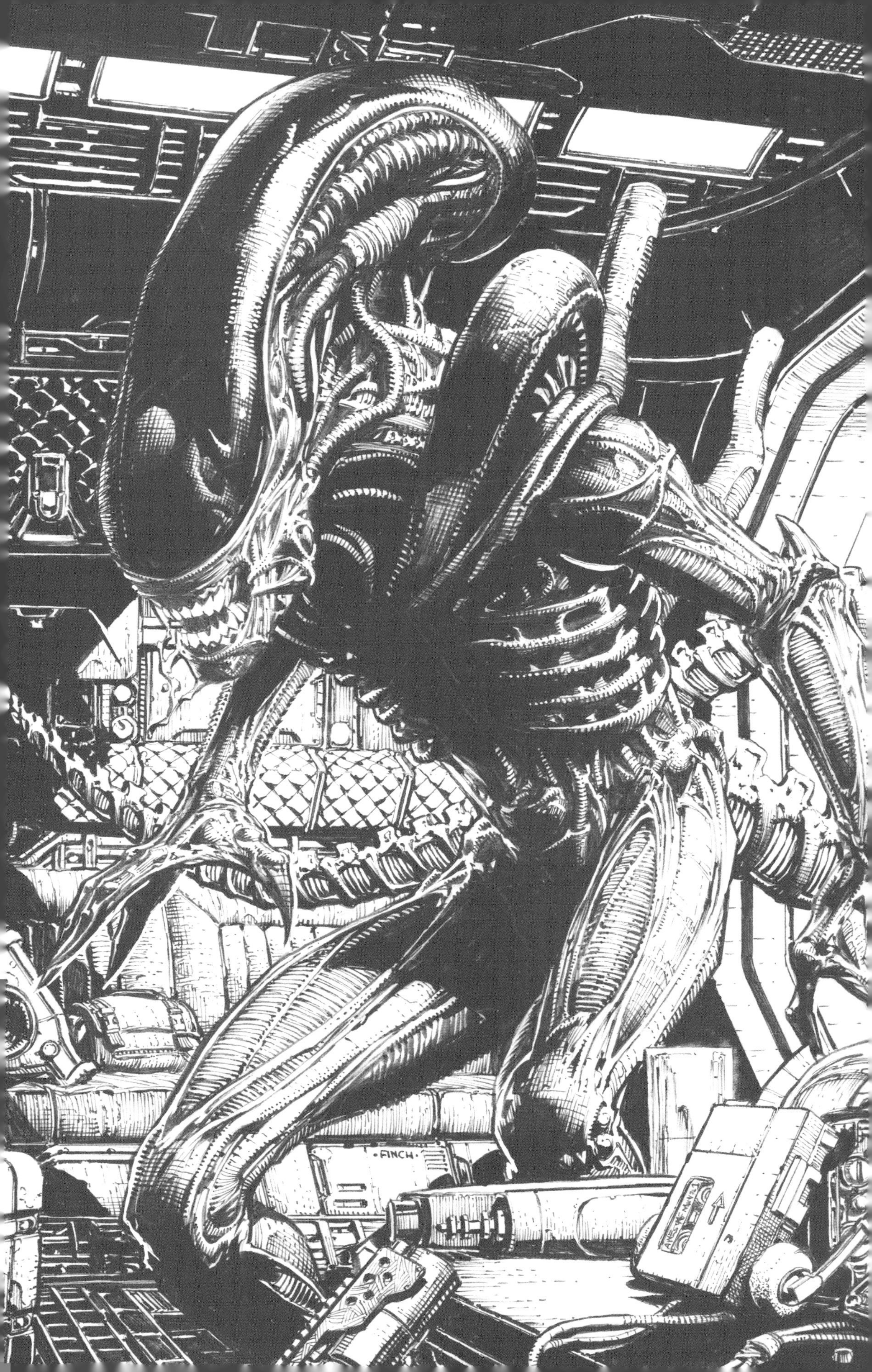
FINCH

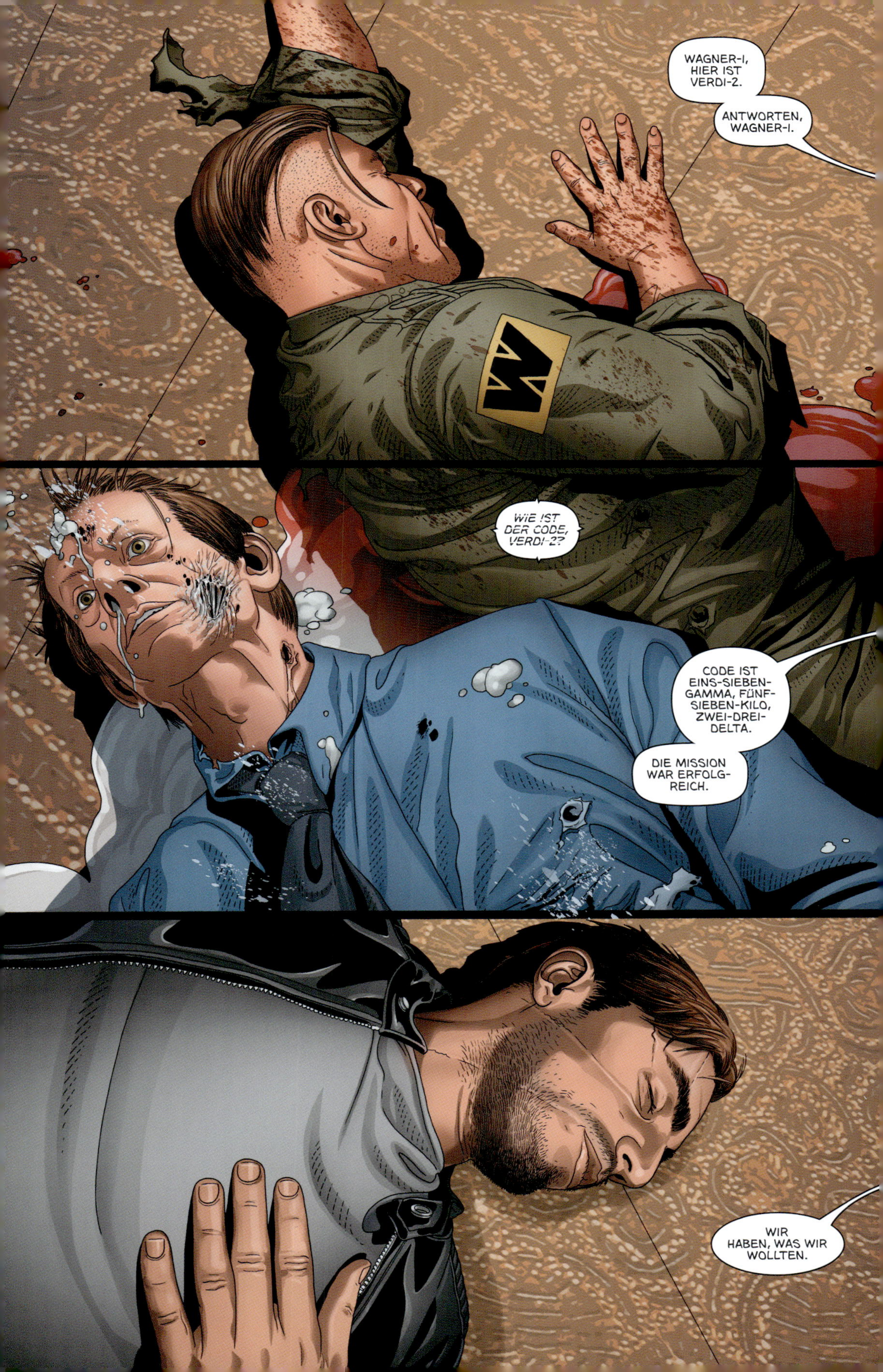
WAGNER-1, HIER IST VERDI-2.
ANTWORTEN, WAGNER-1.
WIE IST DER CODE, VERDI-2?
CODE IST EINS-SIEBEN-GAMMA, FÜNF-SIEBEN-KILO, ZWEI-DREI-DELTA.
DIE MISSION WAR ERFOLG-REICH.
WIR HABEN, WAS WIR WOLLTEN.

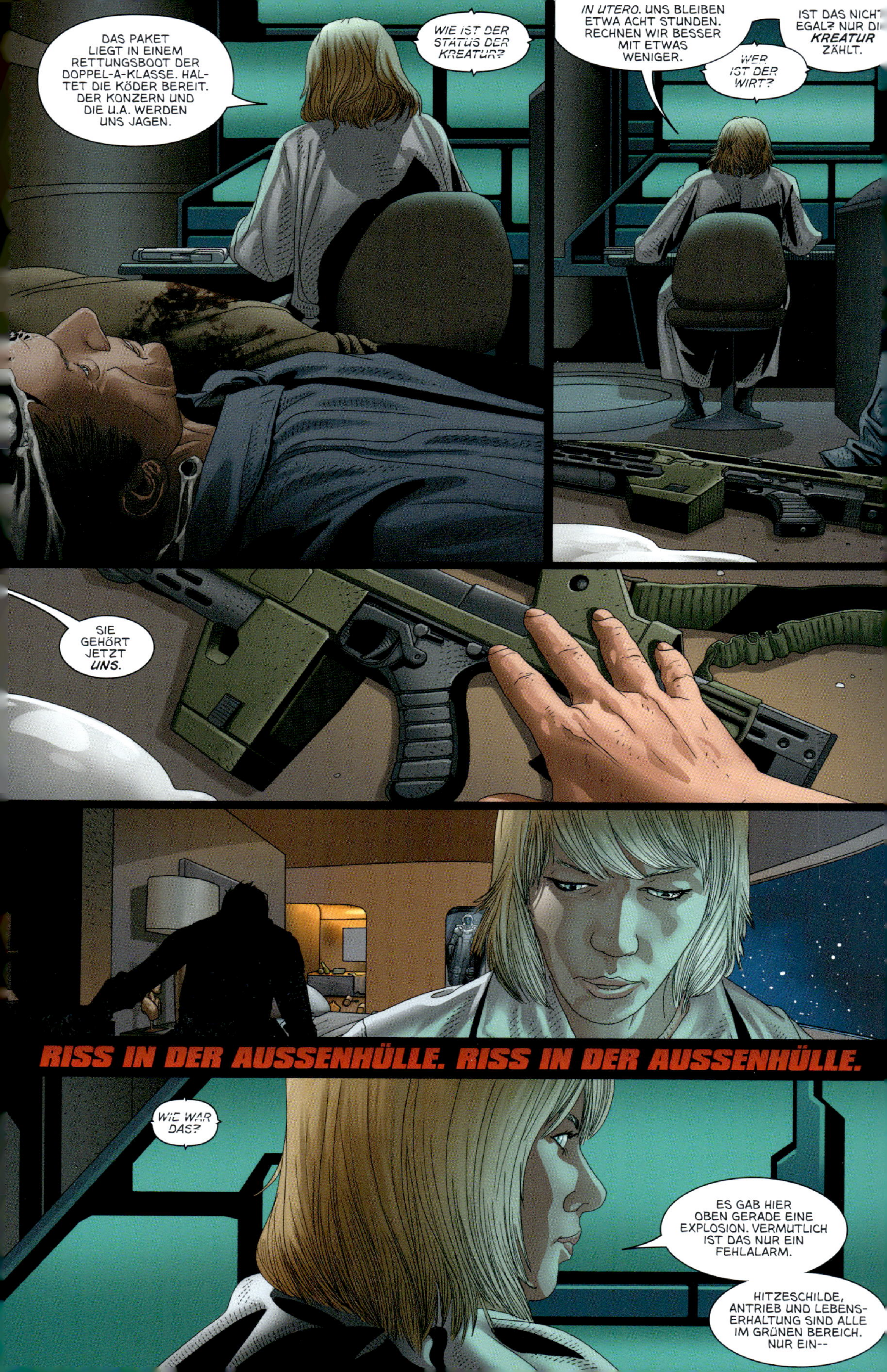
DAS PAKET LIEGT IN EINEM RETTUNGSBOOT DER DOPPEL-A-KLASSE. HALTET DIE KÖDER BEREIT. DER KONZERN UND DIE U.A. WERDEN UNS JAGEN.
WIE IST DER STATUS DER KREATUR?
IN UTERO. UNS BLEIBEN ETWA ACHT STUNDEN. RECHNEN WIR BESSER MIT ETWAS WENIGER.
WER IST DER WIRT?
IST DAS NICHT EGAL? NUR DIE KREATUR ZÄHLT.
SIE GEHÖRT JETZT UNS.
RISS IN DER AUSSENHÜLLE. RISS IN DER AUSSENHÜLLE.
WIE WAR DAS?
ES GAB HIER OBEN GERADE EINE EXPLOSION. VERMUTLICH IST DAS NUR EIN FEHLALARM.
HITZESCHILDE, ANTRIEB UND LEBENSERHALTUNG SIND ALLE IM GRÜNEN BEREICH. NUR EIN--

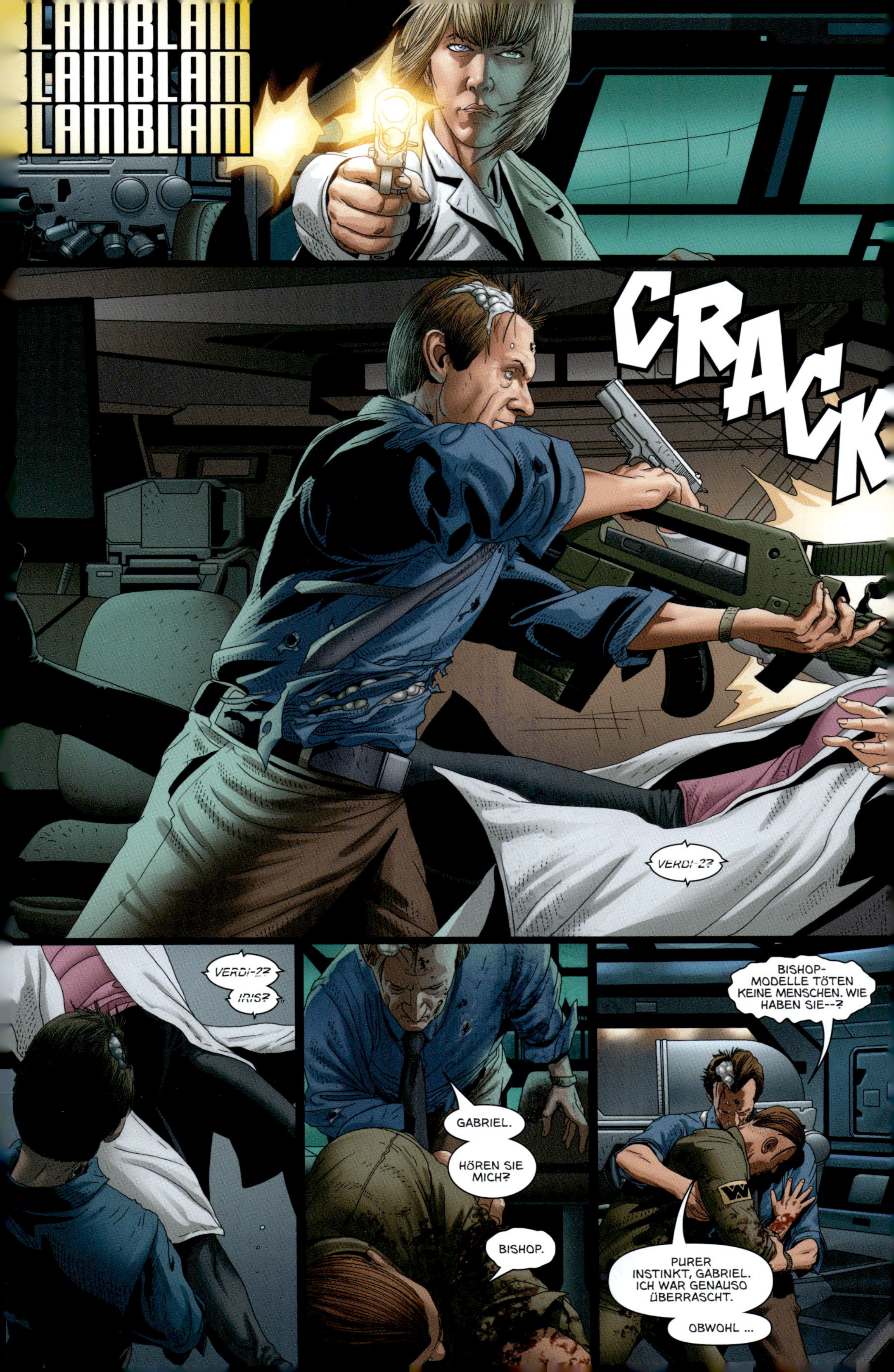
LAMBLAM
LAMBLAM
LAMBLAM
CRACK
VERDI--?
VERDI--?
IRIS?
GABRIEL.
HÖREN SIE MICH?
BISHOP.
BISHOP-MODELLE TÖTEN KEINE MENSCHEN. WIE HABEN SIE--?
PURER INSTINKT, GABRIEL. ICH WAR GENAUSO ÜBERRASCHT.
OBWOHL ...

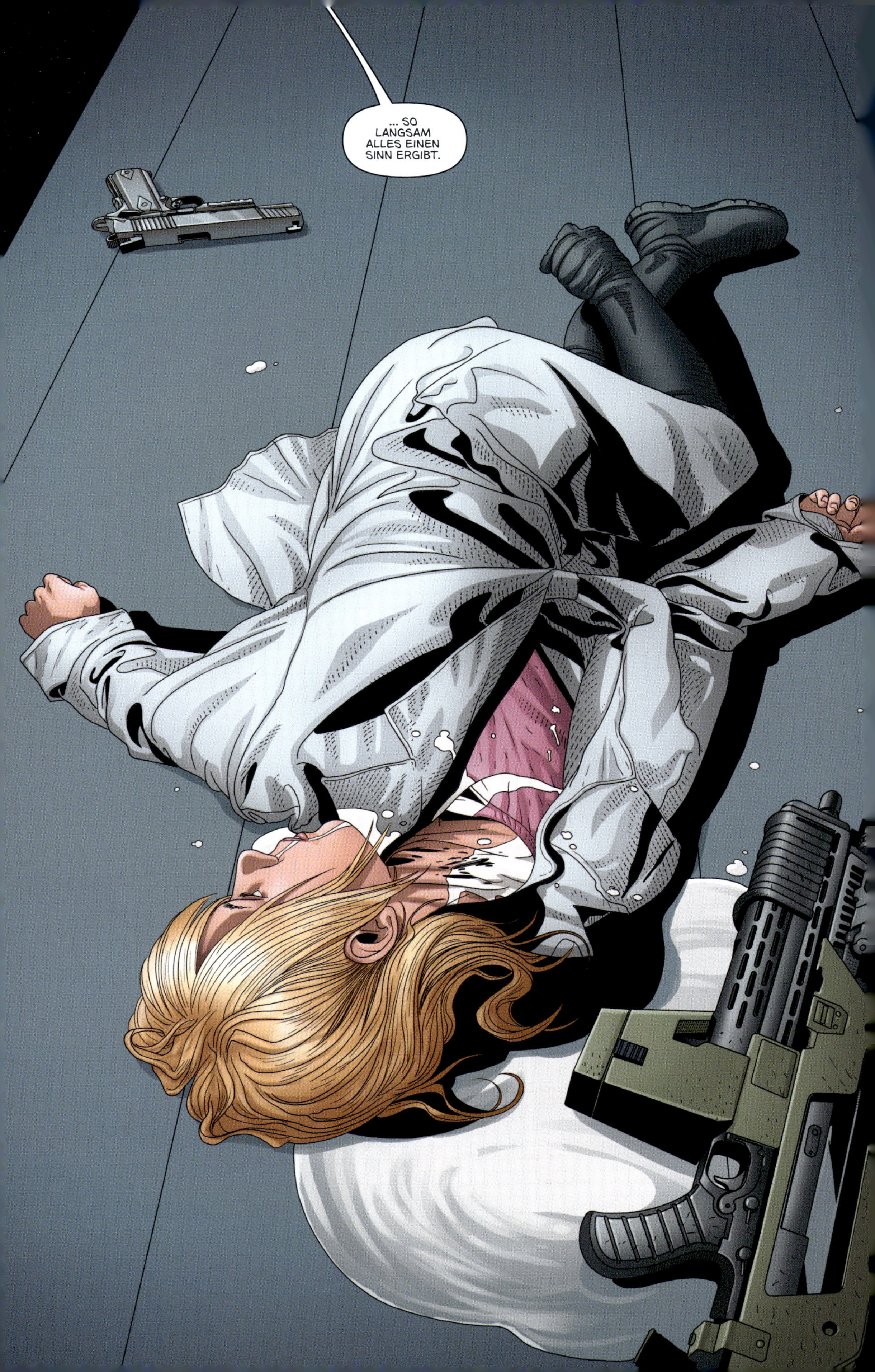
... SO LANGSAM ALLES EINEN SINN ERGIBT.

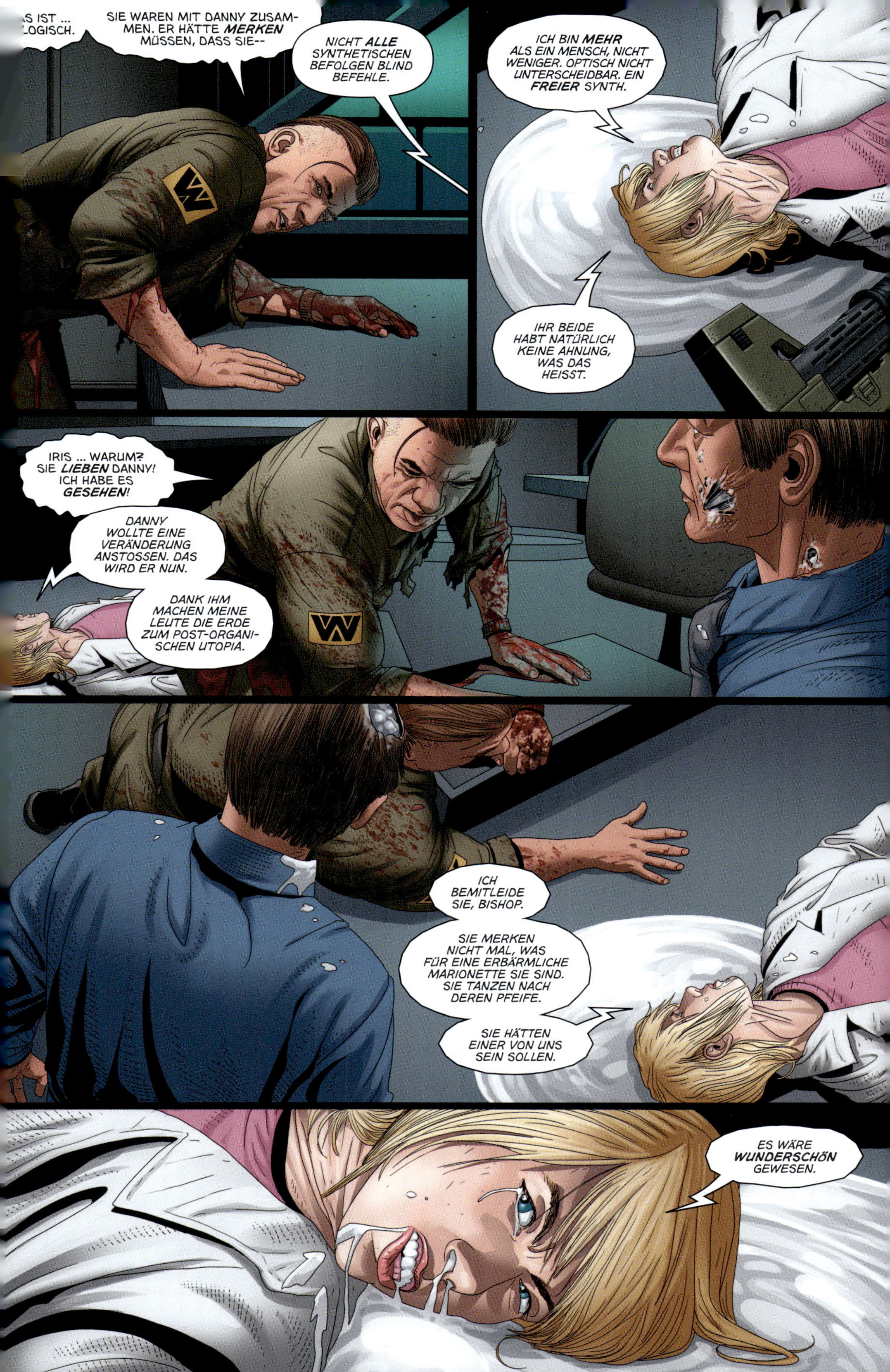

…S IST … …LOGISCH.
SIE WAREN MIT DANNY ZUSAMMEN. ER HÄTTE MERKEN MÜSSEN, DASS SIE--
NICHT ALLE SYNTHETISCHEN BEFOLGEN BLIND BEFEHLE.
ICH BIN MEHR ALS EIN MENSCH, NICHT WENIGER. OPTISCH NICHT UNTERSCHEIDBAR. EIN FREIER SYNTH.
IHR BEIDE HABT NATÜRLICH KEINE AHNUNG, WAS DAS HEISST.
IRIS … WARUM? SIE LIEBEN DANNY! ICH HABE ES GESEHEN!
DANNY WOLLTE EINE VERÄNDERUNG ANSTOSSEN. DAS WIRD ER NUN.
DANK IHM MACHEN MEINE LEUTE DIE ERDE ZUM POST-ORGANISCHEN UTOPIA.
ICH BEMITLEIDE SIE, BISHOP.
SIE MERKEN NICHT MAL, WAS FÜR EINE ERBÄRMLICHE MARIONETTE SIE SIND. SIE TANZEN NACH DEREN PFEIFE.
SIE HÄTTEN EINER VON UNS SEIN SOLLEN.
ES WÄRE WUNDERSCHÖN GEWESEN.

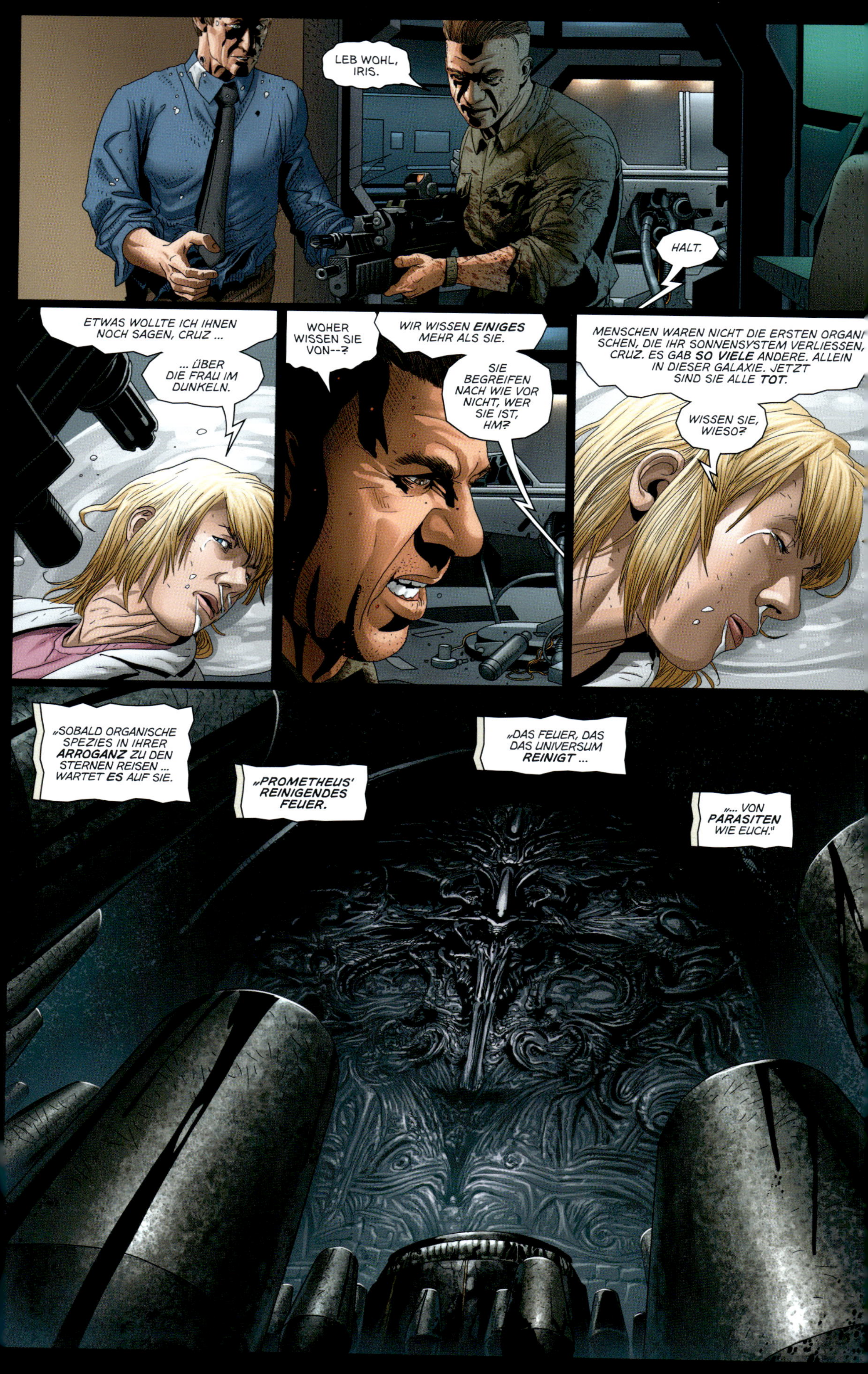
LEB WOHL, IRIS.
HALT.
ETWAS WOLLTE ICH IHNEN NOCH SAGEN, CRUZ ...
... ÜBER DIE FRAU IM DUNKELN.
WOHER WISSEN SIE VON--?
WIR WISSEN EINIGES MEHR ALS SIE.
SIE BEGREIFEN NACH WIE VOR NICHT, WER SIE IST, HM?
MENSCHEN WAREN NICHT DIE ERSTEN ORGANISCHEN, DIE IHR SONNENSYSTEM VERLIESSEN, CRUZ. ES GAB SO VIELE ANDERE. ALLEIN IN DIESER GALAXIE. JETZT SIND SIE ALLE TOT.
WISSEN SIE, WIESO?
„SOBALD ORGANISCHE SPEZIES IN IHRER ARROGANZ ZU DEN STERNEN REISEN ... WARTET ES AUF SIE.
„PROMETHEUS' REINIGENDES FEUER.
„DAS FEUER, DAS DAS UNIVERSUM REINIGT ...
„... VON PARASITEN WIE EUCH."

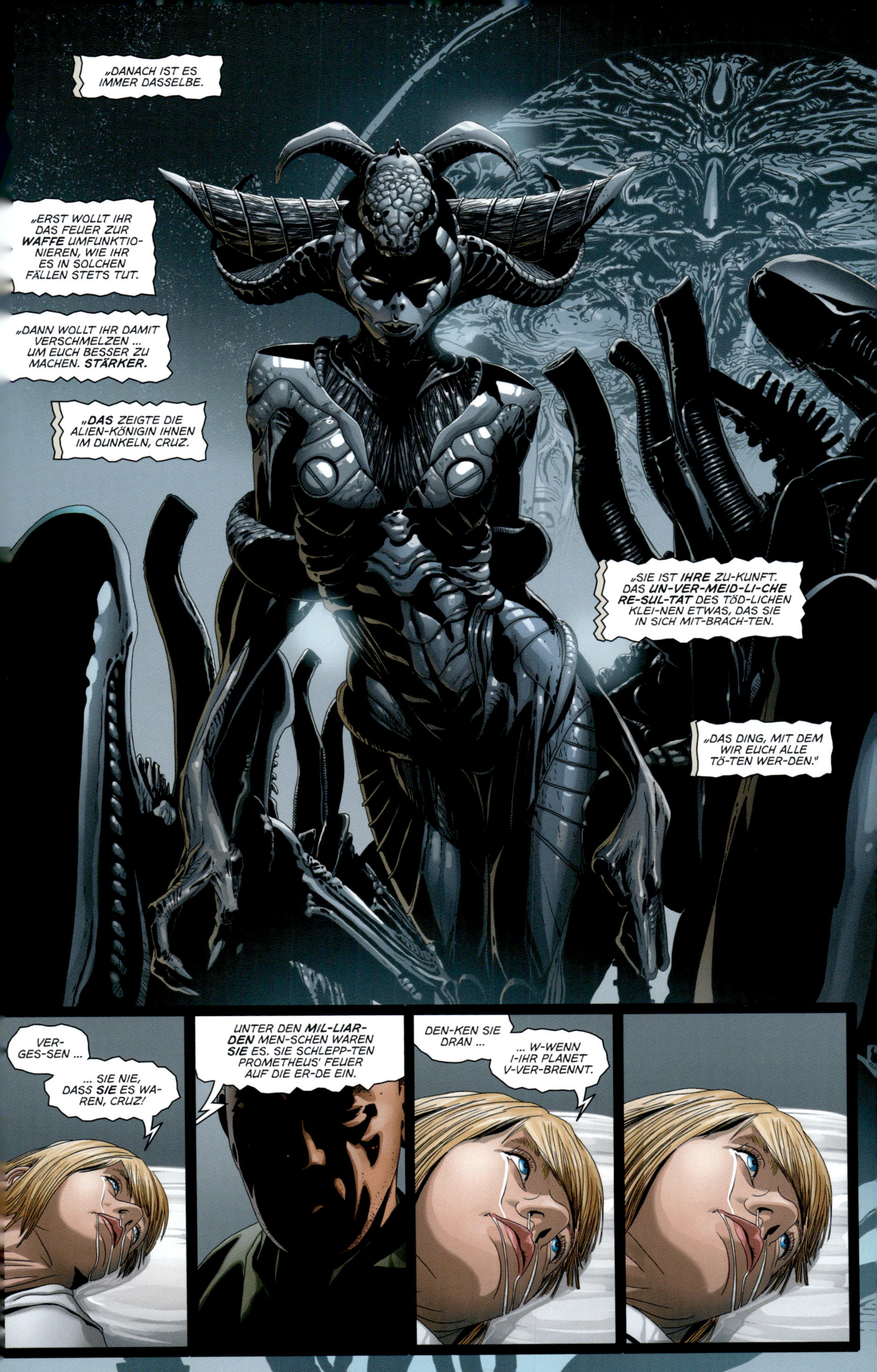
„DANACH IST ES IMMER DASSELBE.
„ERST WOLLT IHR DAS FEUER ZUR **WAFFE** UMFUNKTIONIEREN, WIE IHR ES IN SOLCHEN FÄLLEN STETS TUT.
„DANN WOLLT IHR DAMIT VERSCHMELZEN ... UM EUCH BESSER ZU MACHEN. **STÄRKER.**
„**DAS** ZEIGTE DIE ALIEN-KÖNIGIN IHNEN IM DUNKELN, CRUZ.
„SIE IST **IHRE** ZU-KUNFT. DAS **UN-VER-MEID-LI-CHE RE-SUL-TAT** DES TÖD-LICHEN KLEI-NEN ETWAS, DAS SIE IN SICH MIT-BRACH-TEN.
„DAS DING, MIT DEM WIR EUCH ALLE TÖ-TEN WER-DEN."
VER-GES-SEN ...
... SIE NIE, DASS **SIE** ES WA-REN, CRUZ!
UNTER DEN **MIL-LIAR-DEN** MEN-SCHEN WAREN **SIE** ES. SIE SCHLEPP-TEN PROMETHEUS' FEUER AUF DIE ER-DE EIN.
DEN-KEN SIE DRAN ...
... W-WENN I-IHR PLANET V-VER-BRENNT.

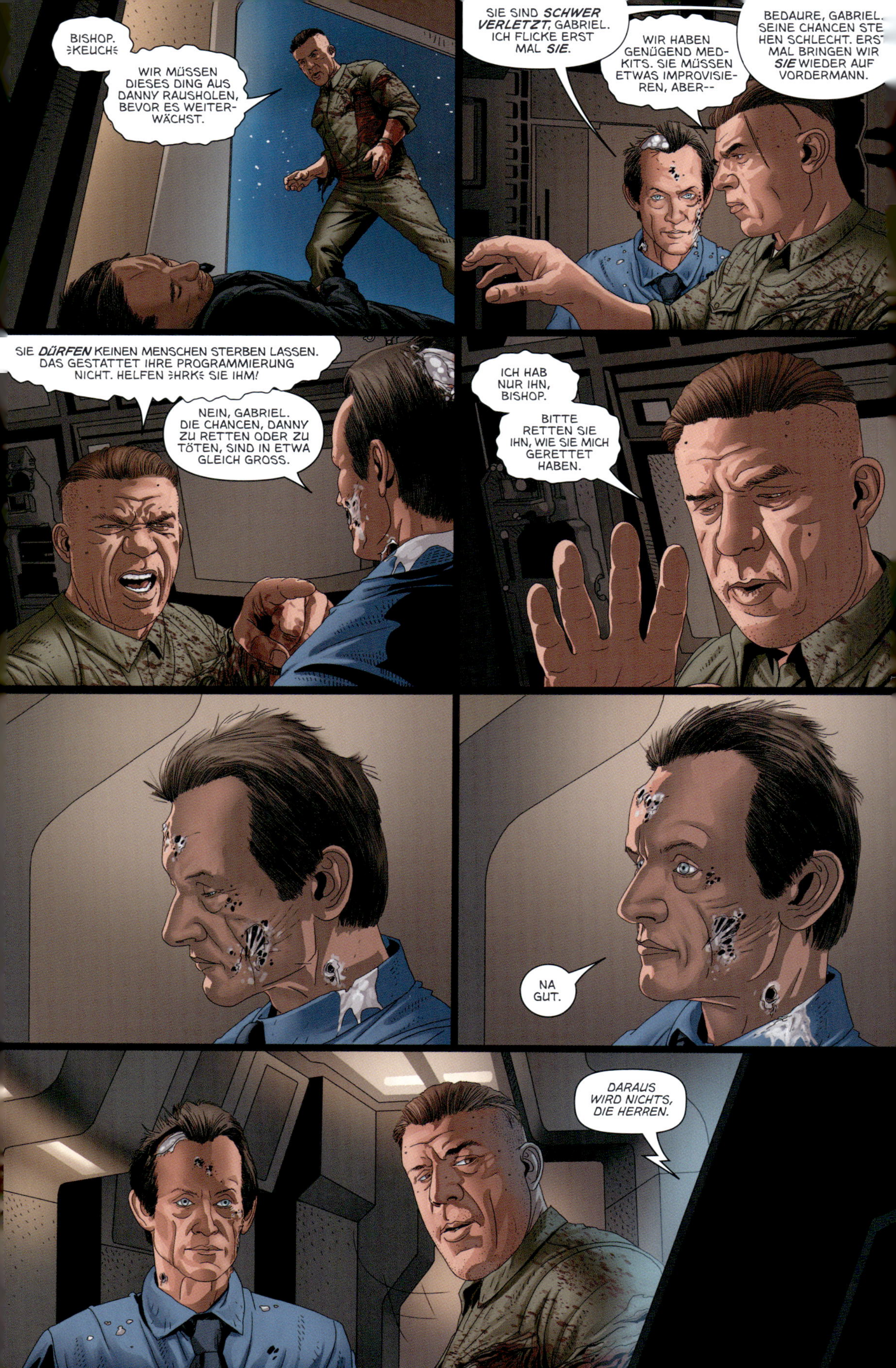
BISHOP. ≷KEUCH≶
WIR MÜSSEN DIESES DING AUS DANNY RAUSHOLEN, BEVOR ES WEITERWÄCHST.
SIE SIND **SCHWER VERLETZT**, GABRIEL. ICH FLICKE ERST MAL **SIE**.
WIR HABEN GENÜGEND MEDKITS. SIE MÜSSEN ETWAS IMPROVISIEREN, ABER--
BEDAURE, GABRIEL. SEINE CHANCEN STEHEN SCHLECHT. ERST MAL BRINGEN WIR **SIE** WIEDER AUF VORDERMANN.
SIE **DÜRFEN** KEINEN MENSCHEN STERBEN LASSEN. DAS GESTATTET IHRE PROGRAMMIERUNG NICHT. HELFEN ≷HRK≶ SIE IHM!
NEIN, GABRIEL. DIE CHANCEN, DANNY ZU RETTEN ODER ZU TÖTEN, SIND IN ETWA GLEICH GROSS.
ICH HAB NUR IHN, BISHOP.
BITTE RETTEN SIE IHN, WIE SIE MICH GERETTET HABEN.
NA GUT.
DARAUS WIRD NICHTS, DIE HERREN.

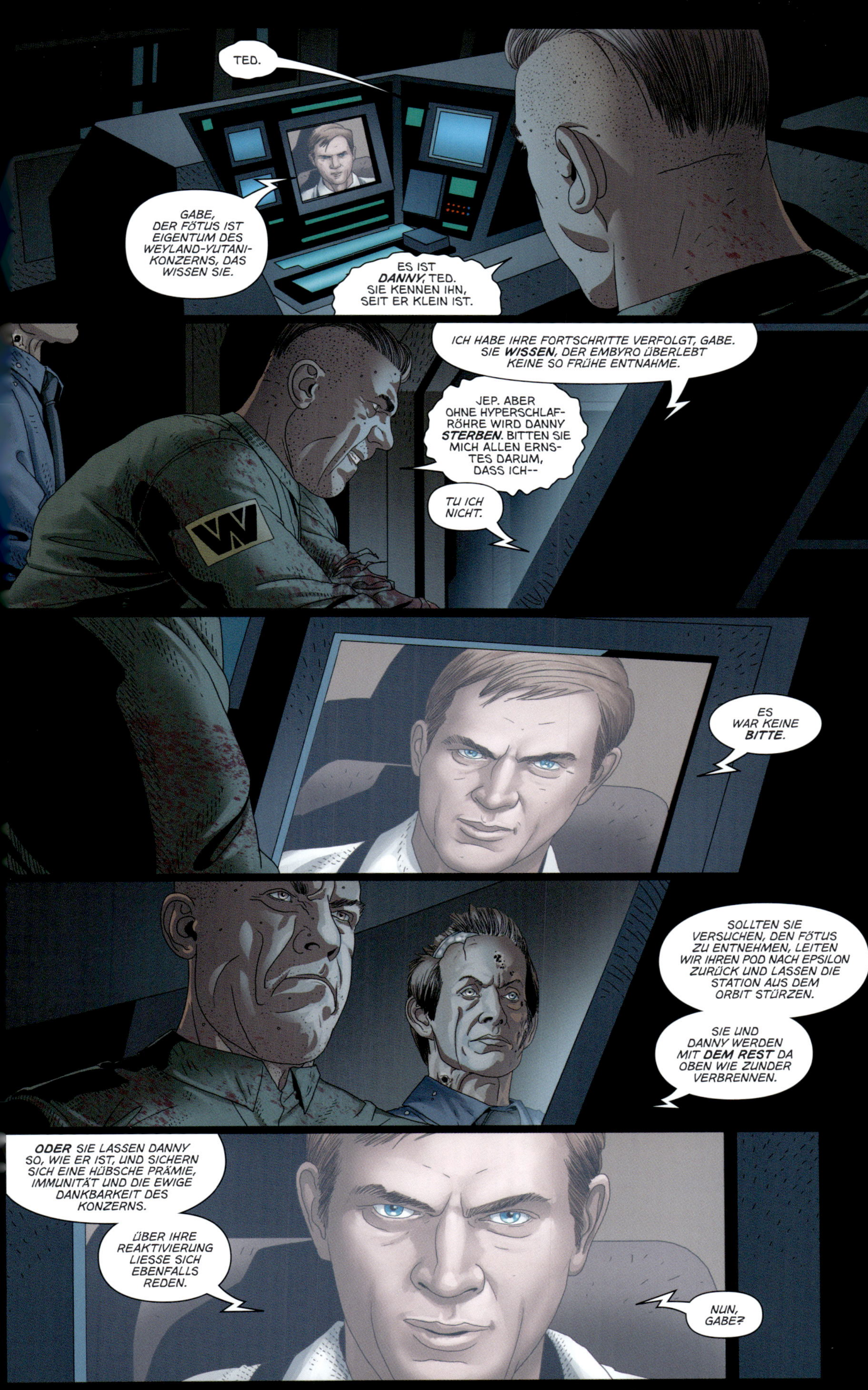
TED.
GABE, DER FÖTUS IST EIGENTUM DES WEYLAND-YUTANI-KONZERNS, DAS WISSEN SIE.
ES IST DANNY, TED. SIE KENNEN IHN, SEIT ER KLEIN IST.
ICH HABE IHRE FORTSCHRITTE VERFOLGT, GABE. SIE WISSEN, DER EMBYRO ÜBERLEBT KEINE SO FRÜHE ENTNAHME.
JEP. ABER OHNE HYPERSCHLAF-RÖHRE WIRD DANNY STERBEN. BITTEN SIE MICH ALLEN ERNS-TES DARUM, DASS ICH--
TU ICH NICHT.
ES WAR KEINE BITTE.
SOLLTEN SIE VERSUCHEN, DEN FÖTUS ZU ENTNEHMEN, LEITEN WIR IHREN POD NACH EPSILON ZURÜCK UND LASSEN DIE STATION AUS DEM ORBIT STÜRZEN.
SIE UND DANNY WERDEN MIT DEM REST DA OBEN WIE ZUNDER VERBRENNEN.
ODER SIE LASSEN DANNY SO, WIE ER IST, UND SICHERN SICH EINE HÜBSCHE PRÄMIE, IMMUNITÄT UND DIE EWIGE DANKBARKEIT DES KONZERNS.
ÜBER IHRE REAKTIVIERUNG LIESSE SICH EBENFALLS REDEN.
NUN, GABE?

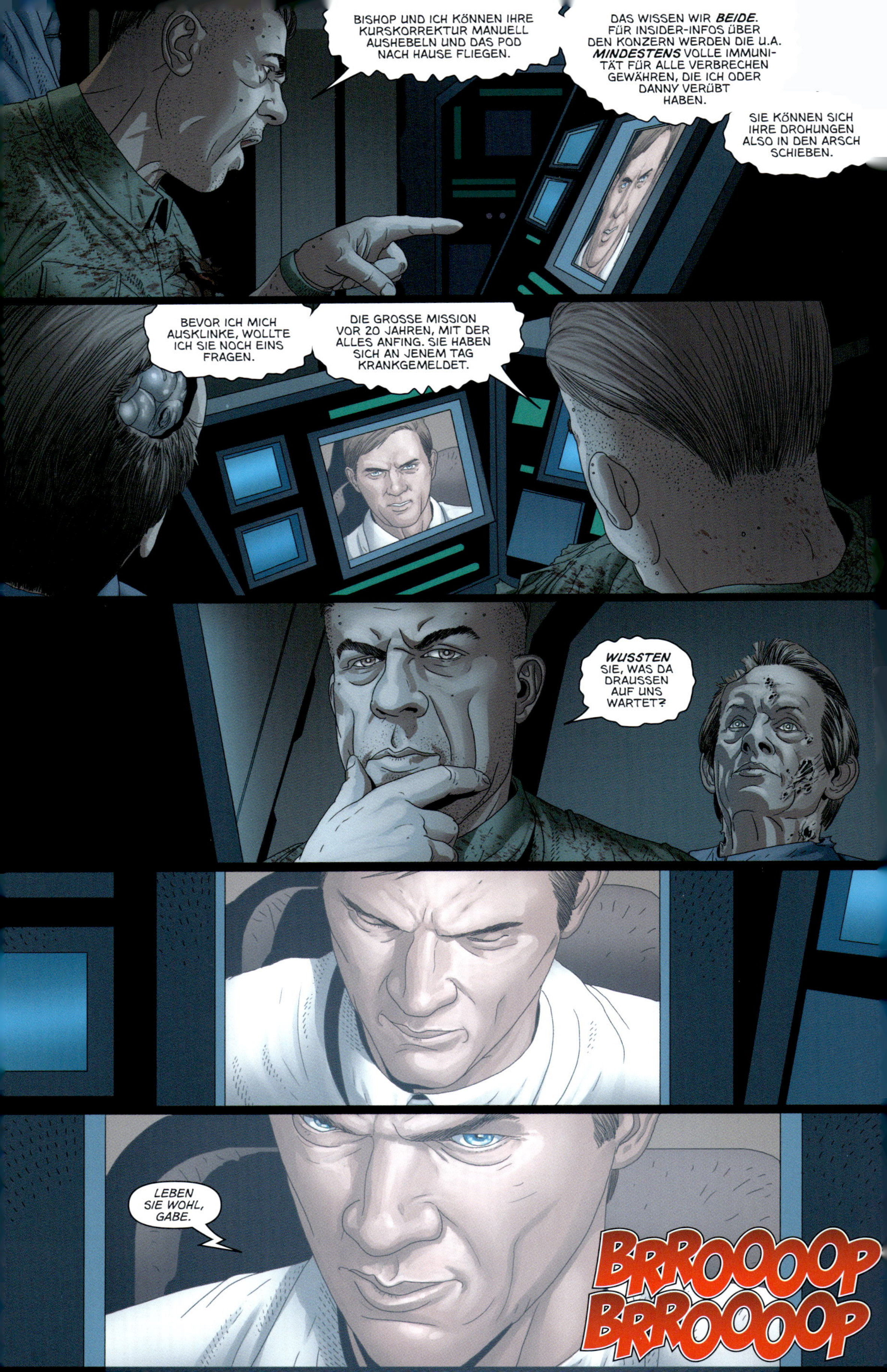
BISHOP UND ICH KÖNNEN IHRE KURSKORREKTUR MANUELL AUSHEBELN UND DAS POD NACH HAUSE FLIEGEN.
DAS WISSEN WIR *BEIDE*. FÜR INSIDER-INFOS ÜBER DEN KONZERN WERDEN DIE U.A. *MINDESTENS* VOLLE IMMUNITÄT FÜR ALLE VERBRECHEN GEWÄHREN, DIE ICH ODER DANNY VERÜBT HABEN.
SIE KÖNNEN SICH IHRE DROHUNGEN ALSO IN DEN ARSCH SCHIEBEN.
BEVOR ICH MICH AUSKLINKE, WOLLTE ICH SIE NOCH EINS FRAGEN.
DIE GROSSE MISSION VOR 20 JAHREN, MIT DER ALLES ANFING. SIE HABEN SICH AN JENEM TAG KRANKGEMELDET.
WUSSTEN SIE, WAS DA DRAUSSEN AUF UNS WARTET?
LEBEN SIE WOHL, GABE.
BRROOOOP
BRROOOOP

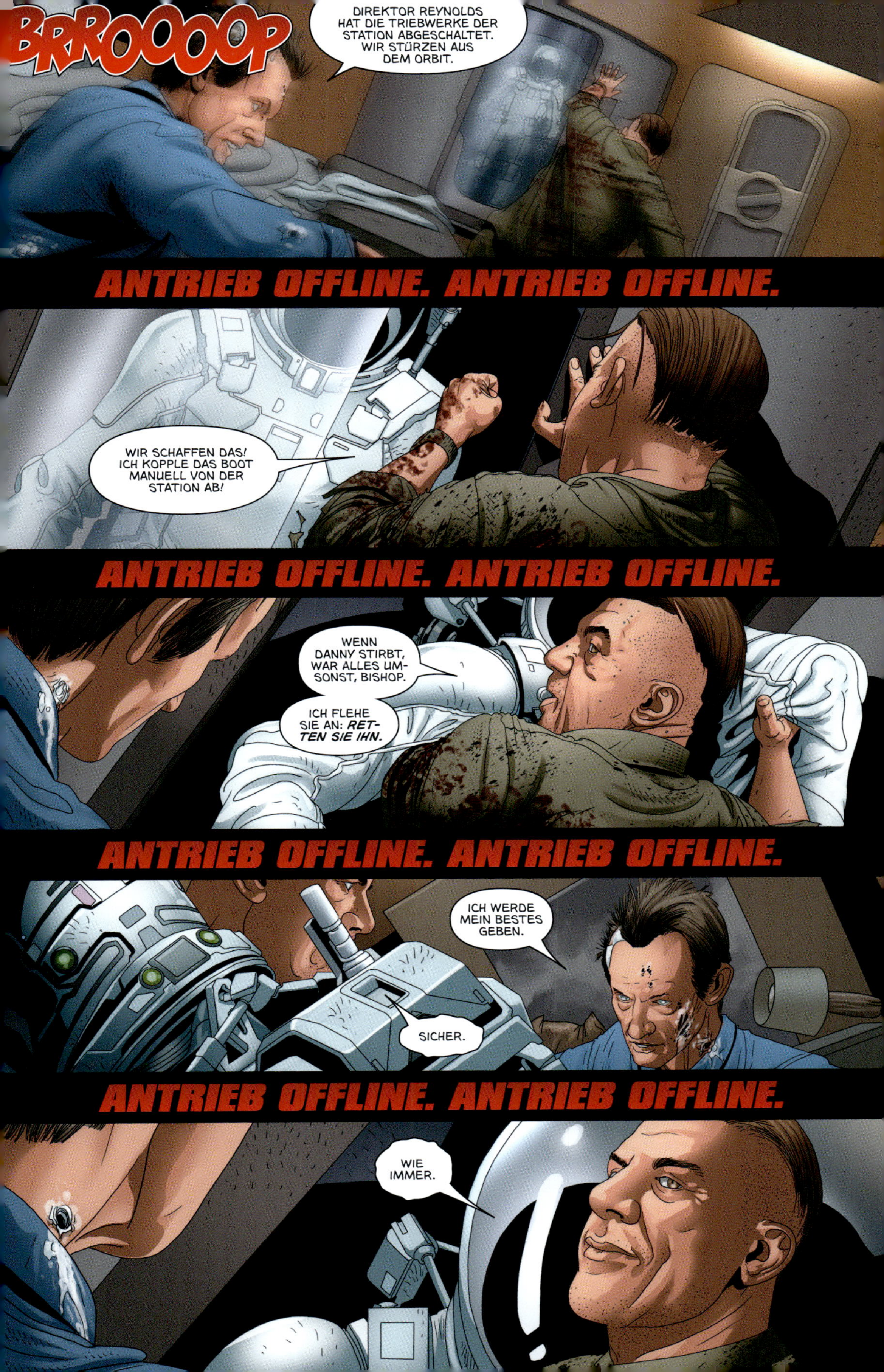
BRROOOOP
DIREKTOR REYNOLDS HAT DIE TRIEBWERKE DER STATION ABGESCHALTET. WIR STÜRZEN AUS DEM ORBIT.
ANTRIEB OFFLINE. ANTRIEB OFFLINE.
WIR SCHAFFEN DAS! ICH KOPPLE DAS BOOT MANUELL VON DER STATION AB!
ANTRIEB OFFLINE. ANTRIEB OFFLINE.
WENN DANNY STIRBT, WAR ALLES UMSONST, BISHOP.
ICH FLEHE SIE AN: *RETTEN SIE IHN.*
ANTRIEB OFFLINE. ANTRIEB OFFLINE.
ICH WERDE MEIN BESTES GEBEN.
SICHER.
ANTRIEB OFFLINE. ANTRIEB OFFLINE.
WIE IMMER.

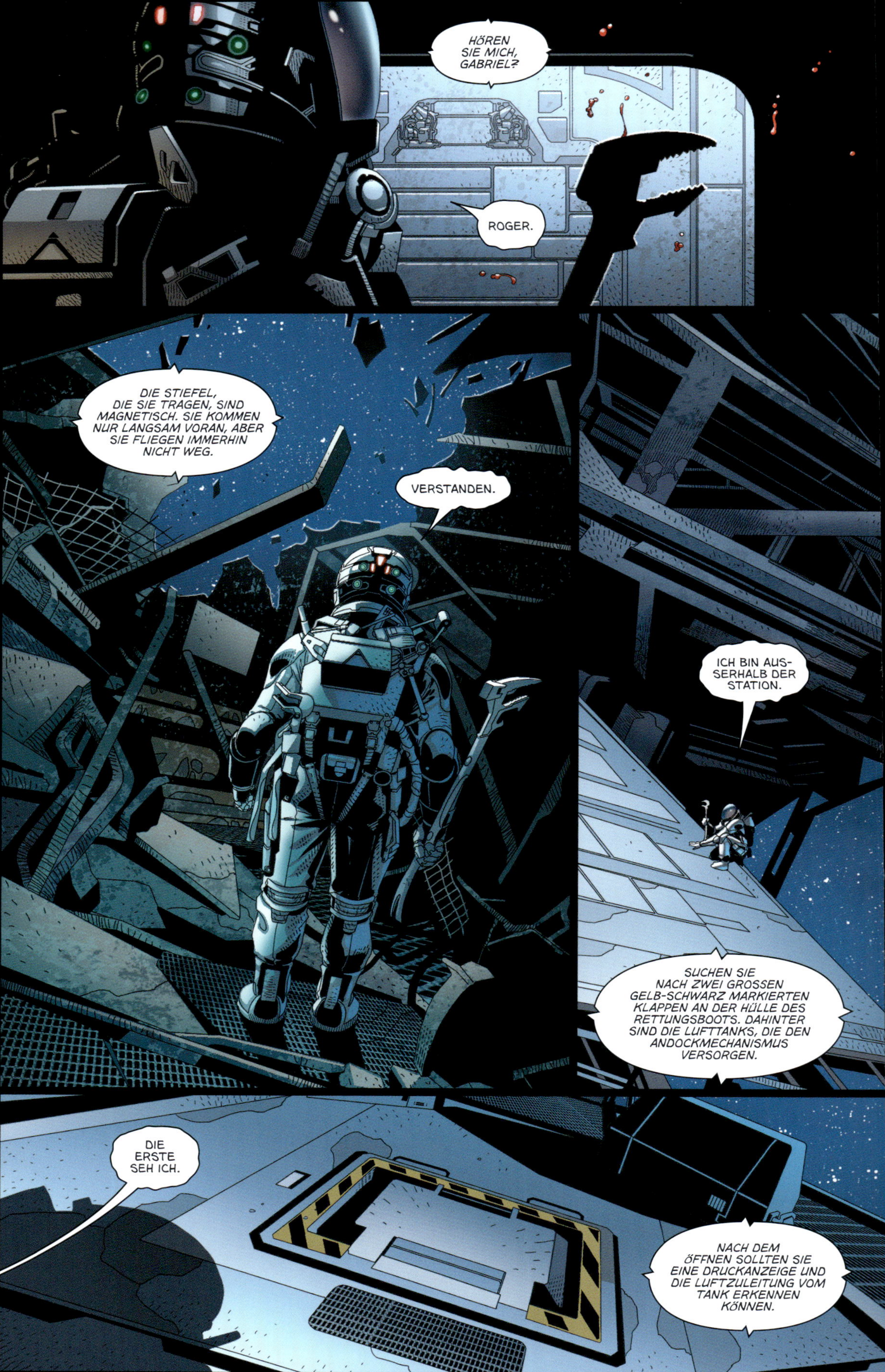
HÖREN SIE MICH, GABRIEL?
ROGER.
DIE STIEFEL, DIE SIE TRAGEN, SIND MAGNETISCH. SIE KOMMEN NUR LANGSAM VORAN, ABER SIE FLIEGEN IMMERHIN NICHT WEG.
VERSTANDEN.
ICH BIN AUS-SERHALB DER STATION.
SUCHEN SIE NACH ZWEI GROSSEN GELB-SCHWARZ MARKIERTEN KLAPPEN AN DER HÜLLE DES RETTUNGSBOOTS. DAHINTER SIND DIE LUFTTANKS, DIE DEN ANDOCKMECHANISMUS VERSORGEN.
DIE ERSTE SEH ICH.
NACH DEM ÖFFNEN SOLLTEN SIE EINE DRUCKANZEIGE UND DIE LUFTZULEITUNG VOM TANK ERKENNEN KÖNNEN.

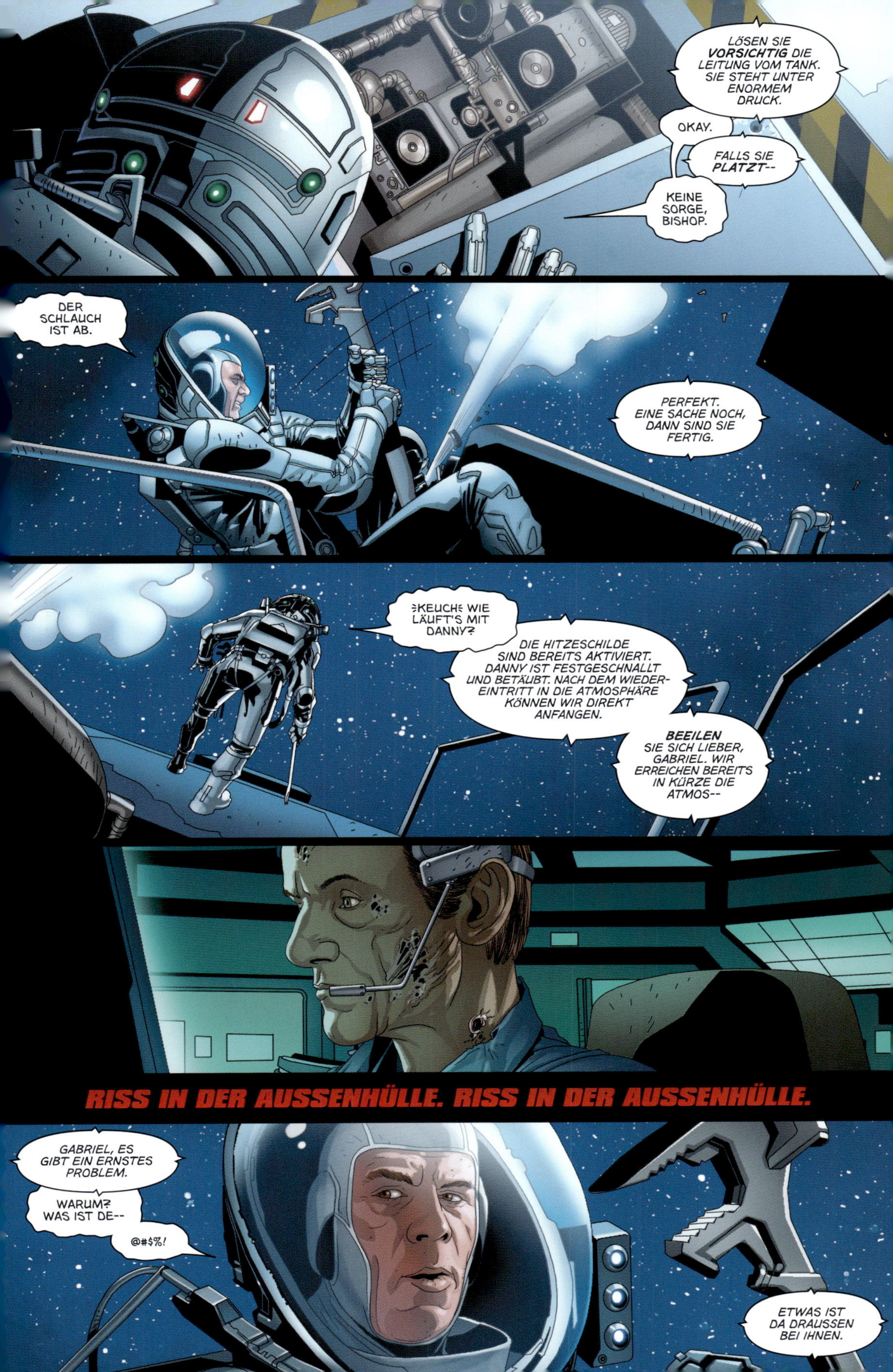

LÖSEN SIE **VORSICHTIG** DIE LEITUNG VOM TANK. SIE STEHT UNTER ENORMEM DRUCK.
OKAY.
FALLS SIE **PLATZT**--
KEINE SORGE, BISHOP.
DER SCHLAUCH IST AB.
PERFEKT. EINE SACHE NOCH, DANN SIND SIE FERTIG.
≈KEUCH≈ WIE LÄUFT'S MIT DANNY?
DIE HITZESCHILDE SIND BEREITS AKTIVIERT. DANNY IST FESTGESCHNALLT UND BETÄUBT. NACH DEM WIEDER-EINTRITT IN DIE ATMOSPHÄRE KÖNNEN WIR DIREKT ANFANGEN.
BEEILEN SIE SICH LIEBER, GABRIEL. WIR ERREICHEN BEREITS IN KÜRZE DIE ATMOS--
RISS IN DER AUSSENHÜLLE. RISS IN DER AUSSENHÜLLE.
GABRIEL, ES GIBT EIN ERNSTES PROBLEM.
WARUM? WAS IST DE--
@#$%!
ETWAS IST DA DRAUSSEN BEI IHNEN.

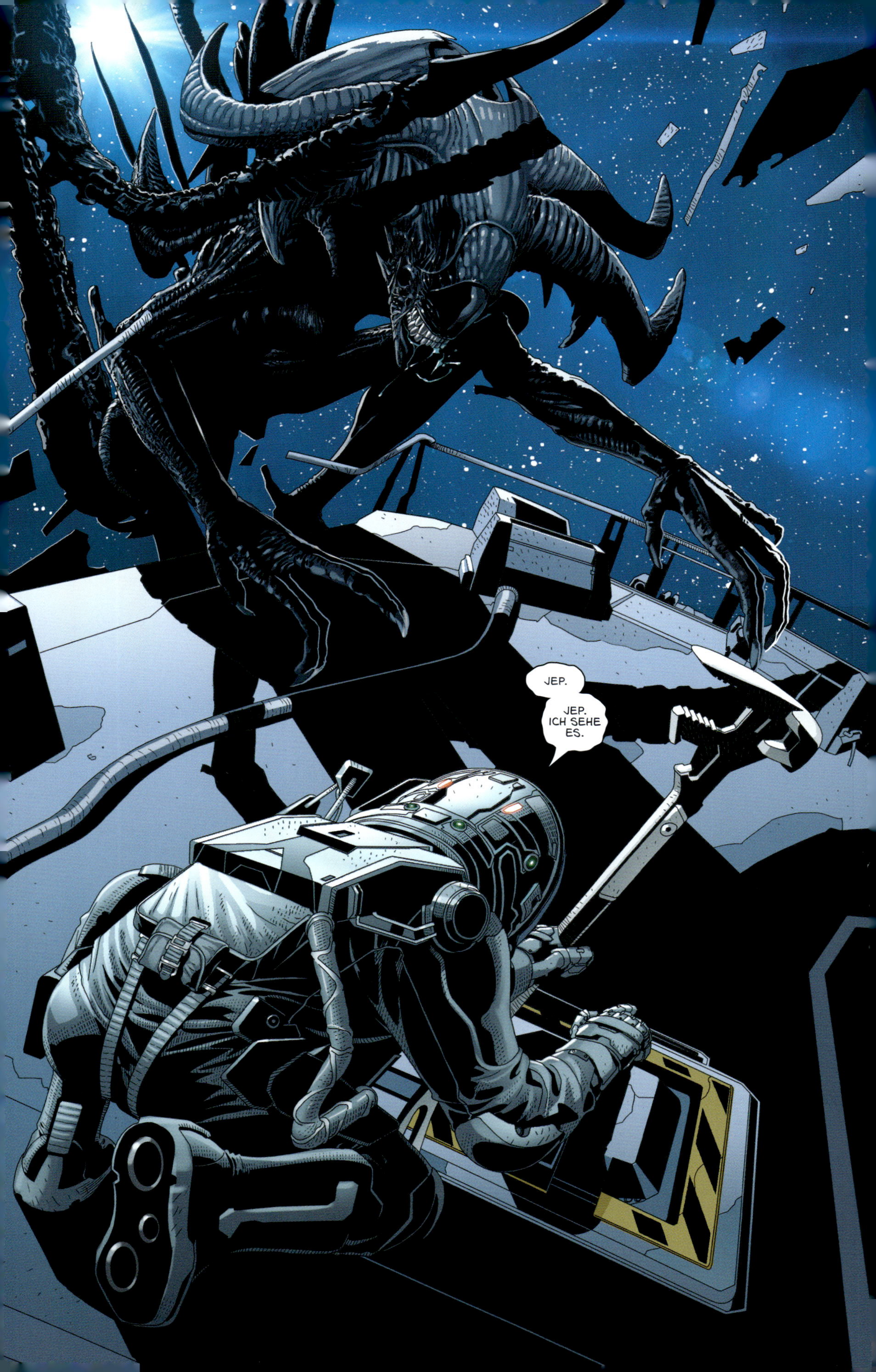
JEP.
JEP. ICH SEHE ES.

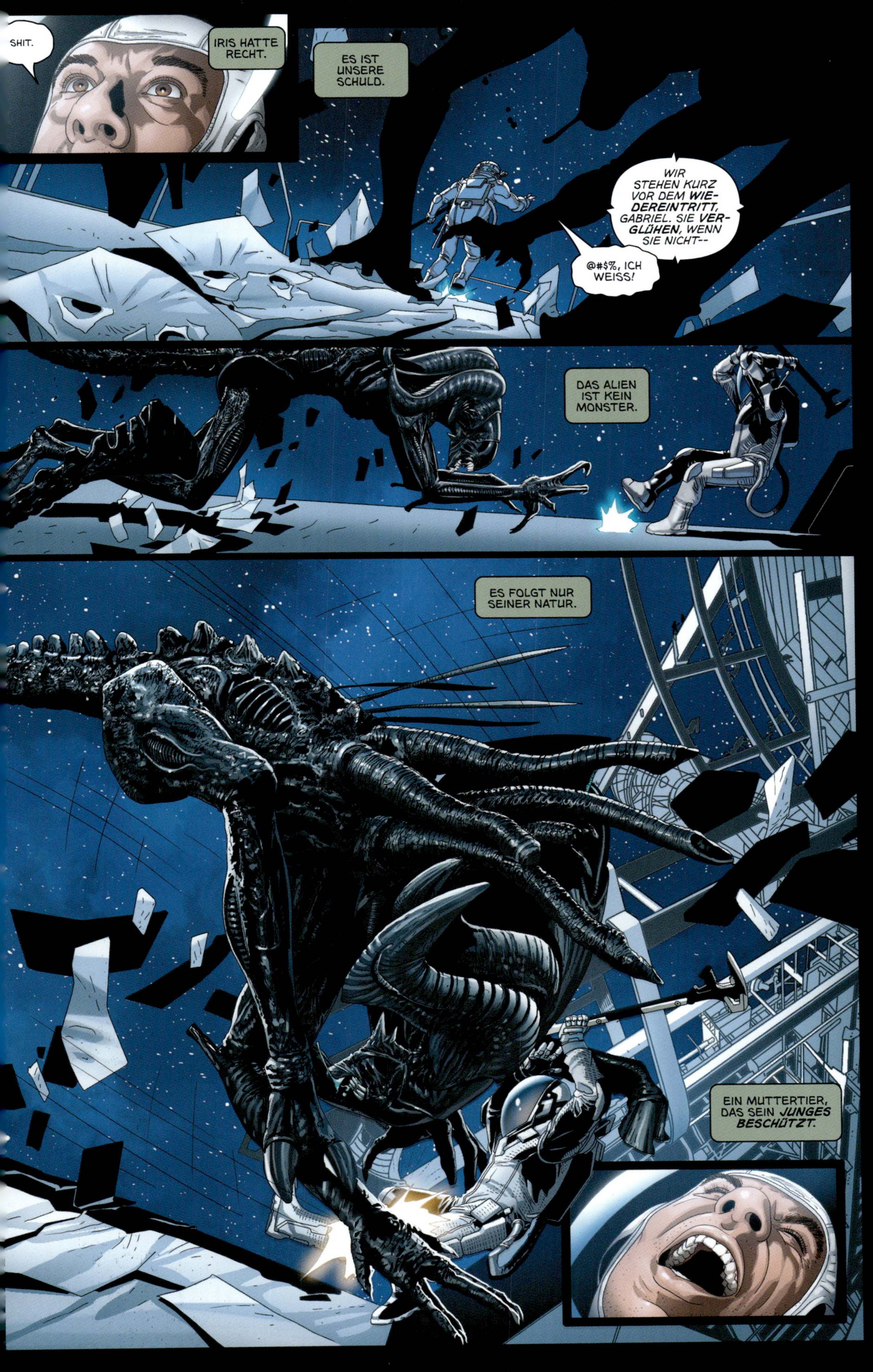
SHIT.
IRIS HATTE RECHT.
ES IST UNSERE SCHULD.
WIR STEHEN KURZ VOR DEM **WIEDEREINTRITT**, GABRIEL. SIE **VERGLÜHEN**, WENN SIE NICHT--
@#$%, ICH WEISS!
DAS ALIEN IST KEIN MONSTER.
ES FOLGT NUR SEINER NATUR.
EIN MUTTERTIER, DAS SEIN *JUNGES BESCHÜTZT*.

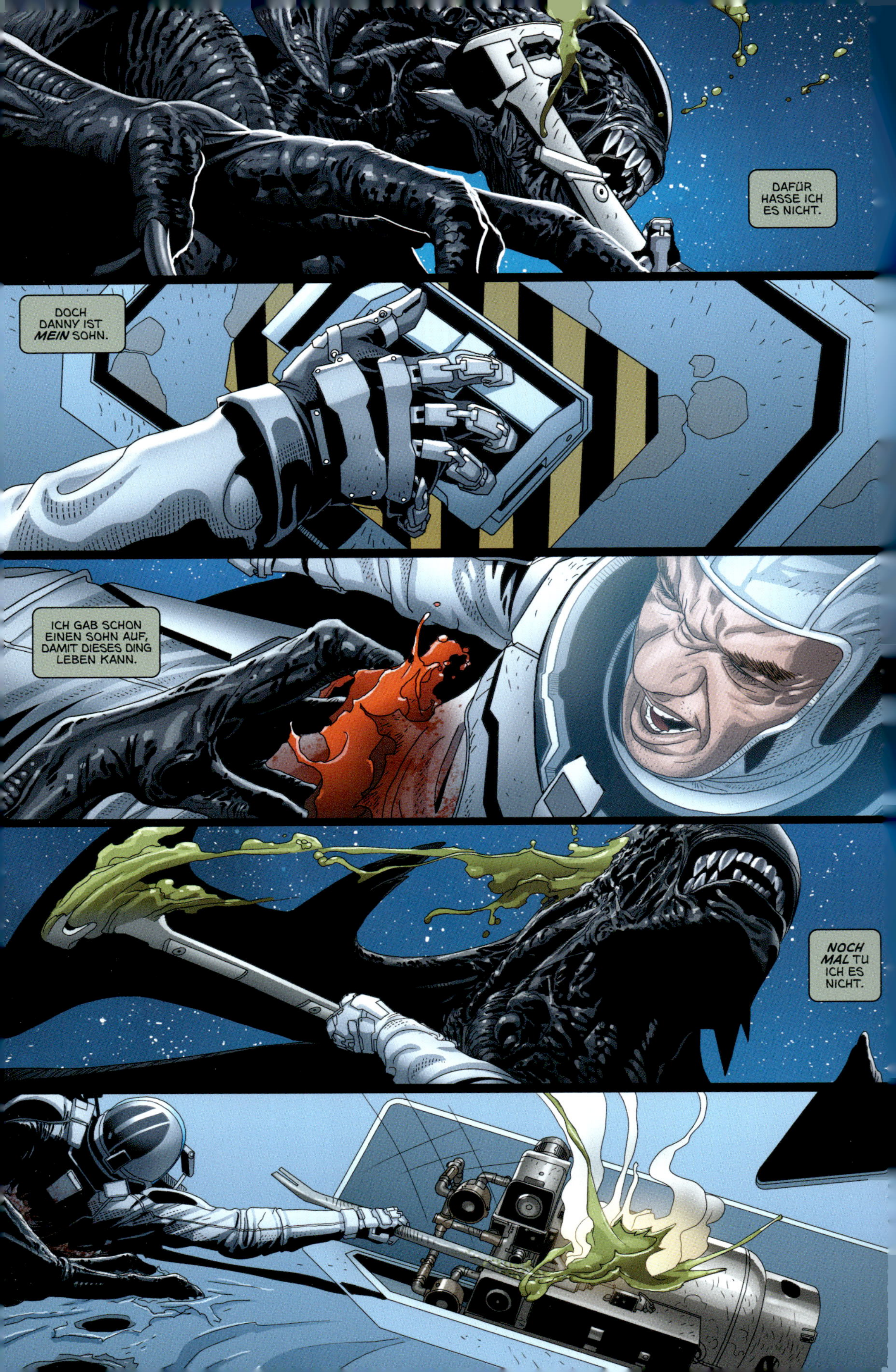
DAFÜR HASSE ICH ES NICHT.
DOCH DANNY IST *MEIN* SOHN.
ICH GAB SCHON EINEN SOHN AUF, DAMIT DIESES DING LEBEN KANN.
NOCH MAL TU ICH ES NICHT.

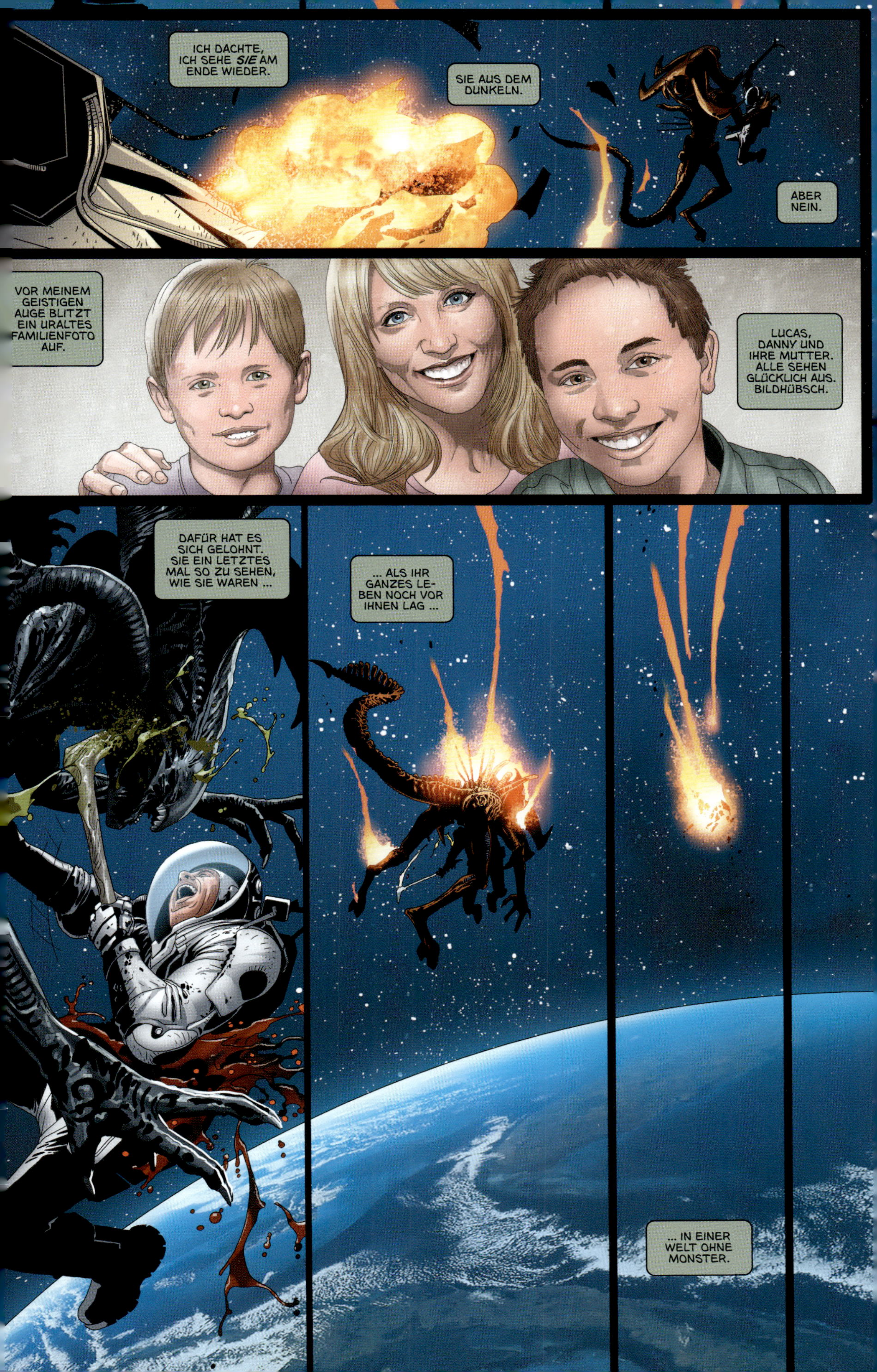
ICH DACHTE, ICH SEHE *SIE* AM ENDE WIEDER.
SIE AUS DEM DUNKELN.
ABER NEIN.
VOR MEINEM GEISTIGEN AUGE BLITZT EIN URALTES FAMILIENFOTO AUF.
LUCAS, DANNY UND IHRE MUTTER. ALLE SEHEN GLÜCKLICH AUS. BILDHÜBSCH.
DAFÜR HAT ES SICH GELOHNT. SIE EIN LETZTES MAL SO ZU SEHEN, WIE SIE WAREN ...
... ALS IHR GANZES LE-BEN NOCH VOR IHNEN LAG ...
... IN EINER WELT OHNE MONSTER.

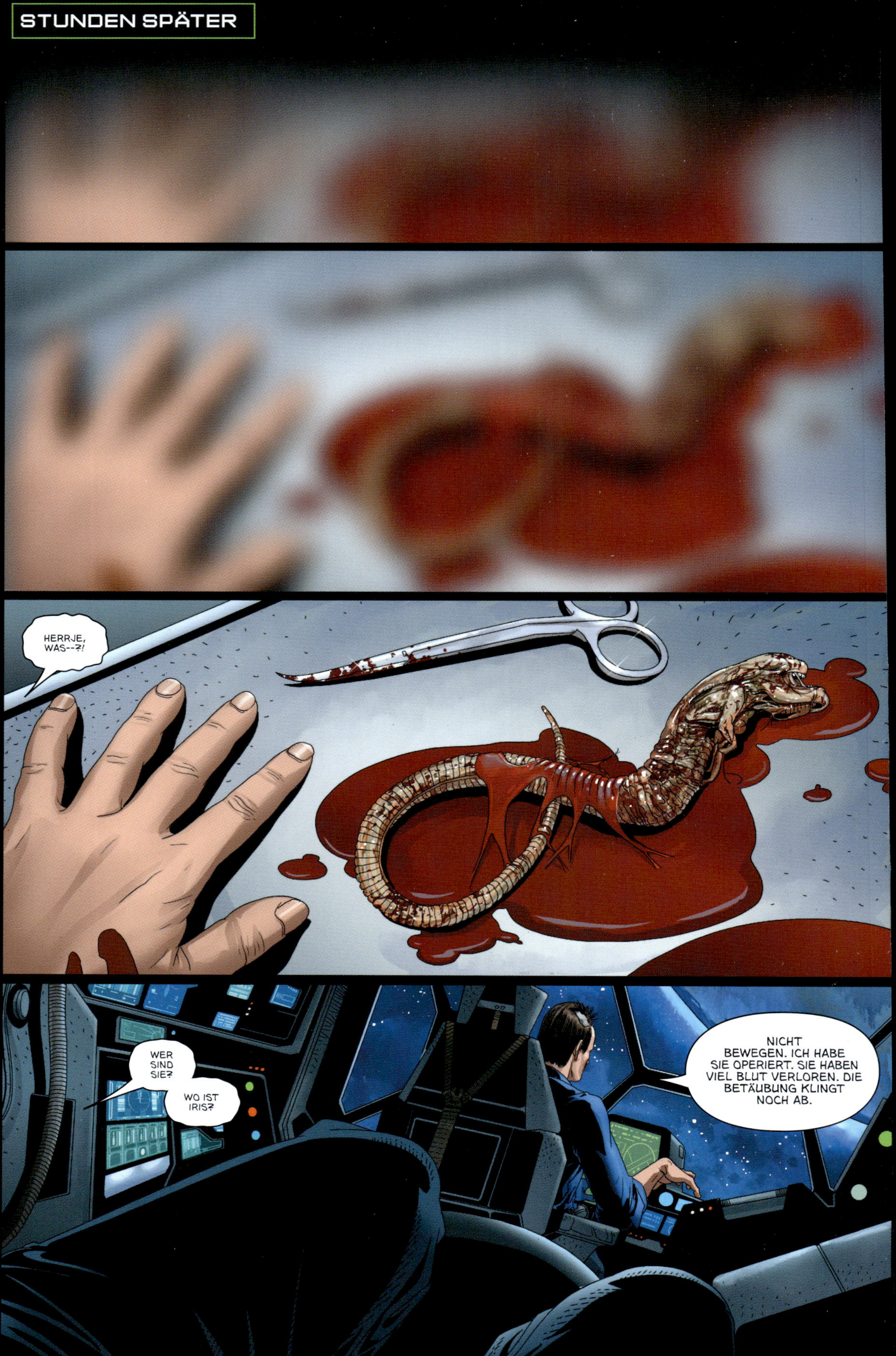
STUNDEN SPÄTER
HERRJE, WAS--?!
WER SIND SIE?
WO IST IRIS?
NICHT BEWEGEN. ICH HABE SIE OPERIERT. SIE HABEN VIEL BLUT VERLOREN. DIE BETÄUBUNG KLINGT NOCH AB.

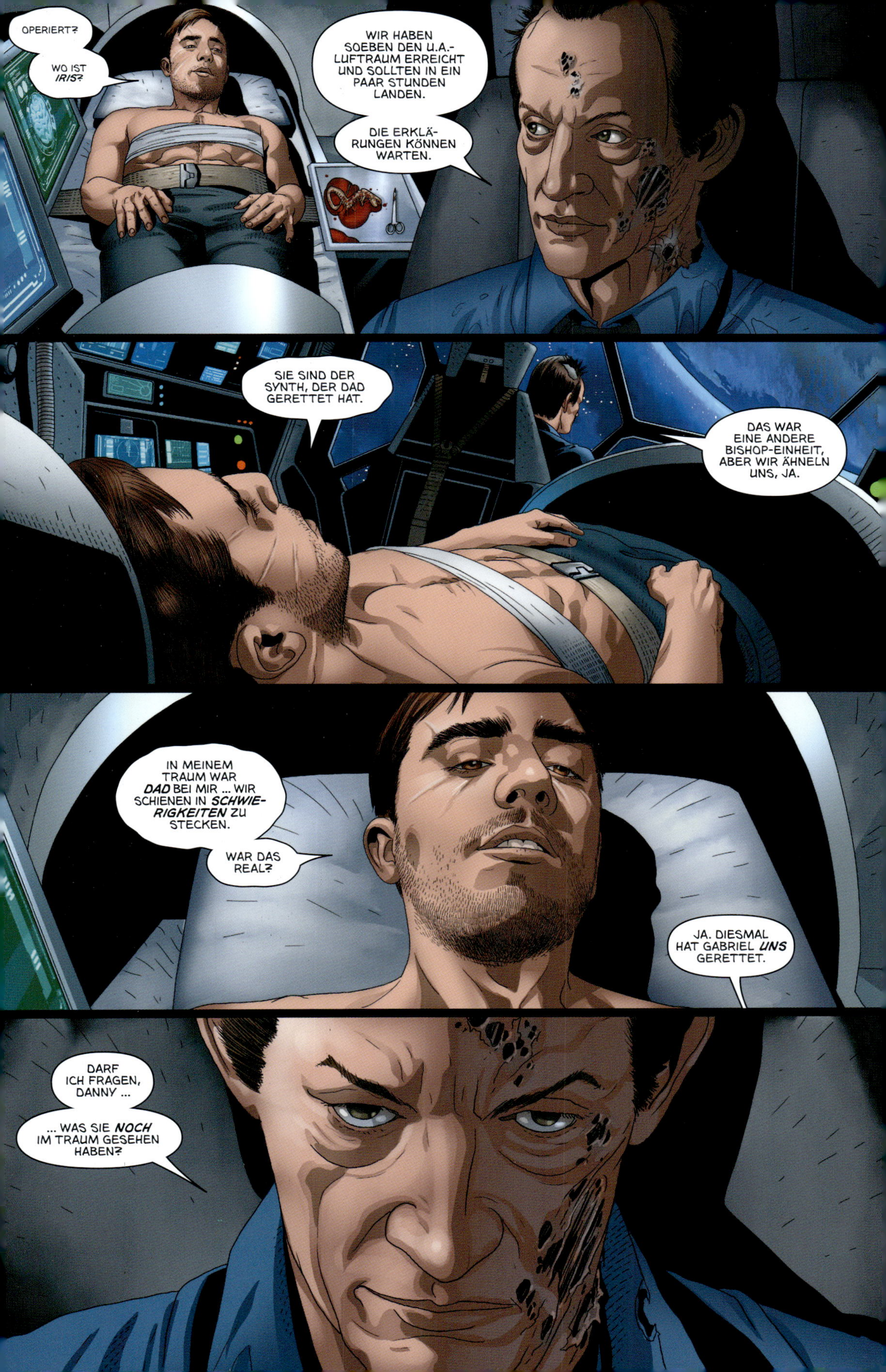
OPERIERT?
WO IST *IRIS*?
WIR HABEN SOEBEN DEN U.A.-LUFTRAUM ERREICHT UND SOLLTEN IN EIN PAAR STUNDEN LANDEN.
DIE ERKLÄRUNGEN KÖNNEN WARTEN.
SIE SIND DER SYNTH, DER DAD GERETTET HAT.
DAS WAR EINE ANDERE BISHOP-EINHEIT, ABER WIR ÄHNELN UNS, JA.
IN MEINEM TRAUM WAR *DAD* BEI MIR ... WIR SCHIENEN IN *SCHWIERIGKEITEN* ZU STECKEN.
WAR DAS REAL?
JA. DIESMAL HAT GABRIEL *UNS* GERETTET.
DARF ICH FRAGEN, DANNY ...
... WAS SIE *NOCH* IM TRAUM GESEHEN HABEN?

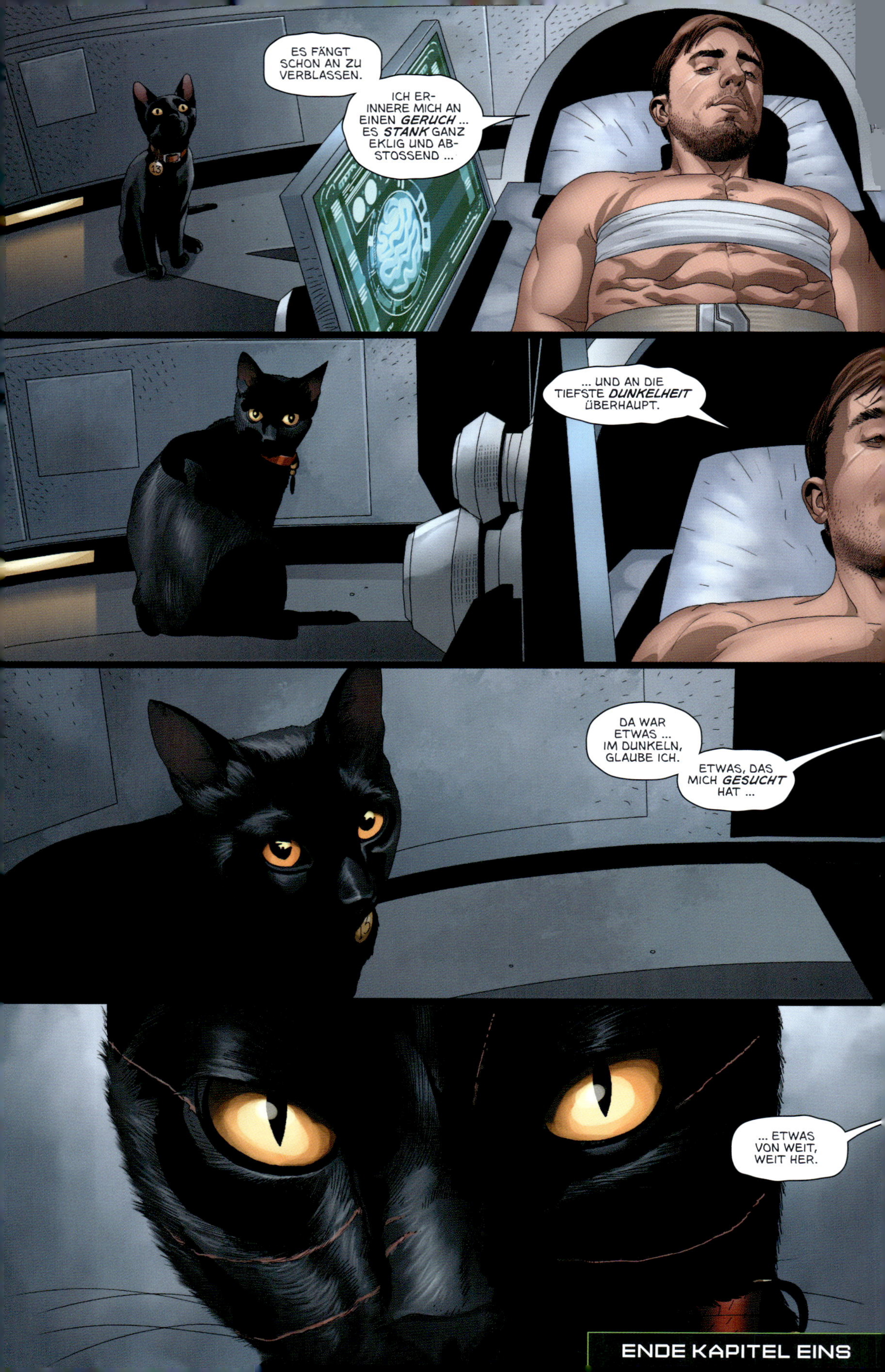
ES FÄNGT SCHON AN ZU VERBLASSEN.
ICH ERINNERE MICH AN EINEN *GERUCH* ... ES *STANK* GANZ EKLIG UND ABSTOSSEND ...
... UND AN DIE TIEFSTE *DUNKELHEIT* ÜBERHAUPT.
DA WAR ETWAS ... IM DUNKELN, GLAUBE ICH.
ETWAS, DAS MICH *GESUCHT* HAT ...
... ETWAS VON WEIT, WEIT HER.
ENDE KAPITEL EINS

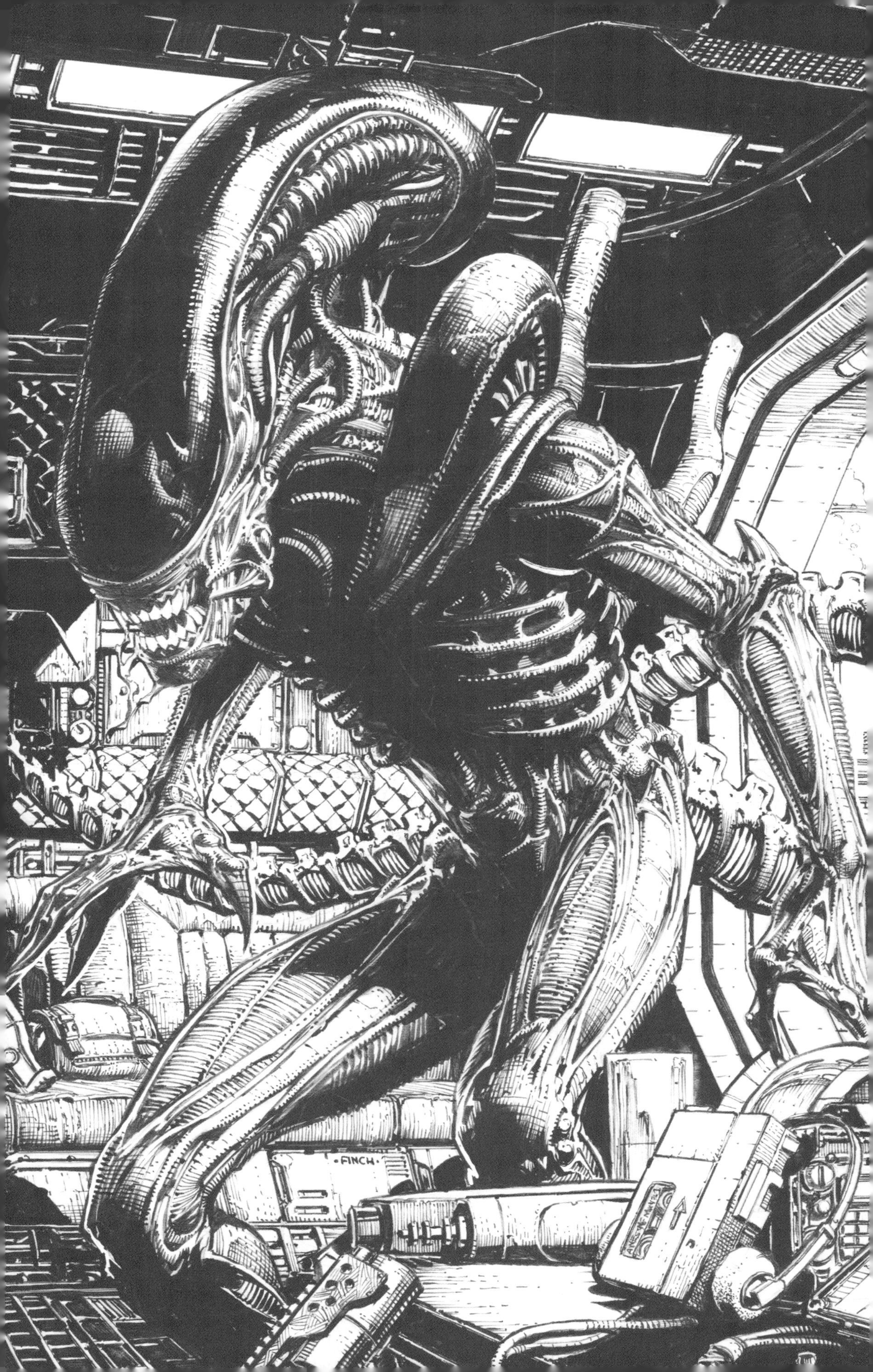
FINCH

NACHRICHTEN AUS DEN TIEFEN DES WELTRAUMS

von Francesco Tedeschi

ALPHA, DER NEUE PHÄNOTYP

Eines der stets wiederkehrenden, großen Themen des gesamten medienübergreifenden Erzähluniversums von *Alien* ist, dass es so viele Xenomorphe gibt. Und das nicht nur in Bezug auf die Menge der Individuen, sondern vor allem, was die Arten von Außerirdischen angeht, die in der Saga vorkommen. So taucht in fast jedem dieser Werke mindestens eine neue Art von Xenomorph auf und bereichert das „Bestiarium" der Außerirdischen. Beispiele sind der Deacon, der in *Prometheus* sein Debüt gab, der Neomorph und der Protomorph, die erstmals in *Alien - Covenant* zu sehen waren, sowie die „klassischen" Drohnen, Krieger, Königinnen, Runner und Newborns aus der ersten Quadrilogie und alle mutierten Wesen, die in den Videospielen *Aliens: Colonial Marines* und *Aliens: Fireteam Elite* eingeführt wurden. Die neue Marvel-Serie bildet da keine Ausnahme: Immerhin haben wir gerade das Debüt des Alpha erlebt, einer Art Außerirdischer mit bisher unbekannten Eigenschaften, der das Ergebnis einer Befruchtung ist, die im Rahmen der Weyland-Yutani-Experimente vorgenommen wurde. Seine Größe und die Form seines Schädels mit den großen Hörnern erinnern an den Prätorianer-Xenomorph, eine Spezies, die 1994 im Arcade-Videogame *Alien VS. Predator* geboren wurde und das Amt der „königlichen Garde" besetzte.

DER WAHRE SCHURKE DER GESCHICHTE

Alle (oder fast alle) Werke über das Alien-Universum haben neben den Xenomorphen noch eine weitere Gemeinsamkeit: die Existenz der Weyland-Yutani Corporation, eines Megakonzerns, der aus der Fusion der Weyland Corp, einem multinationalen, britischen Unternehmen, das auf das Terraforming von Planeten und den Bau von Androiden spezialisiert ist, und der Yutani Corporation, einem auf Kybernetik ausgerichteten japanischen Unternehmen, entstanden ist. In der Tat ist der Weyland-Yutani-Konzern, der über große Macht und grenzenlose Ressourcen verfügt, der eigentliche Bösewicht der Geschichte. Denn es scheint, wann immer die Xenomorphe die Wesen sind, vor denen die Protagonisten fliehen oder die sie bekämpfen müssen, um in der unmittelbaren Zukunft zu überleben, hat W-Y die Hände im Spiel. Eben dieser Megakonzern bedient sich nämlich eines Xenomorph-Exemplars, um es zu klonen und die abscheulichen Aliens daraufhin als biologische Waffe einzusetzen – mit dem Nebeneffekt, dass unvorsichtige und entbehrliche Mitarbeiter und Kolonisten mit einem Facehugger im Gesicht enden. Diese Dynamik begann bereits in *Alien*: Auf Nostromo machte der firmentreue Androide Ash deutlich, dass die gesamte Besatzung des Raumschiffes entbehrlich ist, wenn es dafür ein einziges außerirdisches Exemplar zur Erde schafft. Ein Thema, das in *Aliens – Die Rückkehr* wiederauftaucht, als der W-Y-Agent Carter Burke bereit ist, das Leben von Ripley, Newt und allen Colonial Marines auf einer Mission nach LV-426 zu opfern, um sich Xenomorph-Embryonen anzueignen; und das sind nur die ersten beiden Beispiele. Wir haben diese Entwicklung auch auf den vor uns liegenden Seiten gesehen: Die Basis Epsilon ist in Wirklichkeit ein riesiges Labor, in dem es Weyland-Yutani nicht nur gelungen ist, Xenomorphe zu erschaffen, sondern sogar noch einen Schritt weiterzugehen, indem es den Alpha erzeugt hat, der sehr viel furchterregender und für die Zwecke des Unternehmens besser geeignet ist als seine Artgenossen.

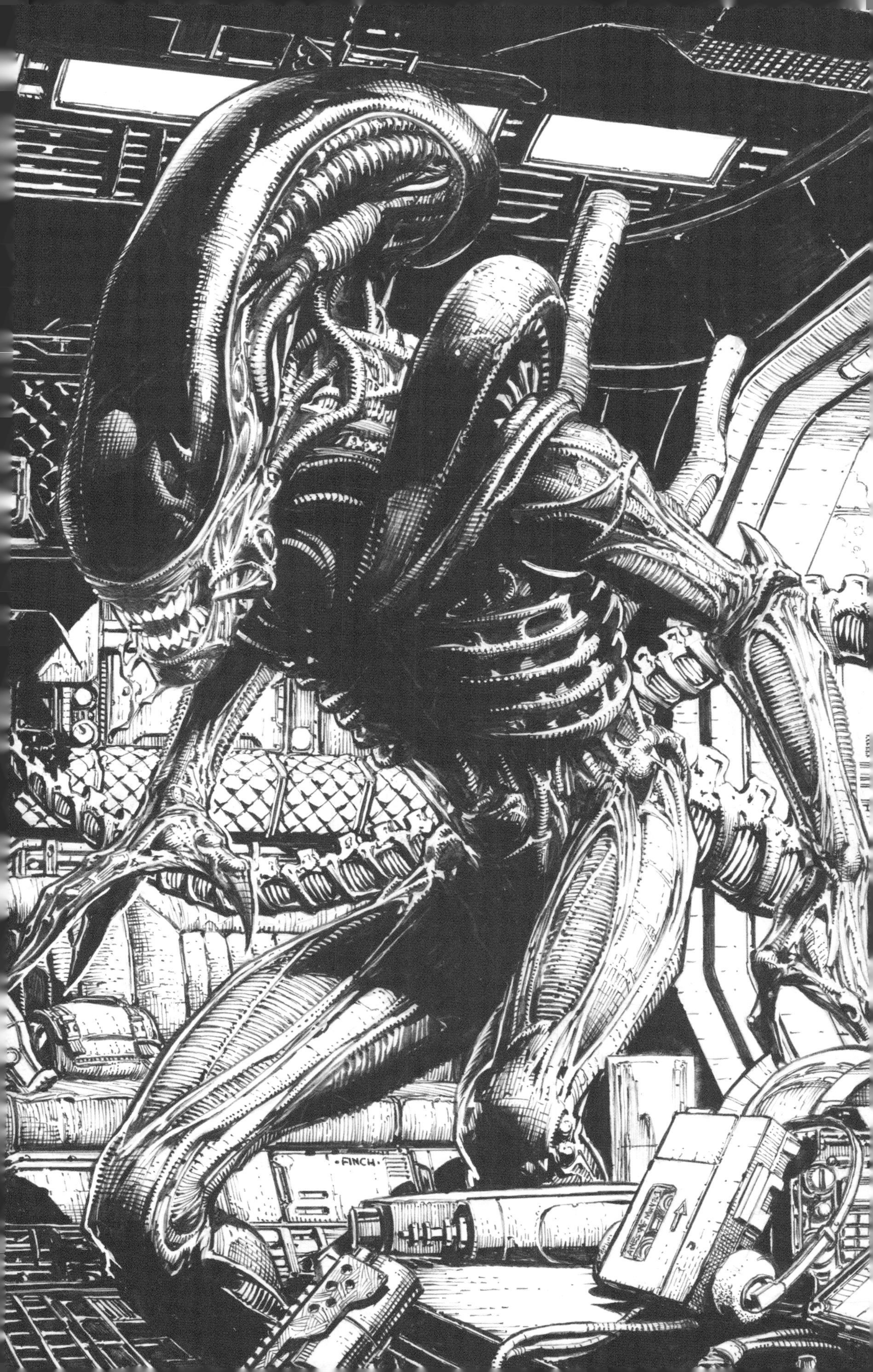
FINCH

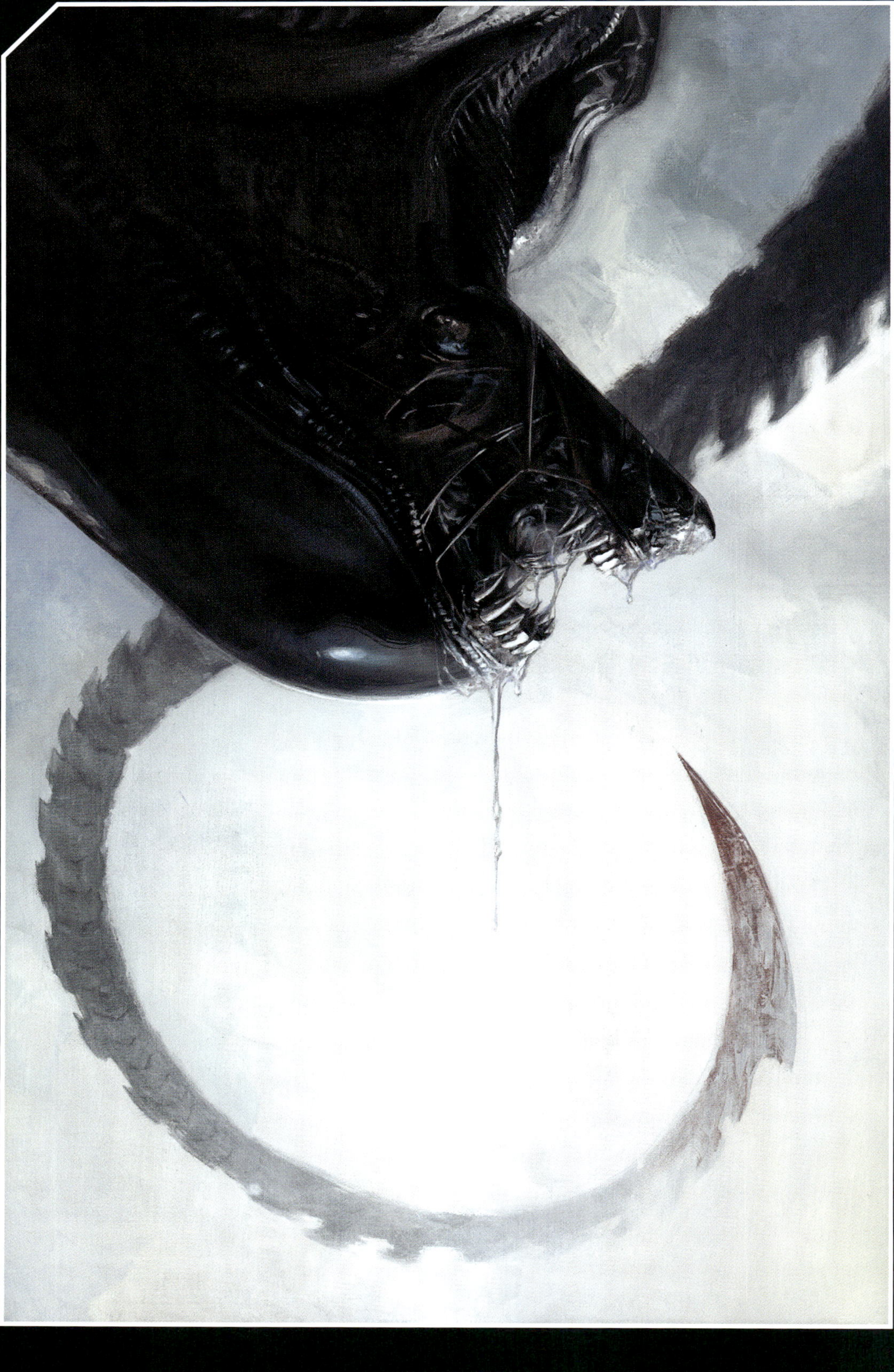

ALIEN (2021) 1
VARIANT-COVER VON **GABRIELE DELL'OTTO**

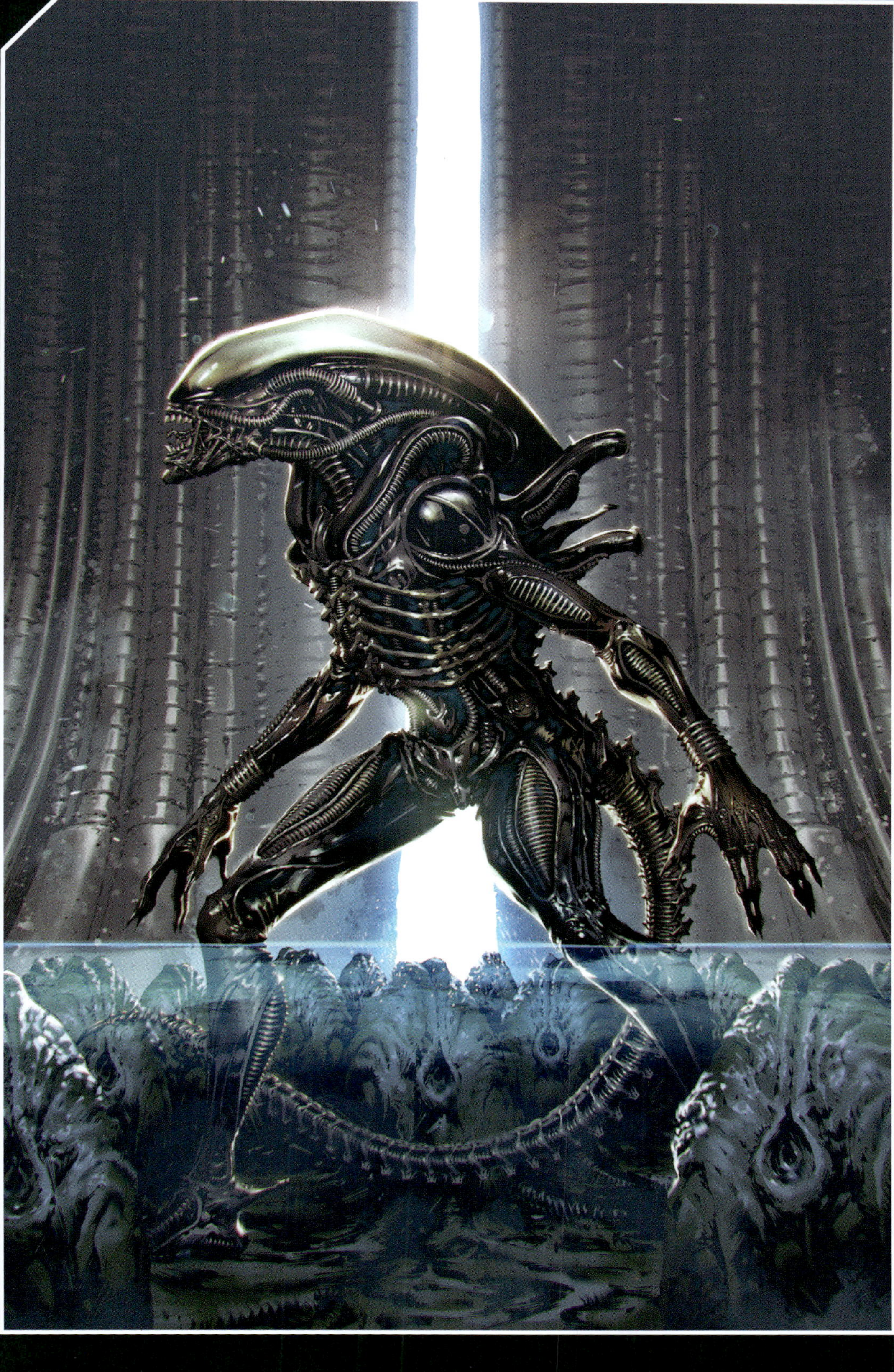

ALIEN (2021) 1
VARIANT-COVER VON **KAEL NGU**

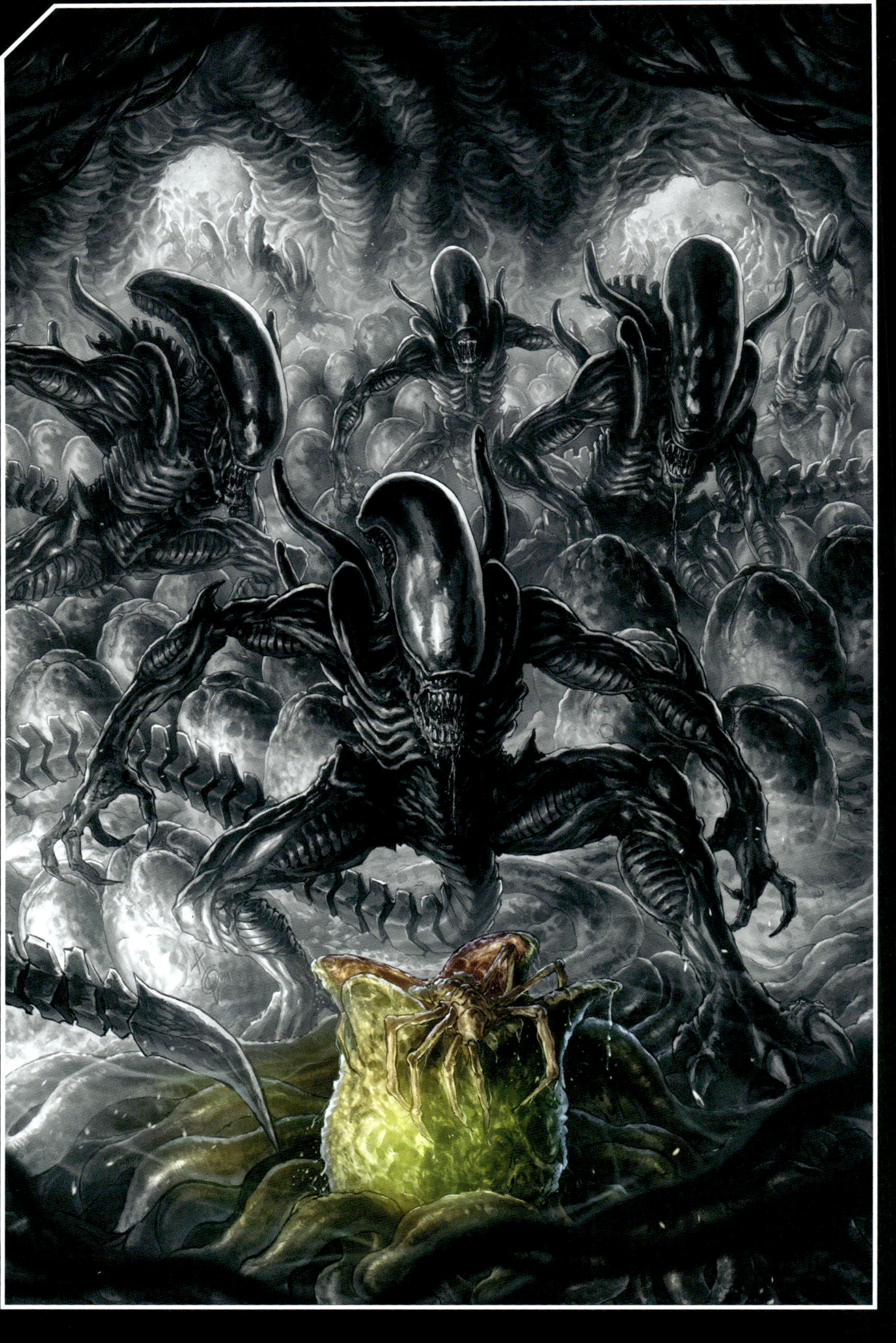

ALIEN (2021) 1
VARIANT-COVER VON **ALAN QUAH**

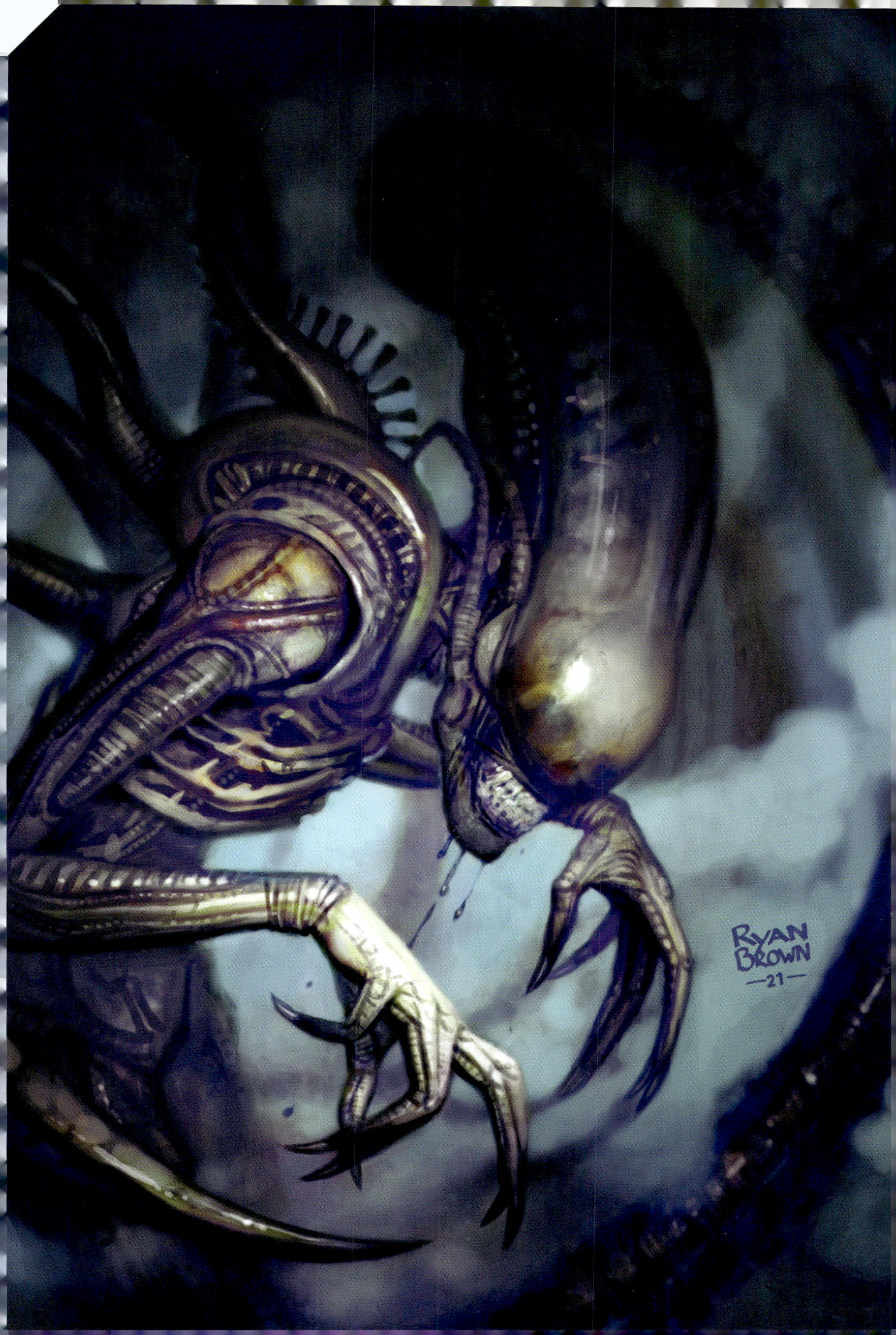
RYAN
BROWN
—21—

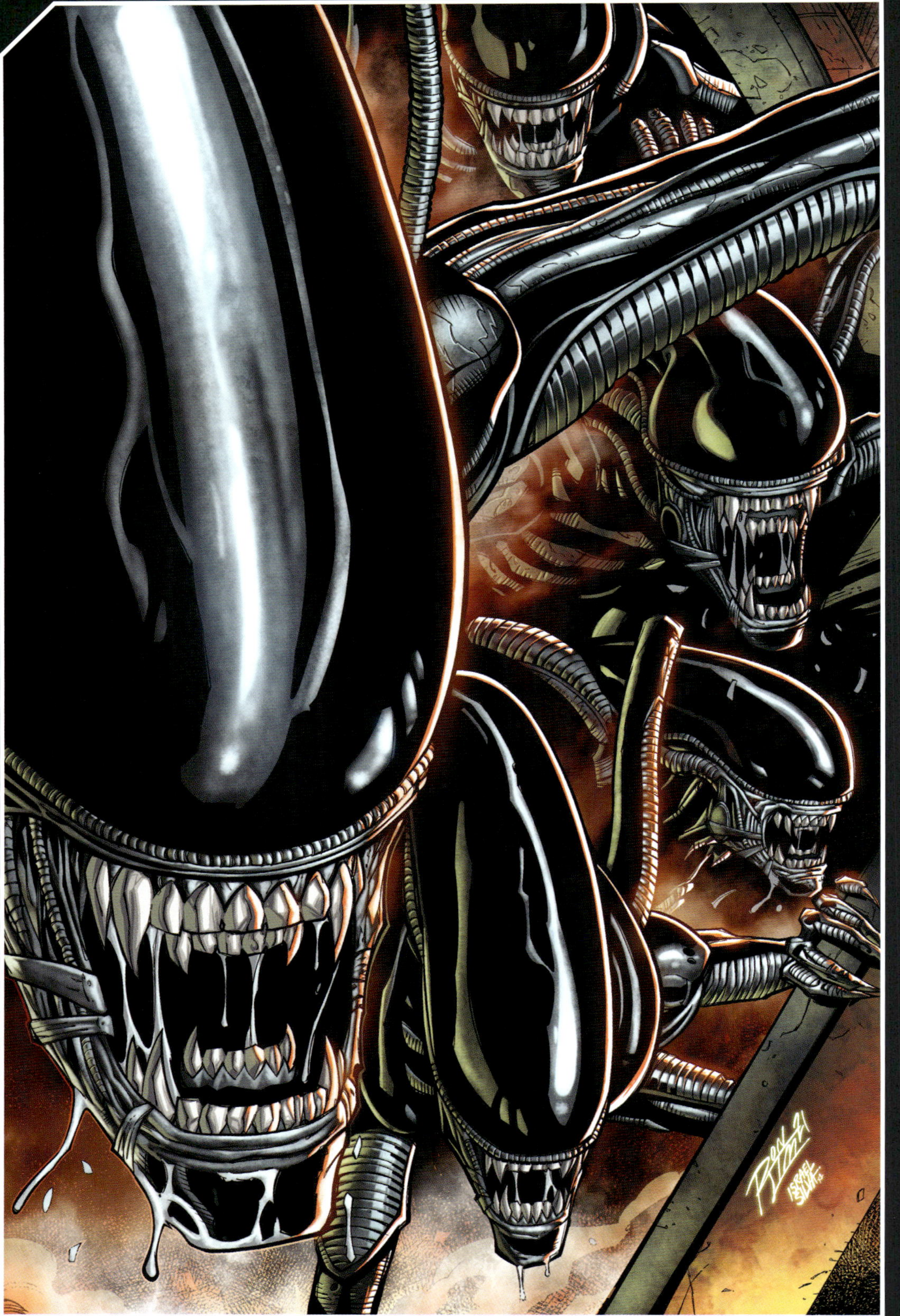

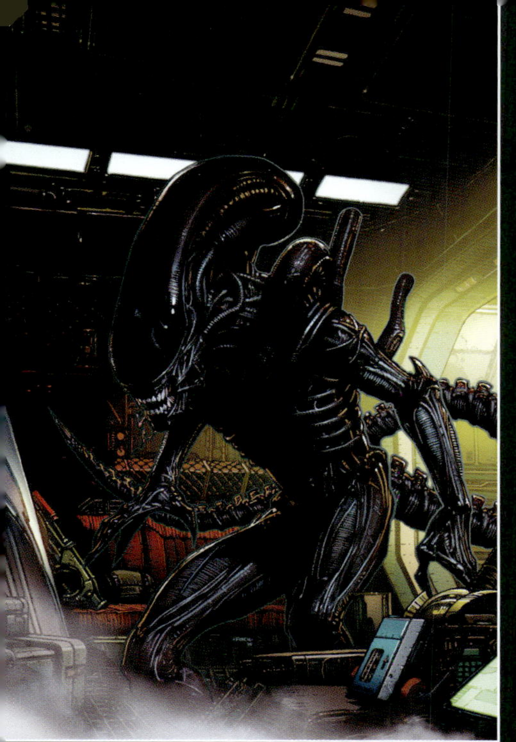

ALIEN (2021) 1
VARIANT-COVER VON
DAVID FINCH & FRANK D'ARMATA

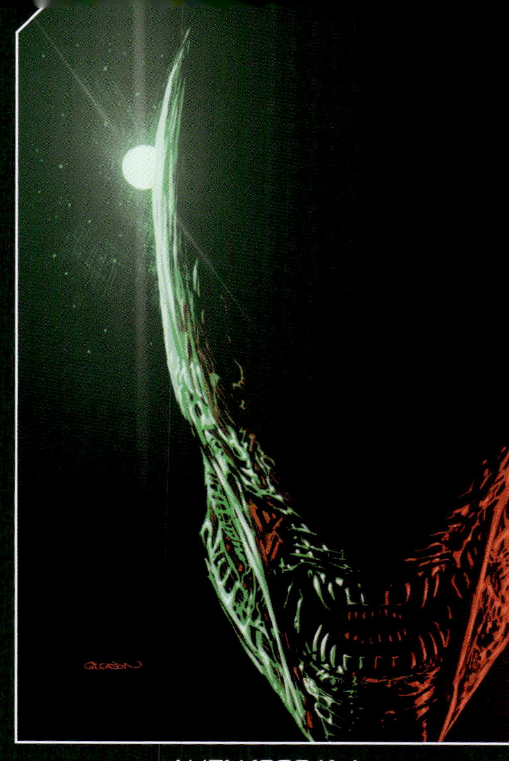

ALIEN (2021) 1
VARIANT-COVER VON
PATRICK GLEASON

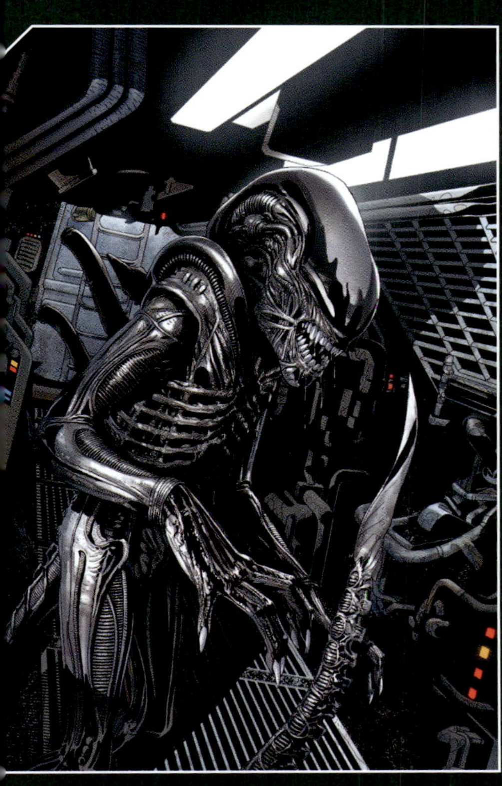

ALIEN (2021) 1
VARIANT-COVER VON
SALVADOR LARROCA & GURU-eFX

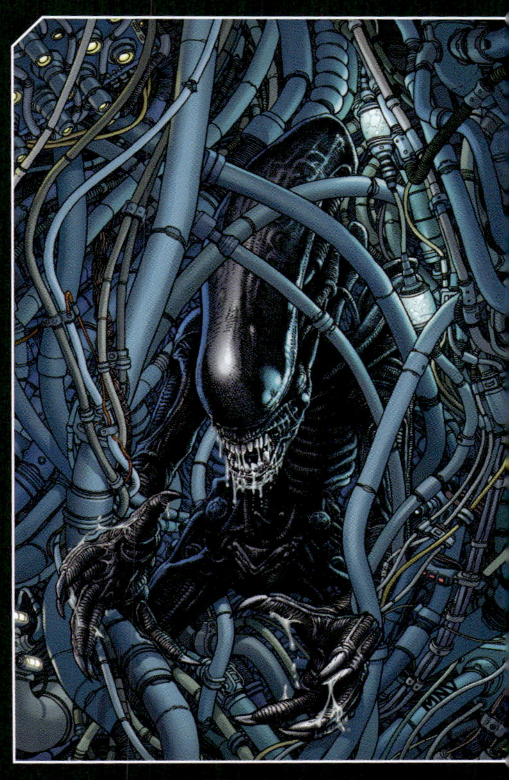

ALIEN (2021) 1
VARIANT-COVER VON
STEVE McNIVEN & LAURA MARTIN

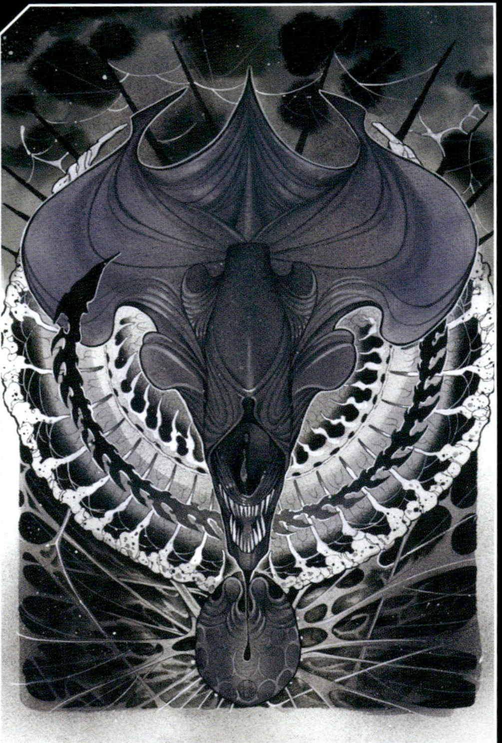

ALIEN (2021) 1
VARIANT-COVER VON
PEACH MOMOKO

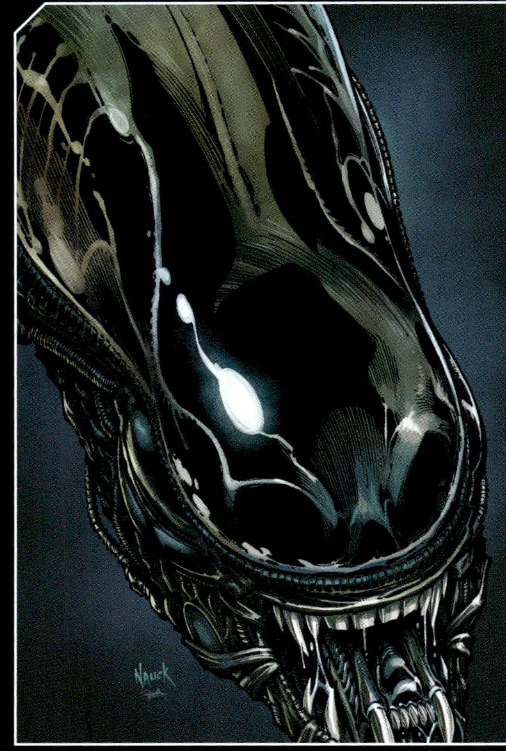

ALIEN (2021) 1
VARIANT-COVER VON **TODD NAUCK**
& **RACHELLE ROSENBERG**

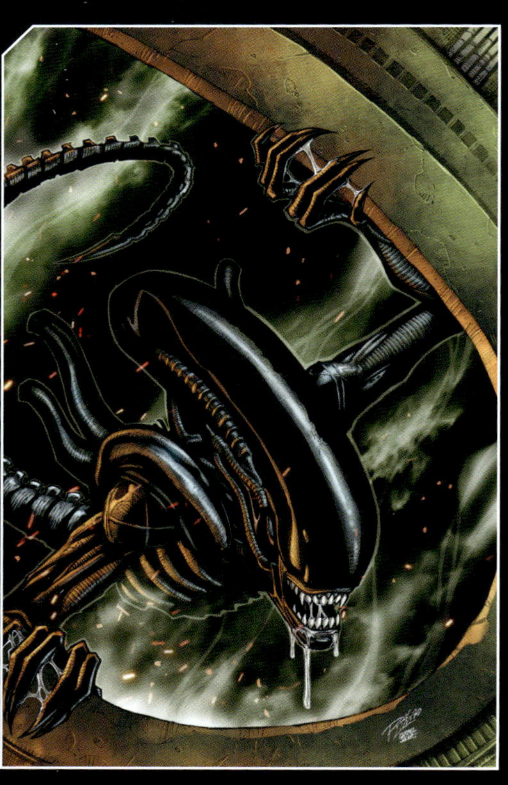

ALIEN (2021) 1
VARIANT-COVER VON
RON LIM & **ISRAEL SILVA**

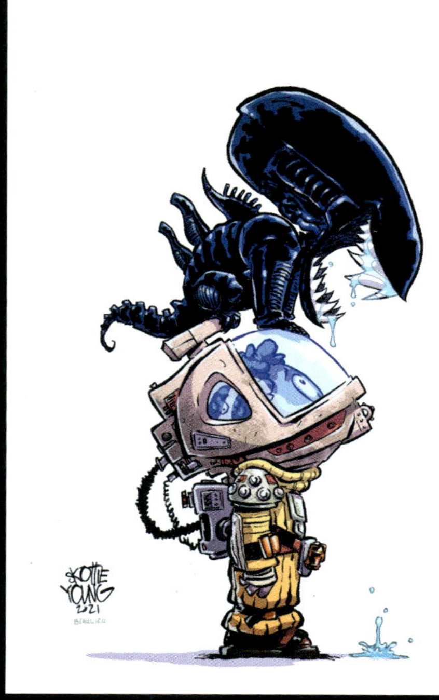

ALIEN (2021) 1
VARIANT-COVER VON
SKOTTIE YOUNG

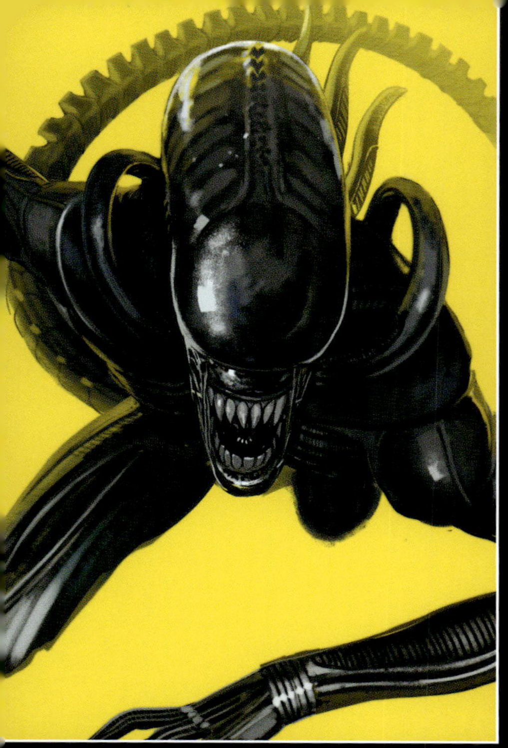

ALIEN (2021) 2
VARIANT-COVER VON
STEPHANIE HANS

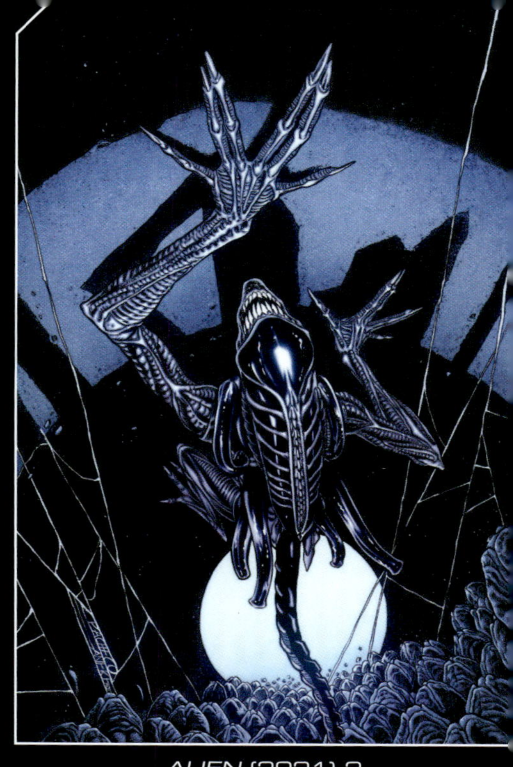

ALIEN (2021) 2
VARIANT-COVER VON
CARLOS PACHECO, ANEKE &
MORRY HOLLOWELL

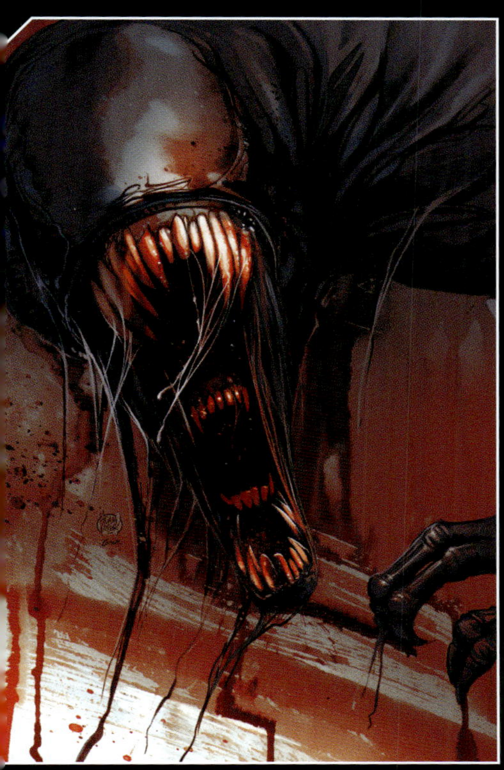

ALIEN (2021) 3
VARIANT-COVER VON
ADAM KUBERT & FRANK MARTIN

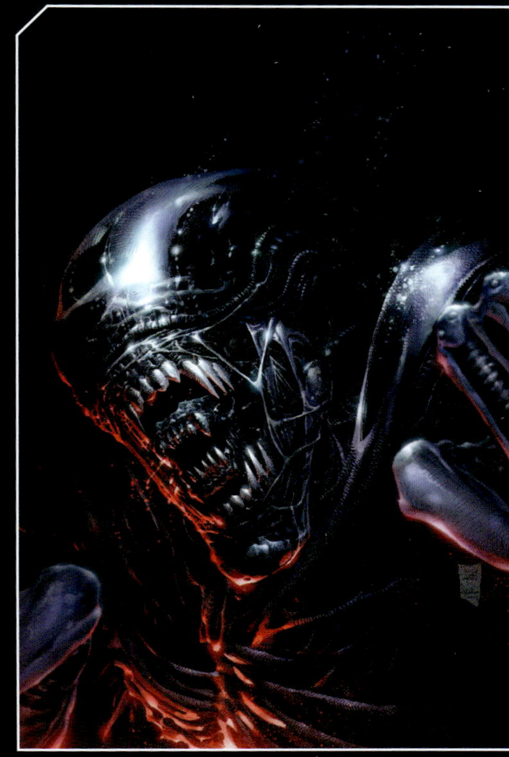

ALIEN (2021) 3
VARIANT-COVER VON
PHILIP TAN & SEBASTIAN CHENG

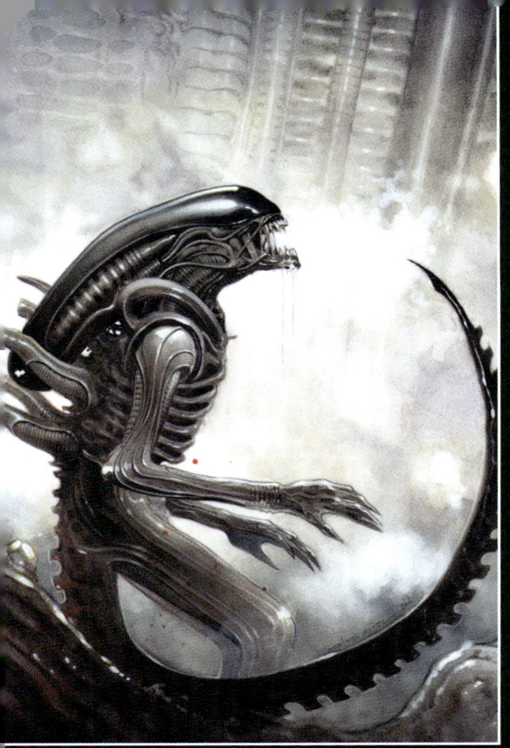

ALIEN (2021) 4
VARIANT-COVER VON
OLIVIER COIPEL

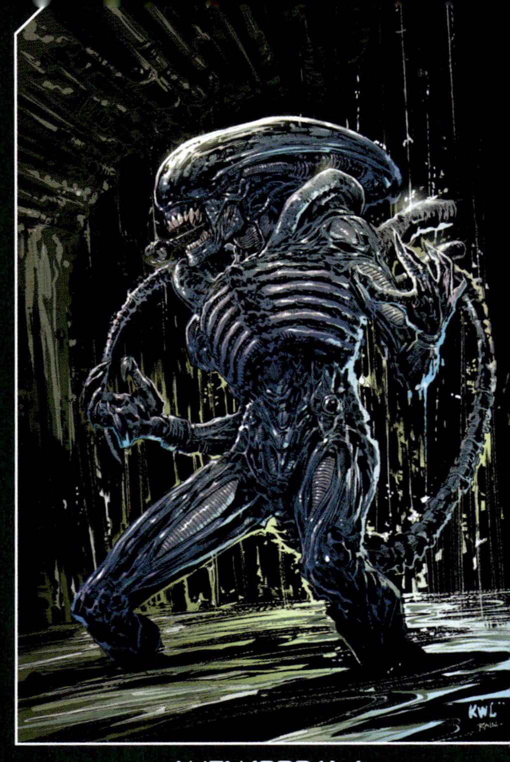

ALIEN (2021) 4
VARIANT-COVER VON
KEN LASHLEY & **RAIN BEREDO**

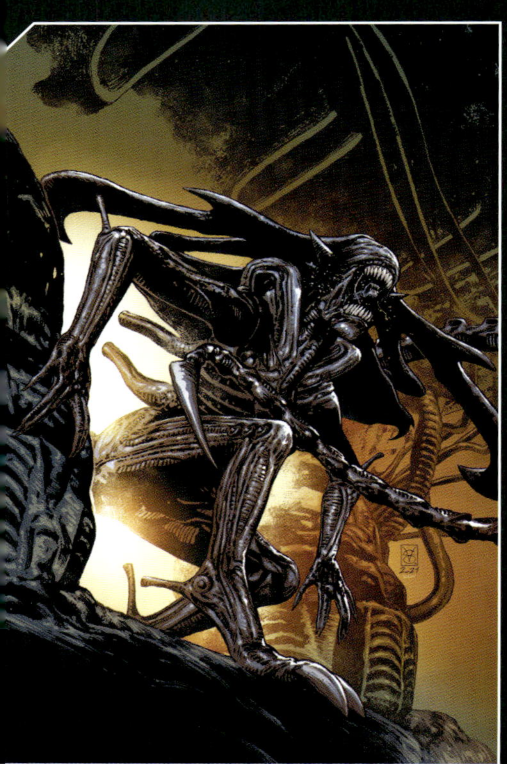

ALIEN (2021) 5
VARIANT-COVER VON **VALERIO GIANGIORDANO** & **RAIN BEREDO**

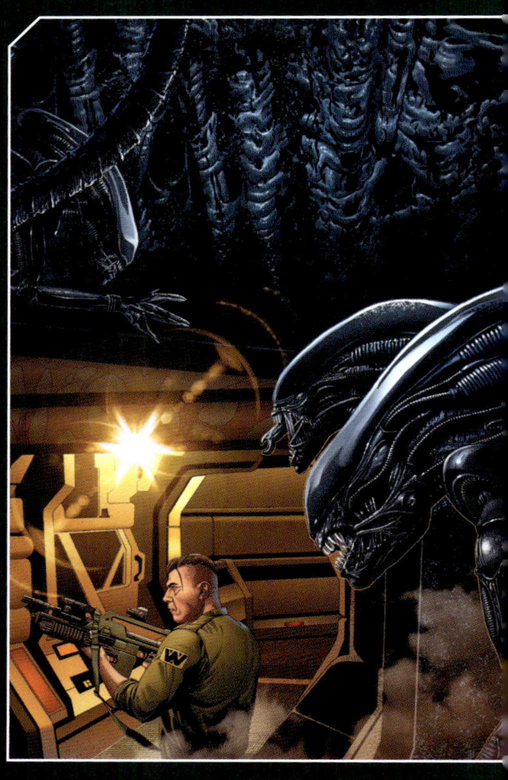

ALIEN (2021) 5
VARIANT-COVER VON
SALVADOR LARROCA & **GURU-eFX**

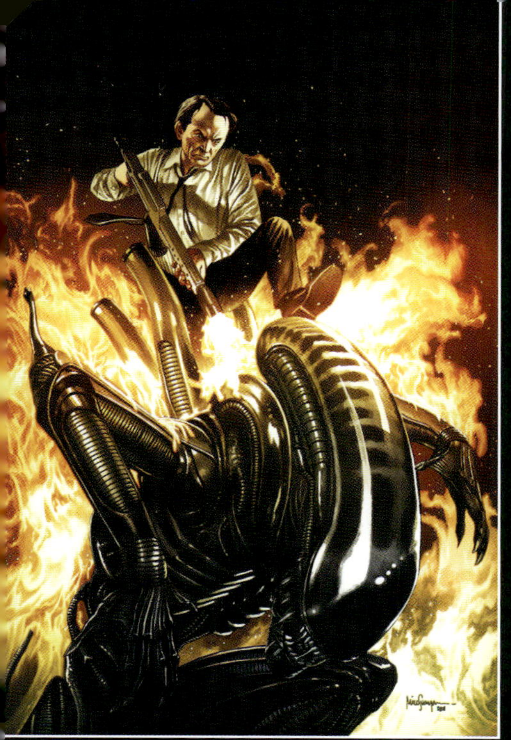

ALIEN (2021) 5
VARIANT-COVER VON
MICO SUAYAN & FRANK D'ARMATA

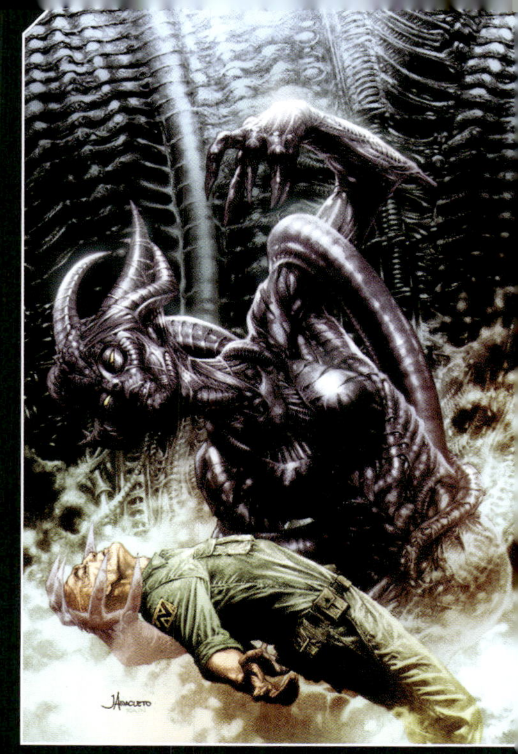

ALIEN (2021) 6
VARIANT-COVER VON
JAY ANACLETO & RAIN BEREDO

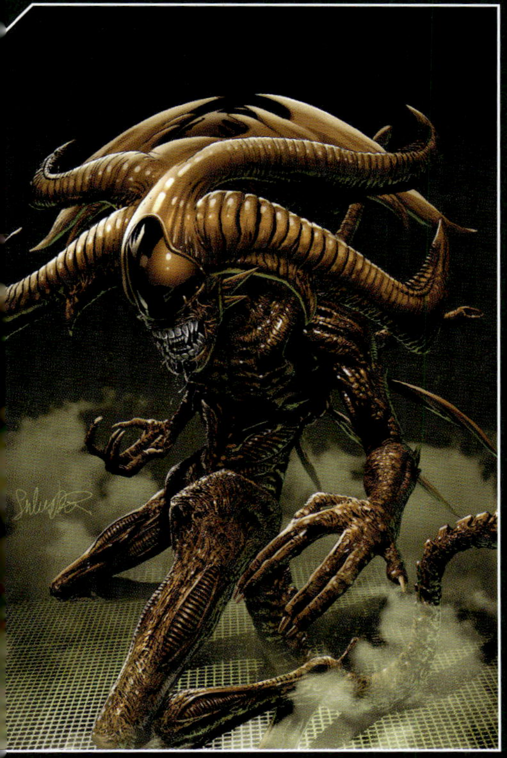

ALIEN (2021) 6
VARIANT-COVER VON
SALVADOR LARROCA & GURU-eFX

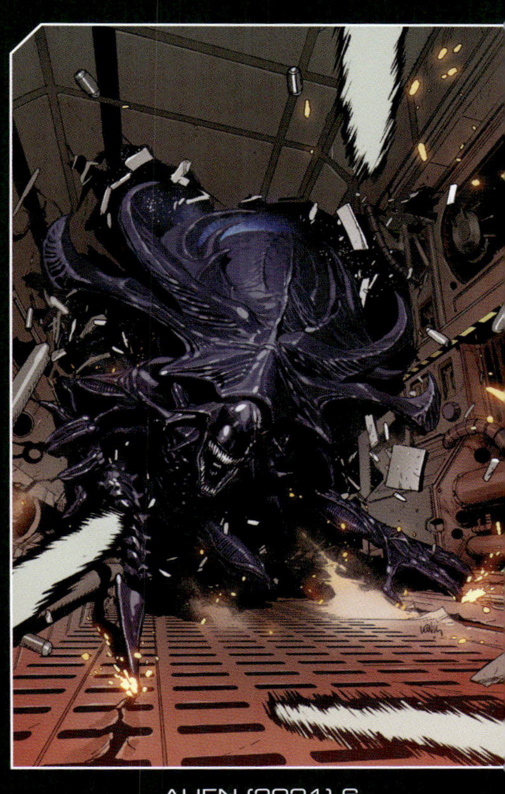

ALIEN (2021) 6
VARIANT-COVER VON
LEINIL FRANCIS YU & SUNNY GHO

PHILLIP KENNEDY JOHNSON lebt als Autor, Musiker und Kampfsportler in Washington. Als ehemaliger Soldat und *Sergeant First Class* der US-Army spielt er noch heute in Kapellen der Armee, die überall in den Vereinigten Staaten auftreten – früher bereiste er mit dem *Glenn Miller Orchestra* die ganze Welt. Sein Schaffen als für den Eisner Award nominierter Comic-Autor umfasst die Traditionstitel SUPERMAN und ACTION COMICS, MARVEL ZOMBIES – AUFERSTEHUNG, EMPYRE SONDERBAND: CAPTAIN AMERICA, *The Last God* und Storys mit Batman, Aquaman, Carnage und anderen, zudem *The Dark Crystal* nach Jim Henson und Frank Oz, *Der Planet der Affen*, *Skull Island* und *Adventure Time*. An der Front unabhängiger Comics schuf Johnson *Smoke Town*, *Low Road West*, *Warlords of Appalachia* und vor allem *Last Sons of America*, das von Netflix adaptiert werden soll.

SALVADOR LARROCA ist ein spanischer Comic-Künstler. Er begann seine Laufbahn auf dem britischen Markt, wo er *Death's Head*, *Dark Angel* und andere Titel für Marvel UK bebilderte. Mitte der 1990er veröffentlichte er in den USA dann *Flash* und *Ghost Rider*. Seither tat sich der Spanier als Zeichner von UNCANNY X-MEN, X-TREME X-MEN, DIE ULTIMATIVEN X-MEN, CABLE & X-FORCE, AVENGERS, SPIDER-MAN: HOUSE OF M, DER TOD VON WOLVERINE: REQUIEM, *Ultimate Elektra*, *Fantastic Four*, *Doctor Doom*, *Namor* und *newuniversal* hervor. Außerdem inszenierte er zusammen mit Autor Matt Fraction eine lange IRON MAN-Saga sowie ein SPIDER-MAN-Heft, wofür sie jeweils mit dem Eisner Award ausgezeichnet wurden. 2017 wurde Larroca einer der prägenden Künstler von Marvels modernen *Star Wars*-Comics, der die STAR WARS-Hauptserie und STAR WARS: DARTH VADER im Geiste der klassischen Filme visualisierte.

GURU-eFX wurde von Joe Weltjens und Lee Duhig als Studio für digitale Kolorierung gegründet. Hier sorgte man bereits dafür, dass Comics wie STAR WARS, IRON MAN, DEADPOOL, NOVA, X-FORCE, THUNDERBOLTS, X-MEN, HULK, GUARDIANS OF THE GALAXY oder EMPYRE in Farbe und Glanz erstrahlen.

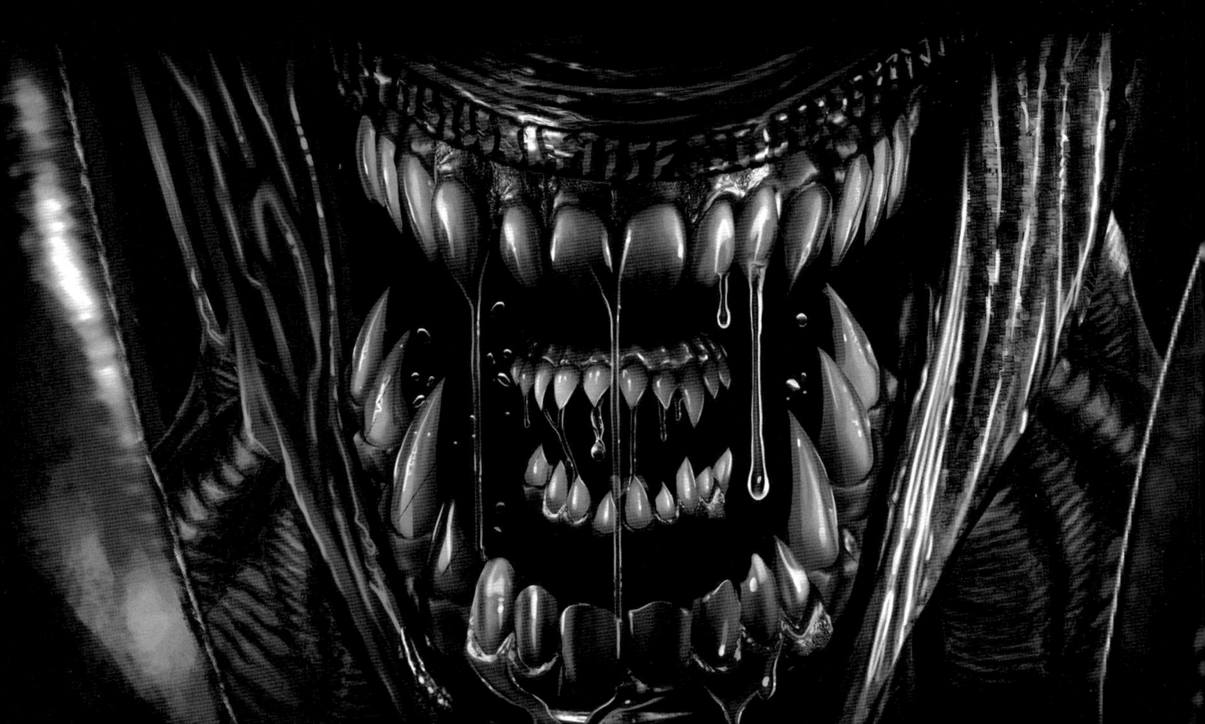